진리란 무엇인가

진리란 무엇인가

초판 1쇄 발행   2022년 4월 30일

원제   The Meaning of Truth(1909)
지은이   윌리엄 제임스
옮긴이   정명진
펴낸이   정명진
디자인   정다희
펴낸곳   도서출판 부글북스
등록번호   제300-2005-150호
등록일자   2005년 9월 2일
주소   서울시 노원구 공릉로 63길 14(하계동 청구빌라 101동 203호)
               (01830)
전화   02-948-7289
전자우편   00123korea@hanmail.net
ISBN   979-11-5920-145-5 03160

The Meaning of Truth
진리란 무엇인가

윌리엄 제임스 지음 정명진 옮김

이 책에 대하여

1890년에 방대한 분량의 『심리학의 원리』를 선보이면서 심리학자로 명성을 얻었던 윌리엄 제임스는 1907년에 『실용주의』를 발표함으로써 철학자로서도 큰 반향을 불러일으켰다. 『실용주의』는 그가 1906년 11월과 12월에 보스턴의 로웰 인스티튜트에서, 이어 1907년 1월에 뉴욕의 컬럼비아 대학에서 일반 대중을 대상으로 여덟 차례 한 강연의 원고를 모은 것이었다. 당시 철학계를 지배하고 있던 초월주의와 합리주의 전통에 반기를 들면서 자신의 근본적 경험주의의 토대를 닦으려는 노력으로 발표한 책이었던 만큼, 찬사에 비해 비판과 조롱이 훨씬 더 컸던 것 같다.

그 책의 내용 중에서 진리의 개념을 새롭게 제시한 6장이 특히 많은 논란을 불렀다. 제임스와 교류가 많았던 버트런드 러셀까지 비판의 대열에 합류했을 정도였다. 그 같은 비판에 윌리엄 제임스가 진리의 실용적 개념을 조금 더 선명하게 전하기 위해 그때까지 진리에 관해 썼던 에세이 9편과 『실용주의』를 발표한 뒤에 쓴 6편을 모아 세상을 떠나기 한 해 전인 1909년에 발표한 것이 『진리란 무엇인가』이다. 이 책에 실린 글들은 모두 1884년부터 1908년 11월 사이에 쓰였다. ''실용주의'의 속편'(A Sequel to 'Pragmatism')이라는 부제가 붙었다. 『실용주의』는 일반인들을 대상으로 한 강연이었기 때문에 비교적 쉽게 읽히지만, 『진리란 무엇인가』는 일차적으로 실용주의에 비판적이었던 철학자들을 겨냥한 것이었기에 이해가 다소 어렵다. 그럼에도 이 책은 윌리엄 제임스의 사상을 이해하는 데 필수적인 책으로 꼽힌다.

이 책은 진리의 본질을 깊이 파고듦과 동시에 진리를 검증하는 방법을 제시하는 데 초점이 모아지고 있다.

제임스는 진리를 이렇게 정의한다. "진실한 생각은 우리가 동화시키고, 정당성을 입증하고, 확증하고, 실증할 수 있는 생각이고, 거짓된 생각은 우리가 동화시키지 못하고 실증하지 못하는 생각이다. 그것이 진실한 생각을 품는 것이 우리에게 안겨주는 실용적인 차이이다. 따라서 그것이 곧 진리의 의미이다." 제임스의 진리 개념에서 가장 중요한 것은 경험의 일관성과 사물들과의 유익한 관계이다.

실용주의는 윌리엄 제임스와 찰스 샌더스 피어스, 존 듀이 등 여러 철학자들에 의해 다양한 형식으로 발달했으며, 지금도 여전히 영향력을 발휘하고 있다. 제임스가 『실용주의』와 『진리란 무엇인가』를 통해서 실용주의의 토대를 닦긴 했지만 실용주의를 최종적으로 확립하지는 않았다. 『실용주의』가 실용주의를 대중에게 소개하는 역할을 맡았다면, 『진리란 무엇인가』는 실용주의를 보다 전문적으로 세세하게 파고들었다고 할 수 있다.

　이 책에서는 세 번째 에세이 '휴머니즘과 진리'가 여러 모로 가장 핵심적인 내용을 담고 있다. '휴머니즘'은 윌리엄 제임스가 실용주의 대신에 선호했던 이름이다. 이 대목에서, 우리 사회에서 흔히 강조되고 있는 '실용주의'라는 표현은 제임스의 철학과 거리가 멀다는 점을 기억하는 것도 유익할 것 같다. 제임스 본인이 실용주의라는 명칭을 택한 것이 아주 큰 실수였다는 점을 인정했으니 말이다. 제임스가 철학적으로 추구한 것은 '근본적 경험주의'였다.

옮긴이

서문

나의 책 『실용주의』(Pragmatism)[1]의 핵심적인 부분은 어떤 생각(의견, 믿음, 진술 등등)과 그 생각의 대상 사이에 생길 수 있는, '진리'라 불리는 관계를 설명하는 대목이다. 거기서 나는 다음과 같이 말하고 있다.

> 진리는 우리의 생각들 중 일부 생각들의 한 특성이다. 허위가 생각들이 현실과 일치하지 않는 것을 의미하듯이, 진리는 생각들이 현실과 일치하는 것을 의미한다. 실용주의자들과 주지주의자[2]들은 똑같이 이 정의를 당연한 것으로 받아들인다.

1   1907년에 출간되었다.

2   주지주의는 지성의 활용과 발달을 강조하는 세계관을 말한다. 철학에서 주지주의는 합리주의와 동일한 것으로 여겨진다.

우리의 생각들이 대상을 정확히 복사하지 않는 곳에서, 그 대상과 일치한다는 것은 무엇을 의미하는가? … 실용주의는 일상적으로 질문을 던진다. 실용주의는 이렇게 묻는다. "어떤 생각 또는 믿음이 진실하다고 가정하자. 그 생각 또는 믿음이 진실하다는 사실은 누군가의 실제 삶에 구체적으로 어떤 차이를 낳는가? 그 믿음이 거짓인 경우에 습득되는 경험들과 다른 경험들로는 어떤 것이 있는가? 진리는 어떻게 실현되는가? 한마디로 말해, 경험에 근거한 조건에서 보면 진리의 실제 가치는 무엇인가?"

실용주의는 이런 질문을 던지는 즉시 그 대답을 본다. 진실한 생각은 우리가 동화시키고, 정당성을 입증하고, 확증하고, 실증할 수 있는 생각이고, 거짓된 생각은 우리가 동화시키지 못하고 실증하지 못하는 생각이다. 이것이 진실한 생각을 품는 것이 우리에게 안겨주는 실용적 차이이다. 따라서 그것이 곧 진리의 의미이다. 이유는 그것이 진리가 우리에게 알려지는 것 전부이기 때문이다.

어떤 생각의 진실성은 그 생각에 고유한 어떤 정체된 특성이 아니다. 진실성은 생각에 생겨난다. 그 생각은 진실한 것이 되며, 사건들에 의해 진실한 것으로 만들어진다. 그 생각의 진실성은 사실 하나의 사건이고, 하나의 과정, 말하자면 그 생각이 스스로를 증명해 가는 과정이다. 생각의 타당성은 곧 그 타당성을 입증하는 과정이다.

가장 폭넓은 의미에서 어떤 현실과 일치한다는 것은 단지 그 현실이나 그것 주변의 환경 속으로 곧장 안내를 받거나, 그 현실이나 그것과 연결된 무엇인가를 우리가 일치하지 못할 때보다 지

적으로나 실용적으로 더 훌륭하게 다룰 수 있도록 그 현실과 실
질적으로 접촉하는 상태에 놓인다는 것을 의미할 뿐이다. … 우
리가 현실과 거기에 속한 것들을 실용적으로나 지적으로 다루도
록 돕고, 또 우리의 진보를 좌절시키지 않고, 또 실제로 적절해서
우리의 삶을 현실의 전체 환경에 제대로 적응시키는 생각은 어떤
것이든 그 요건을 충족시킬 만큼 충분히 일치할 것이다. 그런 생
각은 그 현실에 적용될 것이다.

간단히 요약하면, 진실한 것은 오직 우리의 사고의 길에서 편리
한 것일 뿐이다. 옳은 것이 우리의 행동의 길에서 편리한 것에 지
나지 않는 것과 똑같다. 당연히, 거의 모든 면에서 편리한 것과 장
기적으로, 또 대체적으로 편리한 것이 진리이다. 지금 눈앞의 모
든 경험을 편리하게 만족시키는 것이 반드시 먼 훗날의 모든 경
험까지 똑같은 수준으로 만족시키지는 못할 것이니까. 우리가 아
는 바와 같이, 경험은 넘쳐흐르면서 우리가 현재의 방식들을 바
로잡게 하는 나름의 길들을 갖고 있다.

진리에 관한 이 같은 설명은 존 듀이(John Dewey)[3] 씨와 실러(F.
C. S. Schiller)[4] 씨가 진리와 관련해 제시한 비슷한 설명에 뒤이어 나

3　미국의 철학자이자 심리학자, 교육학자(1859-1952)로 자유주의를 지지했다.
사회 참여에 적극적이었던 그는 진보주의 교육을 주창했으며 실용주의 철학에도 많은
기여를 했다.

4　독일 태생의 영국 철학자(1864-1937). 그의 철학은 휴머니즘으로 불리었으나
윌리엄 제임스의 실용주의와 비슷한 점이 많았다.

온 것으로서 뜨거운 논쟁을 불러일으켰다. 비평가들 중에서 이 설명을 옹호한 사람은 거의 없었으며, 대부분의 비평가들은 조소했다. 그 주제는 겉보기에 단순해 보임에도 불구하고 이해가 지극히 어려운 것이 분명하다. 또 나의 판단에 그 주제를 명확히 해결하는 것이 인식론의 역사에서, 따라서 일반적인 철학의 역사에서 전환점을 이룰 것으로 보인다. 앞으로 진리 문제를 연구할 사람들에게 나의 사상을 보다 쉽게 제시하기 위해, 나는 그 문제를 직접적으로 다룬 나의 논문들을 모두 이 책에 모았다. 진리 문제에 관한 나의 첫 번째 진술은 1884년에 있었다. 이 책 첫 부분에 실린 논문에서였다. 다른 논문들은 발표 순서를 따르고 있다. 두세 편은 처음 공개되는 글이다.

내가 가장 빈번하게 직면하는 비난 중 하나는 우리의 종교적 믿음의 진실성을 다른 곳에서 찾지 않고 그 믿음이 우리에게 안겨주는 '좋은 기분'에서 찾고 있다는 비난이다. 이 같은 비난과 관련해, 나는 『실용주의』에서 절대자에 대한 일부 철학자들의 믿음의 진실성에 대해 논하면서 경솔한 언어로 해명한 사실을 후회하고 있다. 나는 나 자신이 절대자를 믿지 않는 이유를 설명하면서, 그럼에도 절대자에 대한 믿음이 '도덕적 휴일'(moral holidays)[5]을 필요로 하는 사람들에게 그런 휴일을 보장해주고 또 (도덕적 휴일을 갖는 것이 좋은 일이라면) 그 믿음이 그 정도까지는 진리일 수 있다는 것을

5　윌리엄 제임스가 1904년에 도덕적 부담이 사람들을 어느 정도 옭아매고 있다는 판단에서 세상이 본연의 길을 걸을 수 있도록 일시적으로 도덕으로부터 해방시킬 필요가 있다는 판단에서 제시한 개념이다. 도덕적으로 해이해지더라도 절대적인 존재가 보살펴 줄 것이라는 뜻이 담겨 있다.

발견하고, 나의 적들에게 그 같은 해명을 화해의 올리브 가지로 제안했다.

그러나 적들은 뒤돌아서서 그 선물을 발로 짓밟고 선물을 준 사람까지 해쳤다. 그런데 유감스러운 일이지만 공물엔 그런 일이 흔히 일어난다. 나는 그들의 선의를 지나치게 많이 기대했다. 아, 그 귀한 기독교인의 사랑이 하늘 아래 가득했으면 좋으련만! 또 그 귀한 평범한 지성도 하늘 아래 가득했으면 좋으련만!

나는 그것을 평범한 관찰의 문제로 보았다. 말하자면, 서로 경쟁하는 두 개의 우주관이 있는데, 한 우주관이 인간의 결정적인 필요 몇 가지를 부정하는 한편 다른 우주관이 그 필요를 충족시키고 있다는 점만 빼고는 둘이 모든 측면에서 똑같다면, 두 번째 우주관이 단지 세상을 보다 합리적으로 비치게 만든다는 이유로 온전한 사람들에게 당연히 선호될 것이라고 여긴 것이다.

그런 상황에서 첫 번째 우주관을 선택하는 것은 금욕적인 행위, 그러니까 정상적인 사람이라면 누구도 하지 않을 그런 철학적인 극기의 행위가 될 것이다. 개념의 의미를 테스트하는 실용적 방법을 이용하면서, 나는 절대자의 개념이 휴일을 제공하는 존재, 우주적인 두려움을 추방하는 존재를 의미할 뿐이라는 것을 보여주었다.

어떤 사람이 "절대자가 존재한다"고 말할 때, 그 사람의 객관적인 의견 표명은 나의 설명에서는 이런 뜻에 지나지 않았다. 말하자면, '우주 앞에서 느끼는 안도의 감정에 대한 정당화'가 존재하고, 또 안도의 감정을 배양하기를 체계적으로 거부하는 것은 그 사람의 감정생활 중에서 예언적인 것으로 존경받을 수 있는 어떤 경향을 손상시키는 것이라는 뜻이다.

절대론자인 나의 비판가들은 그런 그림 어떤 것에서도 그들 자신의 정신의 작용을 좀처럼 보지 못하고 있다. 그래서 내가 할 수 있는 일이라곤 그들에게 사과하고 공물을 다시 찾아오는 것뿐이다. 내가 규정한 길에서 절대적인 것은 절대로 진리가 아니며, 비판가들의 판결에 의해서 결정되는 것은 더더욱 진리가 아니다.

내가 '신'과 '자유'와 '설계'를 다루는 방법은 비슷했다. 실용적인 테스트를 통해서 이 개념들 각각의 의미를 확실히 경험 가능한 기능으로 환원하면서, 나는 그런 것들이 모두 똑같은 것을, 즉 세상에 '약속'이 존재한다는 것을 의미한다는 사실을 보여주었다. "신은 있나 없나?"라는 질문은 곧 "약속은 있나 없나?"라는 질문과 동일하다. 나에게는 대안도 충분히 객관적인 것 같다. 그것이 우주가 이런 성격을 갖는지 아니면 저런 성격을 갖는지에 관한 물음이기 때문이다. 비록 그에 대한 우리 자신의 잠정적 대답은 주관적인 토대에서 나올지라도 말이다.

그럼에도 불구하고, 기독교인 비판가나 비기독교인 비판가나 똑같이 내가 신이 존재하지 않는 때에도 사람들에게 "신은 존재한다"고 말할 것을 요구하고 있다고 비난하고 있다. 그들이 그런 식으로 비난하는 이유는 정말로 나의 철학에서 신은 존재한다는 말의 '진실성'은 신이 어떤 형태로든 구체적으로 존재한다는 뜻이 아니라 단지 그렇게 말하는 것이 좋은 기분을 느끼게 만든다는 것을 뜻하기 때문이다.

실용주의자와 반(反)실용주의자 사이에 벌어지고 있는 전투의 대부분은 '진리'라는 단어를 무엇을 의미하는 것으로 받아들일 것인가 하는 문제를 둘러싸고 벌어지고 있다. 진리라 불리는 상황에 담긴 사실들을 놓고 벌이는 싸움이 아닌 것이다. 실용주의자들이나 반실용주의자들이나 똑같이 존재하고 있는 대상들에 대한 우리의 생각을 믿듯이 그 대상들을 믿고 있으니 말이다. 차이점은 실용주의자들이 진리에 대해 말할 때 그 진리는 전적으로 그 생각들에 관한 그 무엇, 말하자면 그 생각들의 실현 가능성인 반면에, 반실용주의자들이 말하는 진리는 대부분 대상들에 관한 무엇인가를 의미하는 것 같다는 점이다.

실용주의자의 경우에 어떤 생각이 '진정'으로 진실하다는 점에 동의한다면 그 생각이 그 대상에 대해 말하는 모든 것에도 동의하기 때문에, 그리고 대부분의 반실용주의자들의 경우에 그 대상이 존재한다면 그것이 존재한다는 생각이 실현 가능하다는 점에 이미 동의했기 때문에, 두 진영 사이에 싸울 거리가 거의 남아 있지 않은 것 같다. 따라서 내가 너무나 많은 말이 오가고 있는 논쟁에서 나의 논문을 그대로 다시 실을 것이 아니라 오히려 모두 태워버림으로써 '가치들'에 대한 나의 감각을 보여주지 않는 이유에 대한 질문을 받는 것도 이상하지 않다.

나는 그 질문을 잘 이해하고 있으며 그에 대한 대답을 제시할 것이다. 나는 철학에서 또 다른 견해에 관심을 두고 있으며, 그 견해에 나는 근본적 경험주의(radical empiricism)라는 이름을 붙이고 있다. 나에게는 실용주의 진리 이론을 확립하는 것이 근본적 경험주의를 널리 퍼뜨리는 데 가장 중요한 걸음으로 보인다. 근본적 경험주의는 먼저 하나의 가정과 그 다음에 사실의 진술, 마지막으로 일반적 결론으로 이뤄져 있다.

그 가정은 철학자들 사이에 논의될 수 있는 유일한 것은 경험에서 끌어낸 용어로 정의 가능한 것들이라는 것이다. [경험할 수 없는 성격의 것들도 마음대로 존재할 수는 있지만, 철학적 토론의 자료에는 절대로 포함되지 못한다.]

사실의 진술은 분리적일 뿐만 아니라 결합적이기도 한, 사물들 사이의 관계들은 직접적이고 구체적인 경험의 문제들이며, 사물들 자체보다 더 그렇지도 않고 덜 그렇지도 않다.

일반적 결론은 따라서 경험의 부분들이 그 자체로 경험의 부분들을 이루는 관계들에 의해서 다음에서 다음으로 서로 결합된다는 것이다. 요약하면, 직접적으로 파악되는 우주는 초경험적 연결을 위한 외부 지지물을 전혀 필요로 하지 않으며, 그 자체 안에 연쇄적으로 이어지거나 지속되는 구조를 갖고 있다.

동시대의 정신에서 근본적 경험주의에 최대 장애가 되고 있는 것은 뿌리 깊은 합리주의적 믿음, 즉 경험은 즉시적으로 주어지는 것으로서 모두 분리이고 절대로 결합이 아니며, 따라서 이 분리로부터 하나의 세계를 만들어 내기 위해서는 통합시키는 보다 높은 어떤 힘이 반드시 존재해야 한다는 믿음이다. 오늘날 널리 받아들여지고 있는 관념론에서 이 힘은 사물들 위로 '범주들'을 그물처럼 던짐으로써 그것들을 모두 '연결시킴'과 동시에 모든 것을 목격하고 있는 절대자로 표현되고 있다. 이 범주들 중에서 가장 특이한 것은 진리 관계, 즉 현실의 부분들 중 어느 하나를 인식자로, 다른 하나를 알려진 사물로 서로 짝을 지으며 그 부분들을 서로 연결시키는 관계이다. 그럼에도 이 진리 관계는 그 자체로 경험적인 내용물을 전혀 갖고 있지 않고, 묘사될 수도 없으며, 설명될 수도 없고, 보다 낮은 조건들로 환원되지도 않으며, 오직 '진리'라는 이름을 말함으로써만 나타낼 수 있을 뿐이다.

진리 관계를 보는 실용주의 관점은 이와 정반대이다. 진리 관계는 명확한 어떤 내용물을 갖고 있으며, 그 안에 있는 모든 것은 경험 가능하다. 그 관계의 전체 성격은 명확한 용어로 나타낼 수 있다. 생각들이 진실하기 위해서 반드시 가져야 하는 '실현 가능성'은 육체적이거나 지적인, 실제적이거나 가능한 특별한 작용들을 의미하며, 이 작용들은 구체적인 경험 안에서 다음에서 다음으로 연이어 자리 잡고 있다. 이 같은 실용주의의 주장이 받아들여진다면, 근본적 경험주의도 승리에 아주 중요한 점수를 올릴 수 있을 것이다. 이유는 어떤 대상과 그것을 진정으로 아는 생각의 관계가 합리주의자들에게는 이런 식으로 묘사될 수 있는 종류가 절대로 아니기 때문이다. 합리주의자들은 진리 관계를 모든 가능한 세속적 경험의 밖에 있는 것으로 여긴다. 합리주의는 그런 식으로 해석한 진리 관계에 모든 것의 근거를 두고 있다.

내가 이 책에서 정면으로 다루게 될 반실용주의 주장들은 지금 합리주의자들에 의해 실용주의뿐만 아니라 근본적 경험주의에 저항하는 무기로도 너무나 쉽게 이용될 수 있다(이유는 진리 관계가 초월적이면 다른 것들도 마찬가지로 초월적일 수 있기 때문이다). 그렇기 때문에 나는 그 주장들을 직접적으로 받아침으로써 그것들이 더 이상 방해 요소가 되지 않도록 하는 것이 전략적으로 중요하다는 점을 강하게 느끼고 있다.

비판가들이 끊임없이 되풀이하고 있는 내용은 설령 작용들이 진리와 동행한다 하더라도 그 작용들이 진리를 이루는 것은 아니라는 것이다. 진리는 작용들에 수량적으로 더해질 수 있고, 작용들보다 앞서고, 작용들을 설명하지만, 진리가 작용들에 의해 설명되는 것은 아니라는 식의 주장을 우리 실용주의자들은 끊임없이 듣고 있다. 그러므로 우리의 적들이 확립하려고 하는 첫 번째 핵심 사항은 수량적으로 더해질 수 있고 작용들보다 앞서는 무엇인가가 생각의 진실성과 연결되어 있다는 것이다. 대상이 수량적으로 더해질 수 있고 일반적으로 우선하기 때문에, 대부분의 합리주의자들은 대상을 옹호하면서 대담하게 우리를 향해 대상을 부정한다는 식으로 비난하고 있다. 이것이 방관자들에게 진리에 관한 우리의 설명이 무너지고 있다는 인상을, 또 우리의 비판가들이 싸움터에서 우리를 몰아내고 있다는 인상을 남기고 있다. 대상의 존재를 합리적으로 부정하는 것이 불가능하니 말이다.

이 책 곳곳에서 실용주의자가 진정한 존재를 부정한다는 중상적인 비난을 반박하겠지만, 나는 강조의 차원에서 여기서 다시 말할 것이다. 어떤 생각이 대상을 '진정으로' 주장할 때마다, 만약 그 생각이 유효하게 작용한다면, 그것이 성공적으로 작용하는 유일한 이유는 수많은 예들에서 바로 그 대상의 존재라는 것이 확인된다는 점을 말이다. 또 제대로 작용하는 생각들의 진실성뿐만 아니라 제대로 작용하지 않는 생각들의 거짓까지 대상들의 존재에 의해 설명될 때, '진리'라는 단어를 생각에서 대상의 존재로 옮기는 것은 적어도 언어의 남용처럼 보인다는 점도 말하고 싶다.

나는 이런 남용이 나의 적들 중에서 가장 탁월한 사람들 사이에도 팽배하다는 사실을 확인하고 있다. 그러나 적절한 언어 습관만 확립하고, '진리'라는 단어를 생각의 어떤 특성을 나타내는 것으로 바로잡고 그 단어를 알려진 대상과 불가사의하게 연결되는 무엇인가로 여기기를 중단한다면, 내가 믿고 있는 바와 같이, 근본적 경험주의를 그 장점을 바탕으로 논할 길이 활짝 열릴 것이다. 그러면 어떤 생각의 진실성은 오직 그 생각의 작용들만을 의미하거나, 생각 안에서 일반적인 심리적 법칙에 따라 그 작용들을 일으키는 것들을 의미할 것이다. 진리는 생각의 대상을 의미하지도 않고, 생각 속의 '비약적인' 무엇인가를, 말하자면 경험에서 끌어낸 용어들이 묘사하지 못하는 것을 의미하지도 않는다.

서문을 끝내기 전에 한마디만 더 하고 싶다. 듀이 씨와 실러 씨와 나 사이에, 내가 대상의 존재를 가정하면서 대중의 편견에 양보하고 있는 반면에 두 사람은 보다 근본적인 실용주의자로서 양보하기를 거부하는 것처럼, 간혹 구분이 이뤄지고 있다. 나 자신이 이 저자들을 이해하고 있는 바에 따르면, 우리 세 사람은 모두 진리 관계에서 대상(경험 가능한 대상이라면)이 주체를 초월한다는 점에 전적으로 동의하고 있다. 특히 듀이 씨는 우리의 인식 상태들과 과정들의 전체 의미는 그 상태들과 과정들이 독립적인 존재들 또는 사실들에 대한 통제와 재평가에 개입하는 방식에 있다는 주장을 지겨울만큼 되풀이하고 있다. 만약에 우리의 생각들이 주목하고 변형시키기 위해 작용할 독립적인 존재들이 없다면, 인식에 관한 듀이 씨의 설명은 부조리할 뿐만 아니라 무의미하기도 하다. 그러나 그와 실러 씨가 똑같이 전적으로 초(超)경험적이라는 의미에서 '초월적인' 대상들과 관계들에 대해 논하기를 거부하고 있기 때문에, 그들의 비판가들은 두 사람의 글 중에서 경험의 영역 안에서, 거기에 대상이 있다고 선언하는 생각들과 무관한 대상들이 존재한다는 것을 부정한다는 점을 보여줄 만한 문장들만 물고 늘어지고 있다. 교육수준이 높고 성실할 게 틀림없는 비판가들이 자신의 적들의 관점을 파악하지 못하고 있다는 사실이 도무지 믿기지 않는다.

너무나 많은 비판가들을 혼란스럽게 만들고 있는 것은 아마 실러 씨와 듀이 씨와 내가 벌이고 있는 담론의 세계들이 광대하다는 사실일 것이다. 셋 중 어느 한 사람이 명백히 주장한 것을 다른 사람이 그냥 잠정적으로 제안 상태로 두고 있는데, 독자가 그것을 그 주장을 부정하는 것으로 여김에 따라 그런 일이 벌어졌을 수 있다.

실러 씨의 세계가 기본적으로 심리학적인 세계이기 때문에 가장 작다. 그는 한 종류의 사물, 즉 진리 주장들로 시작하지만, 모든 진리 주장들 중에서 타당성이 가장 성공적으로 입증된 것이 그런 사실들이 거기에 있다는 것이므로, 그는 최종적으로 진리 주장들이 강력히 옹호하는, 독립적이고 객관적인 사실들에 닿는다.

나의 세계는 기본적으로 보다 인식론적이다. 나는 두 가지 사물, 즉 객관적인 사실들과 주장들로 시작하며, 나는 어떤 주장들은 사실들이 거기에 있기 때문에 사실들의 대체물로 성공적으로 작동할 것이고 어떤 주장들은 그렇지 못할 것이라는 점을 암시한다. 나는 전자의 주장들을 진실하다고 부른다.

내가 듀이를 제대로 이해하고 있다면, 이 동료의 세계가 셋 중에 가장 넓지만, 그 세계의 복잡성에 대해서 나 자신이 직접 설명하는 것을 삼갈 생각이다. 그도 우리의 판단과 별도로 대상들에게 나만큼 강하게 집착하고 있다고 말하는 것으로 충분할 것 같다. 이 말이 틀렸다면, 그가 나의 말을 직접 바로잡아야 한다. 나는 이 문제에서 간접적으로 바로잡아지기를 원하지 않는다.

나는 이 책에서, 진리에 대한 나의 설명을 비판한 인물들, 그러니까 테일러(Taylor) 씨와 러브조이(Lovejoy) 씨, 가디너(Gardiner) 씨, 베이크웰(Bakewell) 씨, 크레이턴(Creighton) 씨, 히븐(Hibben) 씨, 패러디(Parodi) 씨, 솔터(Salter) 씨, 카루스(Carus) 씨, 라란드(Lalande) 씨, 망트레(Mentrè) 씨, 맥태거트(John McTaggart) 씨, 무어(G. E. Moore) 씨, 라드(Ladd) 씨와 특히 『반실용주의』(Anti-pragmatisme)라는 제목으로 재미있는 사회학적 소설을 쓴 쉬인즈

(Schinz) 교수 등을 고려하지 않았다. 나에게는 이 비판가들 중 일부는 자신이 반박하고자 하는 주제조차 제대로 이해하지 못한 탓에 한심할 정도로 끙끙거리고 있는 것처럼 보인다. 나는 그들이 겪는 어려움들 대부분에 대한 해답이 이 책의 어딘가에 있을 것이라고 상상하며, 나의 독자들도 내가 거기 있는 내용을 여기서 다시 반복하지 않는 데 대해 감사하게 생각할 것이다.

1909년 8월
매사추세츠 주 케임브리지
어빙 스트리트 95번지

차례

이 책에 대하여   5

서문   8

1장   인식 기능   25

2장   인도의 호랑이들   59

3장   휴머니즘과 진리   67

4장   인식 주체와 인식 대상의 관계   111

5장   휴머니즘의 핵심   129

6장   다시 진리에 대하여   143

7장   프랫 교수의 진리론   167

8장   진리에 대한 실용주의자의 설명과 그것을 오해하는 사람들   **183**

9장   진리라는 단어의 의미   **213**

10장   율리우스 카이사르의 존재   **219**

11장   절대자와 분투적 삶   **225**

12장   실용주의에 관한 에베르 교수의 견해에 대하여   **231**

13장   추상주의와 상대주의   **247**

14장   두 명의 영국인 비평가   **269**

15장   대화   **283**

찾아보기   **294**

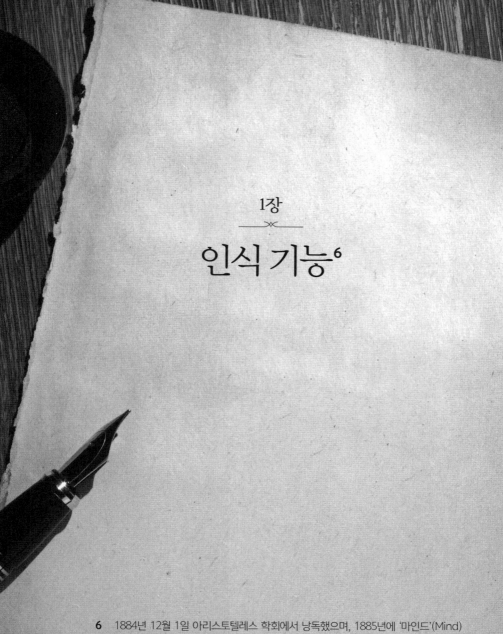

1장

인식 기능[6]

---

6 1884년 12월 1일 아리스토텔레스 학회에서 낭독했으며, 1885년에 '마인드'(Mind) 10호에 처음으로 활자로 공개되었다.

다음 탐구는 (섀드워스 하지슨(Shadworth Hodgson[7])의 독자들에게 익숙한 구분을 이용하면) 인식이 '일어나는 과정'에 관한 연구가 아니라 인식은 '무엇인가'라는 물음에 관한 연구이다. 우리가 인식 행위라고 부르는 것은, 뇌와 역동적으로 연결된 '영혼'이란 것이 있든 없든 불문하고, 틀림없이 우리가 뇌라고 부르는 것과 그곳의 사건들을 통해서 실현되고 있다. 그러나 뇌와 영혼은 이 에세이와 아무런 관계가 없다. 이 에세이에서 우리는 단지 인식은 어쨌든 일어난다고 가정할 것이고, 탐구의 범위를 인식이 어떤 요소들을 포함하고 있는지, 또 인식이 어떤 요인들을 암시하는지에 대해 묻는 것

7 영국 철학자(1832-1912)로 윌리엄 제임스로부터 실용주의의 선구자 중 한 사람으로 평가 받았다.

으로 한정시킬 것이다.

　인식은 의식의 한 기능이다. 그러므로 인식이 암시하는 첫 번째 요소는 인식이 일어날 수 있는 의식의 어떤 상태이다. 주관적으로, 또는 가능한 기능을 감안하지 않고 고려한 모든 의식 상태들을 일반적으로 부르는 단어로 다른 곳에서 '감정'(feeling)을 사용했기 때문에, 나는 인식 행위가 그 외의 어떤 요소를 암시하든 적어도 어떤 감정의 존재를 암시한다고 말해야 한다. [만약 '감정'이라는 단어에 대한 오늘날의 반감을 공유하는 독자라면 감정 대신에 다른 단어를 사용해도 무방하다. 내가 감정이라는 단어를 쓰는 곳마다, 옛날에 로크(John Lock)가 넓은 의미에서 쓴 '관념'이나 '의식의 상태'라는 꼴사나운 표현이나 '사고'(思考)를 쓸 수도 있다.]

　지금 인류의 공통된 의견은 어떤 감정들은 인식력을 갖고 있고 또 어떤 감정들은 주관적 또는 거의 물리적이라 불릴 만한 존재를 갖고 있지만 그것들이 인식의 부분들이라는 점에 암시되는 그런 자기 초월적 기능을 전혀 갖고 있지 않은 단순한 사실들이라는 점에 동의하고 있다. 여기서 우리의 과제는 다시 제한적이다. 우리는 "자기 초월이 어떻게 가능한가?"라는 질문을 던지지 않는다. 단지 이렇게 물을 뿐이다. "어찌하여 상식은 자기 초월이 가능할 뿐만 아니라 실제로 일어나는 것으로 여겨지는 사건들을 다수 정해 두었는가? 그리고 상식이 그런 사건들과 나머지를 구분하는 데 사용하는 표시들은 무엇인가?" 요약하면, 우리의 탐구는 기술(記述) 심리학의 한 개의 장(章)에 불과하며, 그 이상은 되기 어렵다.

콩디야크(Étinne Bonnot de Condillac)는 어떤 동상에 다양한 감정을 연속적으로 부여한다는 유명한 가설을 통해 이와 비슷한 탐구를 실시했다. 그 동상에 가장 먼저 주어진 감정은 향기였다. 그러나 기원의 문제와 관련된 온갖 가능한 복잡성을 피하기 위해서, 동상에 우리가 상상하는 감정의 소유까지 허용하지 않도록 하자. 차라리 동상이 어떤 물질과도 연결되지 않고, 공간 속의 어느 곳에도 자리 잡지 않고, 어떤 신의 직접적인 창조의 위업에 의해 진공 속에서 그냥 흔들리고 있도록 가만 두도록 하자. 그리고 그것의 '대상'의 육체적 또는 정신적 본질을 둘러싼 어려움에 휘말리지 않기 위해 그것을 향기의 감정이나 다른 확정적인 종류의 감정이라고 부르지 말고 그냥 q라는 감정으로 정하자. 이런 추상적인 이름을 가진 감정에 적용되는 것은 독자가 가정할 수 있는 보다 구체적인 형태의 감정(향기, 통증, 냉담 등)에도 그것 못지않게 적용될 것이다.

지금 만약에 q라는 이 감정이 신의 유일한 창조물이라면, 당연히 그 감정은 전체 우주를 이룰 것이다. 그리고 "언제나 동일한 것을 느끼는 것은 아무것도 느끼지 않는 것이나 마찬가지"라고 믿는 큰 집단의 사람들의 트집을 피하기 위해서, 만약에 우리가 그 감정에 그들이 바라는 대로 극히 짧은 시간만 허용한다면, 그 우주는 1초 중 아주 미세한 부분만큼만 지속될 필요가 있다. 따라서 지금 다루고 있는 감정은 그야말로 그것의 온전한 무게가 될 것이고, 인식 기능이 일어나는 길에 그 감정에 생기는 모든 것은 순간에 사라지고 마는 그 감정의 삶의 찰나에 일어나는 것으로 여겨져야 한다. 이 생명은 그 앞이나 뒤에 다른 의식의 순간을 전혀 갖지 않는 그런 생명이라는 점도 강조될 것이다.

이제 신과 우리의 심리학적 비판가들이 고려 대상에서 배제되는 것으로 여겨지기 때문에, 우주에 그런 식으로 홀로 남겨진 우리의 어린 감정에 대해 어떤 종류든 인식 기능을 갖고 있다고 말하는 것이 가능한가? 그 감정이 알기 위해서는, 알려질 무엇인가가 틀림없이 있어야 한다. 현재의 가정에서, 거기에 무엇이 있는가? 누군가는 '감정의 내용 q'가 있다고 대답할 수 있을 것이다. 그러나 이것을 감정의 내용이라고 부르는 것보다 감정의 특성이라고 부르는 것이 더 적절해 보이지 않는가? '내용'이라는 단어가 하나의 행위로서 감정이 그 자체를 하나의 대상으로서의 내용으로부터 이미 분리시켰다는 것을 암시하지 않는가? 그리고 어떤 감정의 특성 q는 q라는 특성의 어떤 감정과 동일하다고 생각해도 꽤 안전하지 않은가? 여기까지 특성 q는 그 감정이 말하자면 내생적으로, 즉 자신의 주머니 속에 넣고 다니는 철저히 주관적인 하나의 사실이다.

만약에 누구든 이것과 같은 아주 단순한 사실을 지식이라는 이름으로 고귀하게 만들고자 한다면, 물론 누구도 그러는 그를 막지 못한다. 그러나 우리는 일반적인 용법에 가능한 한 가까이 다가가도록 노력하면서 '현실들'에 대한 인식에 지식이라는 이름을 쓰도록 하자. 여기서 현실들은 그 감정과 별개로 존재하는 사물들을 의미하며, 그 감정을 통해서 이 사물들에 대한 인식이 일어난다. 만약에 그 감정의 내용이 우주 안에서 그 감정 자체의 밖 어디서도 일어나지 않고 그 감정과 함께 사라진다면, 일반적인 용법은 그것을 현실이라고 부르길 거부하고, 그것을 그 감정의 성질의 한 주관적인 특징 또는 기껏해야 그 감정의 꿈이라고 낙인을 찍는다.

그렇다면 그 감정이 구체적인 의미에서 인식력을 갖기 위해서는 자기 초월적이어야 하며, 우리는 신을 설득하여 그 감정 밖에 그 감정의 고유한 특성 q와 일치하는 어떤 현실을 창조하도록 해야 한다. 그래야만 그 감정이 유아론(唯我論) 같은 것이 되는 조건으로부터 구원을 받을 수 있다. 만약에 새로 창조된 현실이 지금 그 감정의 특성 q를 닮았다면, 그 감정은 우리에 의해서 그 현실을 인식하는 것으로 여겨질 수 있다고 나는 말한다.

나의 주장 중 이 첫 번째 부분은 틀림없이 공격 대상이 될 것이다. 그러나 이 부분을 옹호하기에 앞서 먼저 한마디 하고 싶다. '현실'이 어떤 감정에 대해 인식력을 갖고 있다고 말해도 좋다는 보증의 역할을 하게 되었지만, 어떤 것을 현실이라고 불러도 좋다고 보증하는 것은 무엇인가? 이에 대한 유일한 대답은 현재의 비판가 또는 탐구자의 믿음이다.

올해 그의 현실들이 내년에 그의 착각들로 드러난다 할지라도, 그는 자신이 삶의 매 순간에 어떤 현실들에 대한 믿음의 지배를 받고 있다는 사실을 발견한다. 그가 자신이 연구하고 있는 감정이 그 자신이 하나의 현실로 여기고 있는 것에 대해 생각하고 있다는 사실을 발견할 때마다, 당연히 그는 그 감정 자체가 진정으로 인식력을 갖고 있다는 점을 인정해야 한다. 여기서는 우리 자신이 비평가들이며, 우리는 현실을 이처럼 상대적이고 잠정적인 방식으로 받아들이는 것을 허용함에 따라 우리의 짐이 한결 가벼워진다는 사실을 발견할 것이다.

모든 과학은 몇 가지 가정을 제시하지 않을 수 없다. 인식론 학자들도 당연히 오류를 저지를 수 있는 인간들에 지나지 않는다. 인식 기능을 연구할 때, 인식론 학자들은 자신의 내면에 있는 인식 기능을 이용해 연구한다. 그리고 샘이 그 물의 원천보다 결코 더 높을 수 없다는 것을 알고 있기 때문에, 우리는 이 분야에서 우리의 결과들이 곧잘 오류를 저지르는 우리 자신의 경향에 영향을 받기 마련이라는 사실을 당연히 고백해야 한다. 우리가 최대한 주장할 수 있는 것은 우리가 인식에 대해 말하는 내용이 우리가 다른 것에 대해 이야기할 때만큼은 진실한 것으로 여겨질 수 있다는 것이다. 만약에 우리의 말을 듣는 사람들이 '현실들'로 여겨지는 것들에 관한 우리의 의견에 동의한다면, 그들은 아마 현실들이 알려지는 방식에 관한 우리의 원칙이라는 현실에도 동의할 것이다. 우리는 그 이상을 요구할 수 없다.

우리의 인식론은 이 발언들의 정신을 따른다. 우리는 우리 자신이 그 안쪽뿐만 아니라 바깥쪽에도 특징이나 내용을 갖고 있다고 믿지 않는 그런 감정에는 인식 기능을 부정할 것이다. 그런 감정을 우리는 원한다면 꿈이라고 부를 수 있을 것이며, 앞으로 그것을 하나의 허구나 오류라고 부를 수 있는지도 살펴봐야 한다.

이제 우리의 주제로 돌아가도록 하자. 어떤 사람들은 즉시 이렇게 외칠 것이다. "어떻게 하나의 현실이 감정을 닮을 수 있어?" 바로 이 대목에서 우리가 그 감정의 특성을 대수학적인 문자 q로 하기로 한 것이 아주 훌륭한 조치였다는 사실이 확인된다. 어떤 감정을 닮을 수 있는 것으로 여겨지는 온갖 종류의 사물들을 현실로 가정하는 문제를 모든 사람들에게 자유롭게 떠넘김으로써, 우리는 내적 상태와 외적 현실 사이의 닮음이라는 지극히 어려운 문제를 우회한다. 이때 현실은 외적 사물이 아니고 첫 번째 감정과 비슷한 또 다른 감정, 예를 들면 비판가의 마음에 있는 단순한 감정 q라도 무방하다. 이런 식으로 이 반대를 피하면서, 우리는 반드시 살펴야 하는 또 다른 반대 쪽으로 눈길을 돌린다.

그 반대는 관계들에 관한 지식이라는 측면에서 '사고'를 정신생활의 전부로 여기는 철학자들로부터, 또 단순히 느끼기만 하는 의식을 의식이 전혀 없는 상태보다 조금도 더 낫지 않은 것으로, 아니 그들의 발언을 근거로 하면 그런 상태보다 훨씬 더 못한 것으로 보는 철학자들로부터 나온다. 예를 들어, 이 같은 표현들은 오늘날 영국인 조상들이 걸었던 길보다 칸트(Immanuel Kant)와 헤겔(Georg Wilhelm Friedrich Hegel)의 발자취를 따르고 있다고 주장하는 사람들의 입에서 자주 나온다.

"다른 모든 것들로부터 분리되어 있는 하나의 지각은 '우리가 정신이라고 부르는 어떤 퇴적물에서 벗어나 있고' 모든 관계들로부터 벗어나 있기 때문에 전혀 아무런 특성을 갖지 못하며, 단순히 무(無)이다. 우리가 그것을 고려하지 못하는 것은 우리가 허공을 보지 못하는 것이나 마찬가지이다." "그것은 본래 그냥 덧없고, 순간적이고, 이름을 붙일 수 없으며(왜냐하면 거기에 이름을 붙이는 사이에 그것이 다른 것이 되어 버리기 때문이다), 동일한 이유로 인식이 불가능하며, 한마디로 인식 가능성의 부정(否定)이다." "우리가 진정한 것이라고 고려했던 것들에서 관계에 의해 형성된 특성들을 모두 배제시켜 보라. 그러면 남는 것이 하나도 없다는 사실이 확인될 것이다."

그린(T. H. Green)[8] 교수의 글에서 끌어낸 이와 비슷한 인용들은 거의 무한정 제시될 수 있음에도, 그것들은 수집에 따르는 수고를 거의 보상하지 못하며, 그것들이 가르치는 원칙은 터무니없을 만큼 거짓이다. 우리가 가정했던 그 작은 감정은 인식적 관점에서 보면 그것이 무엇이 되었든, 그러니까 한 조각의 지식이든 하나의 꿈이든, 절대로 정신적 제로(0)가 아니다. 그것은 너무나 분명하고 확실한 하나의 내적 사실이며, 그것만의 특유의 양상을 갖고 있다. 물론, 그것이 아닌 정신의 사실들은 많다. 만약에 q가 하나의 현실이라면, 그 감정은 q를 그야말로 매우 작은 크기의 인식력으로 안다. 그것은 q의 기원도 모르고 q가 소재한 곳도 모른다. 그것은 q를 분류하지도 않고 이름을 붙이지도 않는다. 그리고 그것은 스스로를 하나의 감정으로 알지도 않고, 다른 감정들과 대비시키지도 않으며, 자신의 시간적 길이나 강도를 평가하지도 않는다. 한마디로 말해, 만약

8 영국 관념론 철학자(1836-1882). 플라톤과 이마누엘 칸트, 게오르크 빌헬름 프리드리히 헤겔의 영향을 많이 받았다.

그 감정에 이것 이상의 다른 것이 전혀 없다면, 그것은 더없이 멍청하고 무력하고 쓸모없는 종류의 사물이다.

그러나 만약에 우리가 그렇게 많은 부정(否定)을 통해 그것을 묘사해야 한다면, 또 만약에 그것이 그 자체에 '대해서나' 다른 무엇인가에 '대해서' 아무런 이야기를 들려주지 못한다면, 우리는 무슨 권리로 그것이 정신적 제로라는 점을 부정하는가? 어쨌든 '관계주의자들'(relationists)[9]이 옳을 수 있지 않는가?

대단히 순수해 보이는 단어 '대해서'(about)에 이 수수께끼의 해답이 들어 있으며, 솔직한 마음으로 보면, 그것은 단순하면서도 충분한 해답이다. 좀처럼 인용되지 않는 책인 존 그로트(John Grote)[10]의 『철학적 탐구』(Exploratio Philosophica)에서 끌어낸 인용이 그 해답을 찾는 최선의 길을 안내할 것처럼 보인다. 그로트는 이렇게 쓰고 있다.

> 우리의 인식은 두 가지 방법 중 하나로 고려될 수 있다. 달리 표현하면, 우리는 인식 "대상"에 대해 이중적인 방법으로 말할 수 있다. 즉, 우리는 언어를 이런 식으로 사용할 수 있다. 우리가 어떤 사물을, 어떤 사람을 알고 있다는 식으로 말이다. 혹은 이런 식으로도 사용할 수 있다. 우리가 그 사물에 대해서, 그 사람에 대해서

9　관계주의는 어떤 사상 체계든 사회 문화적 맥락의 제약을 받는다는 입장을 취한다.

10　영국의 도덕 철학자이자 성공회 성직자(1813-1866).

이러이러한 것들을 알고 있다는 식으로 사용할 수 있는 것이다. 언어는 일반적으로 자체의 진정한 논리적 본능을 따르면서 인식의 개념을 그런 식으로 두 가지 방식으로 구분해 적용한다. 전자에 해당하는 단어는 yvwvai, noscere, kennen, connaître이고, 후자에 해당하는 단어는 eidevai, scire, wissen, savoir[11]이다. 기원을 따지면, 전자가 내가 현상적이라고 부른 것과 더 가깝다. 그것은 알려져 있는 것을 알거나 친숙해지는 것으로서의 인식 개념이다. 이 개념은 아마 몸소 직접적으로 하는 커뮤니케이션과 훨씬 더 가깝고 후자의 개념에 비해 순수하게 지적인 면이 덜하다. 그것은 어떤 사물이 감각들에게 제시되거나 그림이나 인쇄물에 표현됨에 따라 우리가 그 사물에 대해 갖게 되는 지식의 종류이다. 다른 개념은 우리가 판단이나 주장에서 표현하고 있으며, 필요한 상상적 표상이 전혀 없는 상태에서 용어 또는 개념들로 구체화된다. 이 개념의 기원은 보다 지적이다. 그러나 우리가 동일한 주장이나 추론에서, 우리의 지식을 종류를 불문하고 두 가지 방식으로 표현하지 말아야 할 이유는 전혀 없다. 다만 그 지식을 혼란스럽게만 표현하지 않으면 된다.

만약에 우리가 가정했던 감정 q가 (어쨌든 지식이라면) 오직 직접적으로만 알 수 있는 유형(acquaintance-type)의 지식이라면, 고

---

11   이 단어들은 영어의 'know'에 해당하는 그리스어 라틴어 독일어 프랑스어 단어들이다.

대인들이 했을 법한 말인데, 그 감정에서 태양 아래의 무엇인가에 관한, 심지어 그 감정 자체에 관한 진술을 끌어내려고 노력하는 것은 숫염소를 붙잡고 젖을 짜려 드는 것이나 마찬가지이다. 그리고 우리가 그런 것을 끌어내는 데 실패한 뒤에, 그 감정에 분풀이하듯 등을 돌리며 그것을 정신적 무(無)라고 부르는 것은 우리가 숫염소를 쓸데없이 공격한 뒤에 염소라는 좋은 젖을 생산하지 못한다고 선언하는 것만큼이나 부당하다.

그러나 단순한 감각을 철학적 인식의 울타리 밖으로 밀어내려고 벌인 헤겔 학파의 전반적인 노력은 바로 그런 엉터리 결론 위에 구축되었다. 감각이라는 개념 자체를 무의미한 것으로 만들고, 인식을 공부하는 학생이 감각을 존재하지 않는다는 듯이 상대도 하지 않는 것을 정당화하는 것은 언제나 감각의 '무언'(無言), 즉 어떤 '진술'도 하지 못하는 감각의 무능력이다. 다른 정신 상태들의 표시로 서 있다는 뜻에서, '의미'가 우리가 가진 모든 정신 상태들의 유일한 기능으로 받아들여지고 있다. 그리고 우리의 여린 원시적인 감각이 아직 의미라는 단어의 글자 그대로의 엄밀한 의미에서 전혀 아무런 의미를 지니지 않는다는 직관을 근거로 하면, 감각을 처음에 무의미하고, 다음에 무분별하고, 그 다음에 공허하고, 마지막으로 부조리하고 용인할 수 없는 것으로 보기가 아주 쉽다.

그러나 이런 식으로 감각을 전반적으로 폐기하는 과정에, 말하자면 직접적인 앎이 '…에 관한 지식'(Knowledge-about) 속으로 지속적으로 미끄러져 들어감에 따라 마침내 직접적으로 지식을 획득할 만한 것이 아무것도 남지 않게 될 때, 모든 '의미'가 상황과 영원히 작별하게 되지 않겠는가? 그리고 사물들에 대한 우리의 지식이 절대로 그렇게 복잡할 수 없는 완벽에 이를 때, 그 모든 지식이 논하는 사물들을 직접적인 접촉을 통해 아는 지식은 그런 지식과 밀접히 결합된 상태에서 그 지식의 옆에 함께 있어야 할 필요가 더 이상 없어지지 않겠는가?

지금, 우리가 가정했던 그 여린 감정이 '무엇'(what)을 주고 있으며, 만약에 그 첫 번째 감정을 기억하는 다른 감정들이 뒤를 잇는다면, 첫 번째 감정의 그 '무엇'은 그것과 다른 감정들이 알고 있을 수 있는 다른 '무엇들'(whats)의 관계를 알아차리면서, '무엇인가에 대한 지식'의 어떤 조각, 즉 어떤 판단의 주어 또는 술어의 위치에 설 것이다. 그러면 지금까지 멍청하던 q가 어떤 이름을 얻게 될 것이고, 따라서 더 이상 무언의 존재가 아닐 것이다. 그러나 모든 이름은, 논리를 공부하는 학생들이 잘 알고 있듯이, 나름의 '명시적 의미'를 갖고 있으며, 이 명시적 의미는 언제나 우리의 원시적인 감각이 알고 있는 것으로 여겨지는 q처럼, 외적 관계가 없거나 분석되지 않은 내적 관계를 갖고 있는 현실 또는 내용물을 의미한다. 이것과 같은 '사실들' 또는 내용에 대한 직접적인 예비적 앎이라는 바탕의 위가 아니라면, 관계를 표현하는 명제는 절대로 가능하지 않다.

q를 향기나 치통, 또는 푸른 하늘을 흘러가고 있는 보름달의 감정처럼 훨씬 더 복잡한 종류의 감정으로 여기도록 하자. 먼저 그 감정은 그런 단순한 모양으로 들어와서 그 첫 번째 의향을 강하게 고수

한다. 그러다가 그것에 관한 어떤 지식이 획득될 수 있다. 그것에 관한 지식은 이를테면 어떤 맥락을 갖게 된 '그것'이다. '그것'을 원상태로 돌려보라. 그러면 더해진 것은 더 이상 맥락일 수 없다.[12]

이 반대에 대한 논의는 여기서 끝내고, 우리의 주제를 이런 식으로 확장하도록 하자. 만약에 우주 안에 그 감정 속의 q 외에 다른 q가 있다면, 전자의 q는 자기 쪽으로 방출하고[13] 있는 어떤 실체를 직접적으로 알 기회를 가질 수 있다. 게다가 그 앎은 단순한 앎으로서 나름으로 완전한 상태에 있기 때문에 향상이나 증대를 상상하기가 힘든 그런 앎이다. 그 앎은 또한 (우리가 앎을 지식이라고 부르기를 거부하지 않는 한) 우리로 하여금 그 감정이 인식력을 갖고 있다고 말하도록 강요할 뿐만 아니라, 감정의 모든 특성들은, 그 특성들 밖에 그것들과 닮은 무엇인가가 있는 한, 존재의 특성들의 감정들이고 외부 사실들의 지각들이라고 말하도록 강요한다.

최초의 감정의 인식 기능을 이런 식으로 증명하는 목적은 q가 그

---

12 윌리엄 제임스는 이 부분에 대해 이런 식으로 설명하고 있다. '만약에 A가 어떤 공간에 들어가는데 B가 "계단에서 나의 형을 보지 않았어?"라고 묻는다면, 우리 모두는 A가 "보긴 했지만 그가 당신의 형이라는 사실은 몰랐어."라고 대답할 것이라고 짐작한다. 그 사람이 A와 형제간이라는 것을 몰랐다는 사실이 그 사람의 보는 능력을 폐기하지 않는다. 그러나 우리가 알게 된 첫 번째 사실들이 무관하다는 점 때문에 그것들이 우리에게 '알려진다'는 것을 부정하는 사람들은 일관되게 만약에 A가 계단의 남자와 B의 관계를 몰랐다면 그가 어쨌든 계단 위의 남자를 알아보는 것은 불가능하다고 주장해야 할 것이다.'

13 윌리엄 제임스는 『심리학의 원리』에서 "모든 뇌 세포는 저마다 다른 세포들이 절대로 모르는 나름의 의식을 갖고 있으며, 모든 개별 의식은 서로를 향해 방출하려 든다"고 말했다.

감정의 안이 아닌 다른 곳에 존재한다는 것을 발견하는 데 있다는 사실이 확인될 것이다. 그 같은 발견이 이뤄지지 않았다면, 우리는 감정이 인식력을 갖고 있다는 것을 확신할 수 없었을 것이다. 감정 밖에서 발견될 것이 아무것도 없었다면, 우리는 그 감정을 꿈이라고 불러야 했을 것이다. 그러나 감정 자체가 그런 발견을 하지는 못한다. 그 감정 자체의 q가 그 감정이 파악할 수 있는 유일한 q이며, 감정 자체의 본질은 인식의 자기 초월적인 기능을 덧붙이거나 떼어냄으로써 바꿀 수 있는 그런 하나의 입자가 아니다. 인식의 자기 초월적 기능은 부수적이며, 분석적이지 않고 통합적이며, 감정의 존재 안이 아니라 바깥에 속한다.

총을 쏠 때, 어떤 감정이 느껴진다. 만약에 느껴지거나 맞을 것이 하나도 없다면, 총알은 허공 속으로 사라질 것이다. 그러나 만약에 무엇인가가 총알에 맞선다면, 총알은 더 이상 그냥 날아가거나 느껴지지 않으며, 맞히고 알게 된다.

그러나 이것으로 인해 지금까지 제기되었던 반대보다 더 심각한 반대가 일어난다. 우리 비판가들이 가만히 바라보고 있다가 진짜 q와 q라는 감정을 보게 된다. 이 두 가지가 서로 닮았기 때문에, 우리는 전자가 후자를 안다고 말한다. 그러나 q라는 감정이 바로 그 '똑같은' 다른 q를 상징하거나 나타낸다는 것을 알 때까지, 우리는 무슨 권리로 그런 말을 하는가? 들판에 진짜 q가 하나가 아니라 여러 개가 있다고 가정하자. 만약에 총을 쏴서 맞힌다면, 우리는 그 q들 중에서 어느 것이 맞았는지를 쉽게 알 수 있다. 그러나 감정이 아는 것이 어느 것인지를 우리는 어떻게 구분할 수 있는가? 감정은 자신이 나타내고 있는 것을 알고 있다. 그러나 어느 것이 감정이 나타내고 있는 것인가? 감정은 이 점에서 어떤 의도도 선언하지 않는다. 그것은 그냥 닮는다. 그것은 무심하게도 모든 것을 닮는다. 닮는다는 사실 자체가 반드시 대표하거나 상징하는 것은 아니다. 알들은 서로 닮았지만, 그 같은 사실 때문에 그것들이 서로를 대표하거나 상징하거나 아는 것은 아니다. 그리고 만약에 당신이 그것들 중 어떤 것도 감정이 아니기 때문에 그런 일이 벌어진다고 말한다면, 세상이 온통 감정인 치통들로만 이뤄져 있다고 상상해 보라. 서로 정확히 닮은 감정들이다. 그렇다고 해서 그 감정들이 서로를 더 잘 아는가?

치통의 경우처럼 q가 하나의 단순한 특성인 예는 감정이 구체적이고 개별적인 어떤 사물인 예와는 꽤 많이 다르다. 어떤 단순한 특성의 감정이 그 특성을 대표하는지 여부를 결정하는 테스트는 실질적으로 전혀 없다. 감정이 그 특성에게 할 수 있는 것은 그것을 닮는 것 외에는 아무것도 없다. 이유는 단지 추상적인 어떤 특성은 어떤 행위도 가할 수 없는 그런 사물이기 때문이다. 맥락이나 환경 또는 개체화의 원리(principium individuationis)[14]가 없기 때문에, 개별성이 전혀 없는 어떤 본질과 관념적인 생각, 심지어 그런 어떤 특성의 복제물(이런 것도 가능하다면)조차도 식별이 불가능할 것이다.

14　하나의 개체가 개체일 수 있도록 하는 원리를 말한다.

또 그 감정이 이 복제물 또는 저 복제물을 상징하게 되어 있었든 아니면 그 감정이 그 특성을 상징할 뜻이 전혀 없는 가운데 그냥 닮았든, 거기에 어떤 표시도 주어질 수 없고 결과에도 어떠한 변화도 일어나지 않는다.

만약에 지금 우리가 다원론의 입장에서 특성 q에게 다양한 복제물들을 허용하고, 각각의 복제물에 그 동료들과 달라 보이게 할 어떤 맥락을 할당한다면, 우리는 앞으로 나아가며 유사성의 원리(principle of resemblance)[15]를 맥락에까지 확장하면서 그 감정이 맥락을 가장 정확히 베낀 특별한 어떤 q를 안다고 말함으로써, 그 감정이 어느 복제물을 아는지에 대해 설명할 것이다. 그러나 여기서도 다시 이론적인 의문이 제기된다.

복제와 우연의 일치도 지식인가? 권총은 표적을 깨뜨림으로써 어느 것을 겨냥해 맞히는지를 보여준다. 감정이 그와 똑같이 명백한 표시를 통해서 어느 q를 가리키고 알고 있는지를 보여줄 수 있을 때까지, 왜 우리는 그것이 진짜 q들 중 어느 하나를 가리키거나 알고 있다는 것을 자유롭게 부정하지 못하며, '유사성'이라는 단어가 그 감정과 현실의 관계를 정확히 묘사하고 있다고 자유롭게 단언하지 못하는가?

사실, 실제적인 모든 감정은 어느 q를 가리키는지를 권총만큼 분

15　스코틀랜드 계몽주의 철학자 데이비드 흄(David Hume)이 제시한 개념으로, 생각들이 각자가 나타내는 대상들이 서로 닮은 경우에 서로 결합하려 드는 경향을 말한다.

명하게 우리에게 보여주고 있으며, 구체적인 예들에서 실질적으로 그 문제는 우리가 지금까지 배제한 어떤 요소에 의해서 결정되고 있다. 이 대목에서, 추상 관념으로부터 가능한 예들로 넘어가면서, 친절한 '기계장치의 신'(deus ex machina)[16]에게 우리를 위해서 보다 풍성한 세상을 제시해 달라고 부탁하도록 하자. 예를 들어, 그 신이 나에게 어떤 사람의 죽음에 관한 꿈을 보냄과 동시에 그 사람에게 죽음을 야기한다고 가정하자. 그러면 우리의 실용적인 본능은 즉시 이 꿈이 현실을 인식한 예인지 아니면 비슷한 어떤 현실이 신기하게도 나의 꿈과 우연히 일치한 예인지를 어떻게 결정하는가? 이와 비슷한 당혹스런 예들이 바로 '정신 연구 협회'(society for psychical research)가 열심히 수집해서 매우 합리적인 방법으로 해석하려고 노력하고 있는 자료들이다.

만약에 나의 꿈이 내가 평생 동안 꾼 꿈들 중에서 그런 종류로 유일하다면, 만약에 꿈에 나타난 죽음의 상황이 구체적인 면에서 진짜 죽음의 상황과 많이 다르다면, 또 만약에 나의 꿈이 나로 하여금 그 죽음에 대해 어떤 행동도 취하도록 하지 않는다면, 틀림없이 우리는 그것을 이상한 우연의 일치라고 불러야 한다. 다른 것은 절대로 아니다.

그러나 만약에 꿈속의 죽음이 실제의 죽음에 수반된 모든 특징들과 세세하게 일치하는 그런 긴 맥락을 갖고 있다면, 만약에 내가 그

---

16 고대 그리스와 로마 시대의 연극에서 갑자기 나타나서 복잡하게 얽힌 줄거리를 해결하는 신을 말한다.

런 꿈을 똑같이 완전하게 거듭 꾸고 있다면, 또 만약에 내가 잠자리에서 일어나자마자 마치 꿈이 실제인 것처럼 즉시 행동하는 버릇이 있어서 늦게 시동이 걸리는 이웃들이 활동을 '시작'하도록 한다면, 우리는 내가 신비한 어떤 천리안을 갖고 있다는 점을, 나의 꿈들이 불가해한 방식으로 현실들을 나타내고 있다는 점을, 그리고 '우연의 일치'라는 단어가 그 문제의 뿌리를 건드리지 못한다는 점을 거의 인정해야 한다.

그리고 만약에 내가 꿈을 꾸는 중에 현실의 흐름을 간섭하면서 꿈의 내용에 따라 현실 속의 사건들을 이런 길로나 저런 길로 돌려놓을 수 있는 힘을 갖고 있는 것이 분명하다면, 사람들이 나에게 품은 의심은 싹 사라지고 말 것이다. 그러면 적어도 깨어 있는 나의 비판가들과 꿈을 꾸는 중인 나의 자기가 똑같은 것을 다루고 있었다는 것만은 확실해질 것이다.

사람들은 예외 없이 그런 문제를 그런 식으로 결정한다. 꿈의 실질적인 결말들이 현실 세계에 속하는지 여부와 두 개의 세계 사이의 닮은 점의 범위가 사람들이 본능적으로 이용하는 기준들이다. 모든 감정은 행동을 위해 존재하며, 모든 감정은 행동으로 이어진다. 오늘날 이 진리들을 증명하는 데는 어떤 논거도 필요하지 않다. 그러나 우리가 서로 달리 인식할 수 있는, 자연의 너무도 특이한 어떤 성향에 의해서, 나의 감정들이 나의 비판가의 세계 안에 있는 현실들에 영향을 미친다. 그렇다면, 만약에 나의 비판가가 나의 감정이 작용하고 있는 그 현실들을 그 감정이 '가리키지' 않는다는 것을 증명하지 못한다면, 어떻게 그가 그와 내가 똑같은 진정한 세계를 알고 있다는 점에 대해 지속적으로 의문을 품을 수 있는가? 만약에 그 작용이 같은 세계 안에서 일어났다면, 그 세계는 그 감정이 의도한 세계임에 틀림없다. 만약에 그 작용이 다른 세계에서 일어났다면, 그 세계는 감정이 마음에 품고 있는 세계이다. 만약에 당신의 감정이 나의 세계 안에서 어떤 열매도 맺지 않는다면, 나는 당신의 감정을 나의 세계로부터 완전히 분리된 것으로 볼 것이다. 나는 당신의 그런 감정을 하나의 유아론(唯我論)이라고 부르고 그것의 세계를 꿈의 세계라고 부른다.

만약에 당신의 치통이 당신으로 하여금 마치 내가 치통을 앓는 것처럼 행동하도록 자극하지도 않고 마치 내가 별도의 존재를 가진 것처럼 행동하도록 자극하지 않는다면, 만약에 당신이 나에게 "지금 나는 당신이 고통을 얼마나 심하게 겪고 있는지 알고 있어!"라고 말하지도 않고 나에게 치료 방법에 대해서도 말하지 않는다면, 그런 경우에 당신의 감정이 나의 감정을 아무리 많이 닮았다 할지라도, 나는 당신의 감정이 나의 감정을 진정으로 알고 있다는 것을 부정한다. 당신의 감정은 나의 감정을 알고 있다는 신호를 전혀 아무것도 보이지 않고 있다. 내가 당신의 감정이 나의 감정을 알고 있다고 인정하는 데엔 그런 신호가 절대적으로 필요하다.

내가 당신이 나의 세계를 의미한다고 생각할 수 있기 전에, 먼저 당신이 나의 세계에 영향을 미쳐야 한다. 또 내가 당신이 나의 세계의 상당 부분을 의미한다고 생각할 수 있기 전에, 먼저 당신이 나의 세계의 상당 부분에 영향을 미쳐야 한다. 그리고 내가 당신이 나의 세계를 내가 의미하는 바와 똑같이 의미하고 있다고 확신할 수 있기 전에, 먼저 당신이 내가 당신의 입장이 되었을 때 하는 것과 똑같이 나의 세계에 영향을 미쳐야 한다. 그러면 당신의 비판가인 나는 우리가 똑같은 현실에 대해 생각하고 있을 뿐만 아니라, 그 현실에 대해 서로 비슷하게 생각하고 있고 또 그 내용 중 많은 것에 대해 생각하고 있다는 점을 기꺼이 믿을 것이다.

이웃의 감정이 우리 자신의 세계에 실질적인 영향을 미치지 않는 상태에서, 우리는 이웃의 감정의 존재에 대해 의심을 품어서는 안 되며, 당연히 우리가 이 논문에서 하고 있는 것처럼 비판가의 역할을 맡아서도 안 된다. 자연의 성향은 매우 특이하다. 우리 각자의 세계 안에 인간 육체라 불리는 확실한 대상들이 있으며, 이 대상들은 이리저리 이동하면서 그곳의 다른 모든 대상들에게 영향을 미친다. 이 대상들이 영향을 미치는 경우들은 대개 그것들이 우리의 육체였다면 우리도 영향을 미쳤을 그런 경우들이다. 그 대상들은 만약에 우리가 사용한다면 그 뒤에 생각들을 숨기고 있을 그런 단어들과 몸짓을 사용한다. 그러나 그 생각들은 단순한 생각들이 절대로 아니며 엄밀히 결정된 생각들이다.

나는 당신이 일반적으로 불의 개념을 갖고 있다고 생각한다. 왜냐하면 당신이 나의 방에 있는 불을 다루는 태도가 내가 불을 다루는 태도와 똑같다는 것을 나 자신이 보고 있기 때문이다. 당신도 나처럼 불을 쑤시고 몸을 불 쪽으로 바짝 갖다 대고 있으니 말이다. 그러나 그 같은 사실이 나로 하여금 만약에 당신이 '불'을 느낀다면, '이것'이 당신이 느끼는 그 불이라고 믿도록 강요한다.

사실, 우리가 스스로 심리학적 비판가로 나설 때마다, 어떤 감정이 어느 현실을 의미하는지를 발견하는 것은 그 감정이 어떤 현실을 '닮았는지'를 발견하는 것에 의해 이뤄지지 않는다. 우리는 감정이 어느 현실을 의미하는지를 먼저 알게 되고, 그 다음에 그 현실이 그 감정이 닮은 현실이라고 생각한다. 우리는 서로가 똑같은 대상들을 바라보고, 그것들을 가리키고, 그것들을 다양한 방식으로 살피고 있는 것을 보고 있으며, 그 결과 우리는 우리의 몇몇 감정들이 모두 현실을 닮고 서로를 닮았을 것이라고 기대하고 또 그렇게 믿고 있다.

그러나 이것은 우리가 이론적으로 절대로 확신할 수 없는 것이다. 그럼에도 만약에 어떤 악당이 나의 신체를 공격하며 무자비하게 때리고 있다면, 그가 나의 육체를 보고 있는 모습과 내가 나의 육체를 보고 있는 모습이 서로 닮았는지에 대해서, 또는 그가 정말로 공격하려 한 육체가 나의 육체와 완전히 다른, 그의 정신의 눈 속에 있는 어떤 육체가 아니었는지 깊이 생각하며 많은 시간을 보내는 것은 실질적으로 '사색 광증'(grübelsucht)에 해당한다.

실용적인 관점은 그런 형이상학적 거미집을 걷어 낸다. 만약에 그 악당이 마음에 품고 있는 것이 '나'의 육체가 아니라면, 도대체 왜 우리가 나의 육체를 육체라고 부르겠는가? 그의 정신은 나에 의해서 하나의 조건으로 추론되고 있으며, 우리는 일어나는 일들을 추적하며 그 조건의 존재에 닿는다. 만약에 추론된 조건이 내가 그것을 추론하도록 만든 그 육체와의 연결로부터 분리되고 절대로 나의 육체가 아닌 다른 육체와 연결된다면, 그 추론은 꽤 공허하다. 두 개의 정신, 즉 악당의 정신과 나의 정신이 어떻게 똑같은 육체를 의미할 수 있는가, 하는 형이상학적 수수께끼는 문제가 되지 않는다. 서로의 육체들이 같은 공간을 공유하고 있고, 같은 땅을 밟고 있고, 같은 물을 튀기고 있고, 같은 공기에 울림을 일으키고 있고, 같은 목표를 추구하고 있고, 같은 접시의 음식을 나눠 먹고 있는 모습을 보고 있는 인간들은 실질적으로 유아독존적인 세계들의 어떤 다원론을 절대로 믿지 않을 것이다.

그러나 어느 한 정신의 행위들이 다른 정신의 세계에 전혀 아무런 영향을 미치지 않는 것 같은 곳이라면, 이야기는 달라진다. 이것이 시와 픽션에서 일어나고 있는 일이다. 예를 들어, 모두가 『아이반호』(Ivanhoe)[17]를 알고 있지만, 우리가 그 작품의 창작에 관한 사실들을 고려하지 않고 순수하고 소박한 스토리만을 고수하는 한, 그 이야기를 알고 있는 정신들의 숫자만큼이나 다양한 아이반호들이 있다는 점을 인정하는 데 망설일 사람은 거의 없을 것이다. 이 모든 아이반호들이 서로 닮았다는 점이 그와 정반대의 사실을 증명하지 않는다. 그러나 만약에 어느 한 사람이 자신이 생각하는 아이반호에 가한 어떤 변질이 그 즉시 그 외의 모든 아이반호 버전에 반영

17　월터 스콧(Walter Scott)이 1819년에 12세기 잉글랜드를 배경으로 쓴 역사소설이다. 제목은 기사인 주인공의 이름과 동일하다.

되면서 그 버전들에 변화를 일으킨다면, 우리는 이 사상가들이 모두 동일한 아이반호를 생각하고 있었다는 점에, 그리고 픽션이든 아니든 불문하고 그 작품이 그들 모두에게 공통적인 어떤 작은 세계를 형성했다는 점에 분명히 동의해야 한다.

여기까지 이르렀으니, 이제 우리는 우리의 주제를 다시 향상시킬 수 있다. 여전히 그 현실을 q라는 이름으로 부르고 비판가의 감정이 그 현실을 보증하도록 하면서, 우리는 다른 어떤 감정이라도 만약에 그것이 q를 닮은 동시에 q를 가리키고 있다면 q를 아는 것으로 여겨질 수 있다고 말할 수 있다. 이때 그 감정이 q를 닮고 가리키는지 여부는 그 감정이 직접적으로 q를 변화시키거나 비판가가 q와 이어지는 것으로 알고 있는 다른 현실 p 또는 r을 변화시키는 것을 통해 드러난다. 혹은 더 간단히 이런 식으로 표현할 수 있다. q라는 감정은 그것이 닮았고 직접적으로나 간접적으로 영향을 미치고 있는 현실이면 무엇이든 알고 있다고 말이다. 만약에 그 감정이 영향을 미치지 않으면서 닮았다면, 그것은 꿈이며, 만약에 그것이 닮지 않은 상태에서 영향을 미치고 있다면, 그것은 오류이다.

독자가 이 원칙을 너무나 뻔해서 중요하지 않은 것으로, 이렇게까지 많은 지면을 할애할 가치가 거의 없는 것으로 여기지 않을까, 걱정된다. 그 원칙이 적용되는 유일한 것이 지각 표상(percept)[18]이고, 또 상징적 또는 개념적 사고의 전체 영역은 그 원칙의 통제를 쉽게

---

18 감각 기관을 통해 들어온 정보가 지각된 결과 정신 속에 생기게 되는 표상을 말한다.

피하는 것 같다는 점을 고려할 때, 그런 생각이 특히 더 쉽게 들 것 같다. 현실이 물질적인 사물이거나 행위이거나 비판가의 의식 상태인 곳에서, 나는 그 현실을 마음속으로 비춰보고 그것을 지각하자마자 거기에 작용할 수 있다. 그 작용은 당연히 간접적으로 이뤄진다. 그러나 세상에는 현실을 비추지도 않고 현실에 작용하지도 않으면서도 일반적으로 인식으로 인정 받는 것들이 많다.

상징적 사고의 전체 영역에서, 우리는 우리의 주관적인 의식에 구체적인 현실들을 약간이라도 닮은 정신 물질조차 갖지 않은 상태에서 그런 현실들에 대해 말하고 그것들에 관해 결론을 내리려고, 한 마디로 말해 알려고 노력하는 것으로 보편적으로 여겨지고 있다. 우리는 언어를 통해서, 그러니까 음성 외에는 그 어떤 의식도 일깨우지 않는 언어를 통해서 그 현실들에 대해 배운다. 또 우리는 그 현실들이 갖고 있을 수 있는 아주 흐릿한 맥락을 단편적으로 희미하게 봄으로써, 그리고 절대로 직접적이지 않은 방식으로 그 현실들을 상상함으로써 그 현실들이 어떤 것인지를 안다.

사람마다 정신이 여기서 다 다를 수 있기 때문에, 나는 일인칭으로 말하고 싶다. 나는 현재 나의 사고가 거의 전적으로 주관적인 자료를 나타내는 단어들을, 그러니까 직접적인 의식의 지평선 그 너머의 어떤 현실과 연결됨으로써 뜻이 분명해지는 단어들을 갖고 있다고 확신한다. 그 단어들에 대해 나는 단지 어떤 말단(末端)에 관한 것으로만 알고 있다. 특정한 어느 방향으로 아직 많은 부분이 존재하고 있는 그 말단까지 그 단어들이 나를 안내할 수 있지만 아직 거기까지 이르지는 않고 있다. 그 단어들의 주제는 대체로 내가 그 단어들을 마음 속으로 뒤쪽으로 던지는 것 같을 때 그것들이 향하는 그 무엇이다. 그때의 상황은 내가 무엇인가를 가리키기 위해서, 그것이 거기에 틀림없이 있다고 확신하는 까닭에, 뒤를 돌아보지도 않고 어깨 위로 엄지손가락을 까딱해 보이는 때와 비슷하다. 그 단어들의 결말 또는 결론은 내가 마치 그것의 존재에 동의하려는 것처럼 머리를 앞으로 숙여 보일 때 나의 머리가 향하는 그 무엇이다. 그럼에도, 나의 마음의 눈이 흘끗 보는 것은 그 무엇과 연결된 어떤 이미지의 넝마 쪼가리가 전부일 수 있지만, 그 넝마 쪼가리도 친밀감과 현실감만 갖추고 있다면 나로 하여금 그것이 속한 전체가 합리적이고 진정하고 용인될 수 있다고 느끼도록 만든다.

이제 인식력을 갖춘 의식이 꽤 커졌지만, 그럼에도 그 의식은 그것이 아는 것을 조금도 닮지 않았다. 그러므로 우리의 주제를 위해 마지막에 제시한 원칙을 더욱 완전하게 다듬어야 한다. 지금 우리는 그 원칙을 이런 식으로 표현할 수 있다. 하나의 지각 표상은 직접적으로나 간접적으로 작용하며 닮고 있는 현실을 모두 알고 있으며, 하나의 개념적인 감정, 즉 사고는 어떤 현실에 작용하거나, 그 현실을 닮거나, 그렇지 않은 경우에 그 현실이나 그 현실의 내용과 연결되는 어떤 지각 표상으로 실제적으로나 잠재적으로 끝날 때마다 그 현실을 안다고 말이다. 후자의 지각 표상은 감각이거나 감각적 관념일 수 있으며, 내가 사고는 그런 지각 표상으로 끝나야 한다고 말할 때, 그것은 사고가 최종적으로 지각 표상에 이를 수 있어야 한다는 뜻이다. 이때 만약에 최종적인 감정이 하나의 감각이라면 사고는 실제적인 경험에 의해 지각 표상에 닿고, 만약에 최종적인 감정이 오직 마음속의 이미지라면 사고는 논리적이거나 습관적인 암시에 의해서 거기에 닿는다.

예를 통해서 이것을 좀더 쉽게 설명하도록 하자. 내가 가장 먼저 집어든 책을 펼치고 눈에 가장 먼저 들어오는 문장을 읽는다. "뉴턴(Isaac Newton)은 하늘에서도 페일리(William Paley)[19]가 동물의 왕국에서 보는 것 못지않게 분명하게 신의 일을 보았다." 그 즉시, 나는 되돌아보면서 내가 이 문장을 읽으며 신속히 이해하던 때의 주관적인 상태를 분석하려고 노력한다. 맨 먼저, 그 문장이 분명히 이해되고, 합리적이고, 현실들의 세계와 연결되어 있다는 명백한 감정이 있었다. 또한 '뉴턴'과 '페일리'와 '신' 사이에 어떤 일치 또는 조화의 느낌이 있었다. '하늘'이나 '일'이나 '신'이라는 단어들과 명백히 연결되는 이미지는 전혀 없었다. 그것들은 단순히 단어들이었다. '동물의 왕국'이라는 단어를 읽으면서 나는 글을 쓰고 있던 케임브리지라는 도시의 동물학 박물관을 흐릿하게 의식하고(아마 계단의 이미지였을 것이다) 있었다고 생각한다. '페일리'라는 단어와 관련해서도 마찬가지로 짙은 색 가죽 장정의 작은 책을 희미하게 의식하고 있었으며, '뉴턴'이라는 단어

19   영국의 성공회 신부이자 공리주의 철학자(1743-1805).

앞에서는 곱슬곱슬한 가발의 오른쪽 부분 아래쪽 귀퉁이의 모습이 꽤 분명하게 떠올랐다.

이것이 내가 이 문장의 의미를 처음 의식하면서 발견할 수 있는 정신의 자료의 전부이다. 만약에 내가 그 책을 정독하다가 그 문장을 접하고 실험을 위해서 그것을 선택하지 않았다면, 이 자료마저도 없었을 수 있다는 생각이 든다. 그럼에도 나의 의식은 진정으로 인식력을 갖추고 있었다. 그 문장은 '현실들에 관한' 것이며, 나의 심리학적 비판가도 그 현실들을 그런 것으로 인정하고 있다. 심지어 그 비판가는 그것들이 현실들이라는 나의 명백한 감정을 인정하고 또 내가 그 현실들에 대해 읽은 내용을 적절히 아는 것을 나의 진정한 지식으로 인정하고 있다.

지금 이처럼 관대한 나의 비판가를 무엇이 정당화하는가? 저마다 나타내고 있는 현실을 닮지도 않고 그 현실에 작용하지도 않는 상징들로 이뤄진 나의 의식이 틀림없이 대단히 부적절한 것임에도 불구하고, 나의 비판가는 어떻게 나의 의식이 그가 마음에 품고 있는 그 현실들을 알고 있다고 확신할 수 있는가?

그가 확신하는 이유는 그 자신이 무수히 많은 비슷한 예들에서 그런 부적절하고 상징적인 사고들이 스스로 발달하면서 그 자신의 사고를 실질적으로 변화시키기도 하고 닮기도 하는 그런 지각 표상들로 끝나는 것을 직접 보았기 때문이다. 여기서 스스로 '발달한다'는 표현은 사고들이 자체 경향들을 따르고, 그 안에 잠재적인 상태로 있는 암시들을 따르고, 그 사고들이 가리키는 것 같은 방향으로 작용하고, 주변부를 명료하게 정리하고, 윤곽을 뚜렷이 다듬고, 사고들의 구조의 일부를 이루고 있는 가장자리를 느슨하게 풀어놓는다는 것을 의미한다. 이 가장자리는 상징적인 사고들의 구성의 일부이며, 그 가장자리의 한가운데에 그 사고들의 주관적인 내용 중에서 보다 본질적인 핵심이 의식적으로 자리 잡고 있는 것처럼 보인다.

이를테면, 나는 그 갈색 가죽 장정의 책을 구하여 동물의 왕국에 관한 단락들을 그 비판가의 눈 앞으로 가져감으로써 나의 사고를 페일리 쪽으로 발달시킬 수 있다. 나는 그 비판가에게 그 부분에서 다루고 있는 동물들과 그 동물들의 배열을 구체적으로 보여줌으로써 그 단어들이 뜻하는 바가 그에게나 나에게나 똑같다는 점을 강조하면서 그를 만족시킬 수 있다. 나는 뉴턴의 작품들과 초상화들을 구할 수 있다. 또는 가발이 암시하는 경로를 따른다면, 나는 '뉴턴'이라는 단어가 나의 마음속에서나 비판가의 마음속에서나 똑같이 동일한 자리와 관계들을 갖는다는 점을 보여주기 위해서 나의 비판가를 뉴턴의 환경에 속하는 17세기의 문제들 속에 빠뜨려 질식시킬 수도 있다. 최종적으로, 나는 행동과 말을 통해서 그에게 내가 신과 하늘과 일의 비유를 빌려서 뜻하는 바가 그가 뜻하는 바와 똑같다는 점을 설득시킬 것이다.

나의 논증이 마침내 그 비판가의 감각들과 통하고 있다. 만약에 비판가가 자신의 어떤 지각의 결말들을 추적하고 있다면, 나의 사고가 나로 하여금 그의 감각들에게, 그 비판가 본인이 자신의 감각들에게 영향을 미치는 것만큼 영향을 미치도록 하고 있다. 그렇다면 나의 사고는 실질적으로 그의 현실들 속에서 끝난다. 따라서 그는 나의 생각에 대해 자신의 현실들에 관한 것으로, 또 만약에 그의 사고가 나의 사고와 똑같이 상징적인 종류의 사고라면, 내적으로 그 자신의 생각을 닮은 것으로 여길 것이다. 그리고 그의 정신적 확신의 축과 지렛목과 버팀목의 역할을 하고 있는 것은 나의 사고가 나로 하여금 페일리의 책이나 뉴턴의 초상화 같은 것을 그의 눈앞에 갖고 오게 하는 분별 있는 작용이다.

그렇다면 최종적으로 우리는 모두가 똑같은 세계에 대해 알고, 생각하고, 말한다고 믿고 있다. 왜냐하면 우리 모두가 우리의 지각 표상들이 우리에 의해 공통적으로 소유되고 있다고 믿고 있기 때문이다. 그리고 우리가 그렇게 믿는 이유는 우리 각자의 지각 표상들이 다른 누군가의 지각 표상에 일어난 변화로 인해 변하는 것처럼 보이기 때문이다. 당신에게 나라는 존재는 무엇보다 먼저 당신 자신이 갖고 있는 하나의 지각 표상이다. 그러나 불쑥 내가 어떤 소리를 내면서 당신에게 책을 펼쳐 보인다. 이 행위들도 마찬가지로 당신의 지각 표상이지만, 그것들은 그런 행위들을 자극하는 감정까지 실린 당신 자신의 행위들을 너무나 많이 닮았다. 그래서 당신은 나도 그런 감정을 갖고 있다는 점에 대해, 또는 그 책이 우리 두 사람의 세계들에서 똑같이 느껴지는 하나의 책이라는 점에 대해 의심하지 못한다. 그 책이 똑같은 방식으로 느껴지고 있는지, 또 그것에 대한 나의 감정들이 당신의 감정들과 닮았는지는 우리가 절대로 확신할 수 없는 그 무엇이지만, 그 점을 우리는 그 예를 충족시키는 가장 단순한 가설로 여길 수 있다.

사실 우리는 그것을 절대로 확신하지 못하며, 인식론 학자로서 우리는 단지 서로 꼭 닮을 수는 없는 감정들에 대해서 두 감정이 똑같은 사물을 동시에 똑같은 방법으로 알지는 못한다고 말할 수 있을 뿐이다. 만약에 각 감정이 각자의 지각 표상을 현실로 고수한다면, 각 감정은 다른 지각 표상에 대해 다음과 같이 말하지 않을 수 없다. 비록 그 감정이 그 현실을 의도할 수 있고 그 현실에 변화를 일으킴으로써 그 같은 사실을 증명할 수 있다 할지라도, 만약에 그 감정이 그 현실을 닮지 않았다면, 그 지각 표상은 완전히 거짓이고 잘못되었다고 말이다.

만약에 지각 표상에 대해 이렇게 말할 수 있다면, 그보다 더 고차원적인 유형의 사고에 대해서는 얼마나 더 그렇게 말할 수 있겠는가! 심지어 감각의 영역에서도 개인들은 아마 서로 충분히 다를 것이다. 가장 단순한 개념적인 요소들을 비교 연구하면, 그 차이는 더욱 큰 것으로 드러날 것 같다. 그리고 삶에 관한 일반 이론들과 정서적 태도들에 대해 말하자면, 새커리(William Makepeace Thackeray)[20]가 한 말이 아주 적절하게 다가온다. "친구여, 두 개의 서로 다른 우주가 자네의 모자와 나의 모자 아래에서 각각 걸어 다니고 있네."

20　풍자적인 작품들로 유명한 영국 소설가(1811-1863).

그렇다면 무엇이 우리를 구하며, 무엇이 우리가 서로를 배척하는 유아론들의 카오스로 산산이 흩어지지 않도록 막아줄 수 있을까? 서로 다른 몇 개의 정신들이 무엇을 통해 서로 소통할 수 있을까? 우리의 지각적 감정들 중에서, 서로를 변화시키는 이 힘을 갖고 있는 지각적 감정들의 상호 닮음을 통하는 외에 다른 길은 절대로 없다. 그런 지각적 감정들은 미련하게 직접적으로 알아야 하는 '앎을 통한 지식'이며, 각자의 현실들을 닮아야 하며, 그렇지 않으면 그 현실들을 제대로 모르게 된다. '앎을 통한 지식'의 그런 조각들 속에서, '…에 관한 지식'은 모두 끝나야 하고, 이런 가능한 말단의 감각을 그 내용의 일부로 갖고 있어야 한다. 이 지각 표상들, 이 말단들, 이 지각 가능한 사물들, 이 앎의 내용들이 우리가 직접적으로 아는 유일한 현실들이며, 우리 사고의 전체 역사는 이것들 중 하나를 또 다른 하나로 대체하고, 그 대체물을 하나의 개념적인 기호의 지위로 바꾸는 역사이다.

이 감각들이야말로 일부 사상가들로부터 경멸당하고 있음에도 불구하고, 정신의 대지이자 닻이고, 단단한 초석이며, 처음과 끝이고, 출발점과 종착점이다. 그런 감각적인 말단들을 발견하는 것이 보다 고차원적인 우리의 모든 사고의 목표가 되어야 한다. 그 말단들은 토론을 종식시킨다. 그것들은 지식의 거짓 자만을 파괴한다. 그 말단들이 없으면, 우리는 각자의 의미만을 품은 채 망망대해를 떠돌 뿐이다. 만약에 두 사람이 어떤 지각 표상에 비슷하게 영향을 미친다면, 그들은 그 지각 표상에 대해 비슷하게 느끼고 있다고 믿는다. 만약에 두 사람이 그 지각 표상에 대해 비슷하게 영향을 미치지 않는다면, 그들은 그것에 대해 서로 다르게 알고 있다고 의심할 것이다. 그 문제를 이 테스트[21]에 적용할 수 있을 때까지, 우리는 자신들이 서로를 이해하고 있는지 절대로 확신하지 못한다. 이것이 형이상학적 담론이 공기와 싸우는 것과 그렇게 많이 닮은 이유이다. 형이상학적 담론이 감각적인 종류의 실용적인 이슈를 전혀 갖고 있지 않으니 말이다.

한편, '과학적' 이론들은 언제나 명확한 지각 표상들로 끝난다. 당신은 당신의 이론으로부터 어떤 가능한 감각을 추론할 수 있으며, 당신은 나를 실험실로 데려가서 거기서 나에게 감각을 줌으로써 당신의 이론이 나의 세계에도 그대로 적용된다는 점을 입증할 수 있다. 개념적인 이성이 진리라는 상층의 대기를 뚫고 비상하는 것은 아름답다. 철학자들이 그 비상에 현혹되는 현상은 절대로 이상하지 않으며, 철학자들이 진리의 여신이 높이 솟아오르면서 뒤에 남긴 감정의 낮은 땅을 다소 혐오하는 눈길로 바라보는 것도 조금도 이상하지 않다. 그러나 그 여신이 감정의 낮은 땅의 앞으로 다시 돌아오지 않는다면, 그러는 그녀에게 화 있을진저. "불안정한 발은 어디에도 정착하지 못하는 법이니라." 온갖 광풍이 그녀를 이리저리 몰

---

21 윌리엄 제임스는 이에 대한 설명으로 찰스 샌더스 피어스가 1878년 1월 '포퓰러 사이언스 먼슬리'(Popular Science Monthly)에 발표한 글 일부를 인용하고 있다. "의미의 구분은 실행의 차이에서 가장 멋지게 드러난다. …그렇다면 가장 명료한 수준의 이해를 이루는 법칙은 이것이다. 우리가 생각하는 대상이 실용적으로 어떤 의미를 지니고 어떤 효과를 낳는지를 고려하라. 이 효과에 대한 생각이 그 대상에 대해 우리가 생각해야 하는 것 전부이다."

고 다닐 것이며, 그러면 그녀는 밤에 열기구처럼 별들 사이로 사라
지고 말 것이다.

2장

인도의 호랑이들[22]

---

22 미국 심리학회에서 한 연설로 1895년에 '싸이콜로지컬 리뷰'(Psychological Review)에 실렸다.

사물들을 아는 길은 두 가지이다. 사물들을 직접적으로나 직관적으로 아는 길이 있고, 사물들을 표상이나 개념을 통해 아는 길이 있다. 우리 눈앞의 하얀 종이 같은 사물들은 직관적으로 알려질 수 있지만, 우리가 알고 있는 사물들의 대부분은, 예를 들어 지금 인도에 있는 호랑이들이나 형식적인 철학 체계는 오직 표상이나 상징을 통해 알려진다.

우리의 생각들을 고정시키기 위해, 먼저 개념적인 지식의 예부터 택하도록 하자. 우리가 여기 앉아서 인도에 있는 호랑이들에 대해 아는 것이 바로 그런 지식이다. 우리가 여기서 그 호랑이들을 알고 있다고 말하는 것은 정확히 무슨 뜻인가? 너무나 자신 있게 주장되고 있는 인식이, 다소 세련되지 못했음에도 불구하고 대단히 소중한 새드워스 하지슨의 표현을 빌리면, '…으로 알려진다'(known as)는 사실은 도대체 무슨 말인가?

이 질문에 대부분의 사람들은 이런 식으로 대답할 것이다. 우리가 호랑이를 안다는 말로 의미하는 바는 호랑이가 실제로 우리 앞에 없더라도 그 동물을 어떤 식으로든 우리의 사고 앞에 있도록 만드는 것이라거나, 호랑이들에 관한 우리의 지식은 우리의 사고가 호랑이들 앞에 있는 것으로 알려지는 것이라고 말이다. 중요한 미스터리는 대체로 특이한 이 '부재 속의 존재'에 있으며, 현학적으로 변한 상식에 불과한 형식적인 철학은 그것을 호랑이들이 우리의 마음속에 차지하고 있는, '지향적 내재(內在)'(intentional inexistence)라 불리는 특이한 종류의 존재로 설명할 것이다. 적어도, 사람들은 우리가 호랑이를 안다는 말로 의미하는 것은 우리가 여기 앉아 있으면서도 정신적으로 호랑이들 쪽으로 향하고 있다는 뜻이라는 식으로 말할 것이다.

그러나 이 같은 경우에 우리는 지금 '향하고 있다'(pointing)라는 단어로 무엇을 의미하는가? 여기서 '향하고 있는 것'은 무엇으로 알려지는가?

이 물음에 나는 아주 평범한 산문체로 대답해야 한다. 상식과 형식적인 철학뿐만 아니라 내가 지금까지 읽은 거의 모든 인식론 저자들의 편견까지 세밀하게 살피는 그런 대답이 될 것이다. 간단히 요약하면, 그 대답은 이렇다.

우리의 사고가 호랑이들 쪽으로 향하는 것은 단순히 그 사고에 이어 일어나는 정신적 연상들과 근육 신경의 결과들로 이뤄진 하나의 과정으로 알려지며, 만약에 끝까지 추적한다면 그 과정은 호랑이들과 관련 있는, 관념적이거나 진정한 어떤 상황으로, 심지어 호랑이들이 있는 현장으로 부드럽게 이어질 것이다. 만약에 표범이 호랑이로 제시된다면, 그 과정은 우리가 표범을 부정하는 것으로 알려지고, 만약에 진짜 호랑이가 제시된다면, 그 과정은 우리가 진짜 호랑이에 동의하는 것으로 알려진다. 그 과정은 진짜 호랑이에게 적용되는 진술들과 모순되지 않는 온갖 종류의 명제들을 말할 수 있는 우리의 능력으로 알려진다. 만약에 우리가 호랑이들을 매우 진지하게 받아들인다면, 그 과정은 호랑이들을 직접적으로 느끼는 것으로 끝나는 우리의 행위들로도 알려진다. 우리가 호랑이 사냥을 목적으로 인도를 여행하면서 자신이 쓰러뜨린 줄무늬 동물들의 가죽을 다수 가지고 오는 때처럼 말이다.

이 모든 과정에서 저절로 생겨나는 우리의 심상(心像)들에 자기 초월[23]은 전혀 없다. 그 심상들은 하나의 현상적 사실이고, 호랑이들은 또 하나의 현상적 사실이며, 만약에 당신이 이 둘을 서로 잇는 어떤 세계가 있다는 점을 인정한다면, 그 심상들이 호랑이 쪽으로 향하는 것은 경험적으로 흔하게 일어나는 관계이다. 요약하면, 생각들과 호랑이들은 흄의 언어를 빌리면 여느 두 개의 사물들과 마찬가지로 그 자체로 느슨하게 분리되어 있으며, 여기서 향한다는 것

---

23 자기의 밖에 선다는 뜻이다.

은 자연이 낳는 모든 것과 똑같이 외적이고 우발적인 어떤 작용을 의미한다.

당신은 지금 표상을 통한 지식에 특별한 내적 미스터리가 전혀 없고 사고와 사물을 연결시키는 물질적 또는 정신적 중간 단계들이라는 외적 사슬만 있다는 나의 견해에 동의할 것이라고 나는 기대한다. 여기서 어떤 대상을 안다는 것은 세상이 공급하는 어떤 맥락을 통해서 그 대상에 이른다는 것을 뜻한다. 이 모든 내용은 지난 크리스마스 때 뉴욕에서 가진 모임에서 우리의 동료 밀러(Dickinson S. Miller) 박사에 의해 아주 명료하게 제시되었으며, 나는 이따금 흔들리고 있던 나의 견해를 재확인해준 데 대해 그에게 진정으로 감사를 표하고 싶다.

이제는 어떤 대상을 직접적으로나 직관적으로 친숙해지면서 아는 예로 넘어가도록 하자. 그 대상을 우리 눈앞의 하얀 종이로 상상하자. 여기서 사고의 물질과 사물의 물질은 우리가 조금 전에 보았던 것과 전혀 구분되지 않을 만큼 똑같으며, 사고와 사물 사이에 둘을 분리시킬 어떠한 매개나 연상도 없다. 여기에는 '부재 속의 존재'도 전혀 없고, '향하고 있는 것'도 전혀 없으며, 사고에 의한 종이의 포옹이 완벽하게 이뤄지고 있다. 이 경우에 인식은 호랑이들이 인식의 대상이 되었을 때와 똑같은 과정에 의해 설명될 수 없는 것이 분명하다.

우리의 경험 전반에 걸쳐서 이 같은 직접적인 앎의 상태들이 점점이 박혀 있다. 경험 영역의 어딘가에서 우리의 믿음은 언제나 이 종이의 흰빛이나 매끄러움이나 사각형 같은 근본적인 자료에 의존하고 있다. 그런 특성들이 진정으로 존재의 근본적인 측면들인가, 아니면 우리가 더 나은 정보를 얻을 때까지만 간직하는 잠정적인 가정들인가 하는 문제는 현재의 탐구에 별로 중요하지 않다. 대상이 믿어지고 있는 한, 우리는 우리의 대상을 정면으로 마주하고 있다. 우리 눈앞의 백지와 같은 종류의 대상을 '안다'는 것은 무슨 뜻인가? 그것도 호랑이에 대한 우리의 개념적인 생각이 우리를 호랑이의 굴로 안내하는 것으로 끝나게 되는 경우에 우리가 호랑이들을 아는 방법과 같지 않은가?

이 연설이 지나치게 길면 곤란하기 때문에, 나는 대답을 최대한 짧게 제시할 것이다. 먼저 이것부터 말하고 싶다. 흰 종이나 우리의 경험의 다른 최종적 자료가 다른 누군가의 경험 속으로도 들어가는 것으로 여겨지고, 또 우리가 그것을 알게 될 때 여기서만 아는 것이 아니라 저기서도 아는 것으로 여겨지는 한, 그리고 그것이 지금은 불가능한 우리 자신의 다른 경험들이 언젠가 밖으로 노출시킬 숨겨진 분자들을 위한 단순한 가면으로 고려되는 한, 지금까지 그것은 다시 인도의 호랑이들의 예와 같다. 인도의 호랑이들의 경우에 알려진 사물들이 부재하는 경험들이기 때문에, 인식은 오직 세상이 제공하는 매개적인 상황들을 통해서 그 사물들 쪽으로 부드럽게 옮겨가는 현상에만 존재할 수 있다.

그러나 만약에 우리가 개별적으로 보고 있는 종이가 마치 홀로 세상을 이루고 있는 것처럼, 다른 모든 사건들로부터 분리되어 있는 것으로 여겨진다면(우리가 거꾸로 이해할 수 있음에도 불구하고, 이것은 완벽하게 가능한 일이다), 그런 경우에 우리 눈에 보이는 종이와 그것을 보는 것은 불가분의 한 가지 사실을 부르는 두 개의 이름일 뿐이다. 이 불가분의 사실에 적절한 이름을 붙인다면, 자료나 현상이나 경험이 될 것이다. 종이는 정신 안에 있고, 정신은 종이를 둘러싸고 있다. 왜냐하면 종이와 정신이 단지 하나의 경험에 나중에, 말하자면 그 경험이 일부를 이루는 보다 큰 세계 속에서 받아들여져 그것의 연결들을 다른 방향에서 추적하게 될 때, 붙여진 두 개의 이름일 뿐이기 때문이다. 그렇다면 직접적으로나 직관적으로 안다는 것은 정신의 내용과 대상이 동일해지는 것이다. 이것은 우리가 표상을 통한 지식에 대해 내리는 정의와 매우 다른 정의이지만, 둘 중 어느 정의도 철학자들과 보통 사람들이 지식에 대해 품고 있는 생각의 근본적인 부분을 이루고 있는, 자기 초월과 부재 속의 존재라는 미스터리한 개념들을 전혀 포함하고 있지 않다.

3장

휴머니즘과 진리[24]

24 1904년 10월 '마인드'에 실렸다.

‘마인드’ 잡지의 에디터로부터 브래들리(Francis Herbert Bradley)[25]의 논문 ‘진리와 실천에 대하여’(On Truth and Practice)의 교정쇄를 받으면서, 나는 그것을 진지하게 시작한 것 같은, ‘실용주의’를 둘러싼 논쟁에 합류하라는 초대장으로 받아들인다. 나의 이름이 실용주의 운동과 함께 등장하고 있기 때문에, 나는 초대를 받아들이는 것이 현명한 처사라고 판단한다. 일부 영역에서 분에 넘치는 영예가 나에게 주어지고 있는 반면에 다른 영역에서는 부당한 불명예가 나의 운명에 안겨지고 있기 때문에, 그 같은 판단이 더욱 현명할 수 있다.

25   영국의 관념론 철학자(1846-1924).

먼저, '실용주의'라는 단어에 대한 나의 의견부터 밝히고 싶다. 나 자신은 단지 추상적인 토론을 수행하는 한 방법을 나타내기 위해 그 단어를 사용했다. 개념의 중요한 의미는 그 개념이 진실하다는 사실이 누군가에게 안겨주는 구체적인 차이에 있다고 피어스(Charles Sanders Peirce)[26]는 말한다. 논쟁의 대상이 되고 있는 모든 개념들을 그런 '실용적인' 테스트에 적용시키도록 하라. 그러면 헛된 논쟁을 피할 수 있을 것이다. 만약 두 개의 진술 중 어느 쪽이 진실하든 실질적인 차이가 전혀 없다면, 그 진술들은 두 가지 언어적인 형식으로 표현된 동일한 진술이며, 만약에 주어진 어떤 진술이 진실이든 거짓이든 실질적인 차이가 전혀 없다면, 그 진술은 진정한 의미를 전혀 갖고 있지 않다. 둘 중 어느 경우가 되든, 거기엔 싸울 만한 것이 전혀 없다. 그러면 우리는 헛된 논쟁을 피하고, 그보다 더 중요한 일에 관심을 쏟을 수 있다.

그렇다면 실용적인 방법이 암시하는 바는 진리는 실용적인 결과를 낳을 수 있어야 한다는 것이 전부이다. 영국에서는 실용주의라는 단어가 어떤 진술의 진실성이 그 결과, 특히 좋은 결과에 있다는 견해를 포함시키기 위해 훨씬 더 광범위하게 쓰여 왔다. 바로 여기서 우리는 방법의 문제에서 벗어나고 있다. 나의 실용주의와 이런 광범위한 실용주의가 서로 너무나 다르고 또 두 가지가 다른 이름을 가져도 좋을 만큼 충분히 중요하기 때문에, 나는 보다 광범위한

26　미국 철학자(1839~1914)로 현대 분석 철학 및 기호 논리학의 선구자로 평가받는다.

실용주의를 '휴머니즘'이라는 이름으로 부르자는 실러 씨의 제안이 탁월하다고 판단할 뿐만 아니라 반드시 채택되어야 한다고 생각하고 있다. 보다 좁은 의미의 실용주의는 여전히 '실용적인 방법'으로 불릴 수 있다.

나는 지난 6개월 동안 실러와 듀이의 출판물에 관한 적대적인 서평을 많이 읽었지만, 브래들리 씨의 정교한 비판을 제외하고, 그 리뷰들은 내가 글을 쓰고 있는 곳에서는 접할 수 없는 것들이며, 나는 그것들 대부분을 잊어버렸다. 나로서는 그 주제에 대해 자유롭게 논하는 것이 어쨌든 그 비판들을 세세하게 논쟁적으로 반박하는 것보다 훨씬 더 유용하다고 생각한다. 특별히 브래들리 씨의 비판에는 실러 씨가 대응할 수 있을 것이다. 브래들리 씨는 실러의 견해들을 이해할 수 없다는 점을 거듭 고백하고 있는데, 틀림없이 그는 호의적인 마음에서 실러를 이해하려 노력하지 않았다. 나는 공을 많이 들인 그의 논문에 대해 그 주제에 유익한 빛을 전혀 비추지 않고 있다고 말하게 된 것을 깊이 유감스럽게 생각한다. 나에게는 그의 논문이 대체로 '논점 상위(論點相違)의 허위'(ignoratio elenchi)[27]처럼 보이며, 나는 논문 자체를 무시해도 무방하다고 느낀다.

그 주제는 틀림없이 어렵다. 듀이 씨와 실러 씨의 사고는 눈에 띌 정도로 두드러진 귀납법이고, 일을 복잡하게 만들 수 있는 온갖 종류의 특수한 것들로부터 자유로운 상태에서 작용하고 있는 일반화

27　그 자체로는 타당한 논증이지만 본래의 문제에 대한 대답으로 여겨질 수 없는 논증을 말한다.

이다. 만약 그게 사실이라면, 그들의 사고는 통념들을 다시 언급하는 내용을 많이 포함하고 있다. 그것은 처음 공포될 때 절대로 고전적인 형식의 표현을 취하지 못하는, 일종의 지적 산물이다. 그러므로 비판가는 그런 산물을 다루면서 지나치게 예리하고 또 이론을 늘어놓는 태도를 보일 것이 아니라 그것을 전체적으로 판단해야 하며, 특히 가능한 대안들에 비춰가며 판단해야 한다. 그 산물이 어떤 식으로 작동할 것인지를 확인하기 위해서 그것을 처음에는 이 예에 적용시키고 다음에는 다른 예에 적용시켜 봐야 한다. 나에게는 그런 지적 산물은 거기에 부조리나 자기모순이 담겼다는 확신 때문에, 혹은 그 산물의 핵심적 뼈대만 남길 경우에 예상되는 희한한 모습 때문에 즉결 처분에 처해야 하는 그런 문제가 결코 아닌 것처럼 보인다. 휴머니즘은 사실 대중의 의견에 갑자기 영향을 끼친, 말하자면 '소리나 거품이 일어나지 않을 만큼 깊은' 흐름에 각인된 세속적 변화들 중 하나에 훨씬 더 가깝다. 그 흐름은 그것을 옹호하는 사람들의 온갖 미숙과 무절제에도 살아남을 것이며, 당신은 그 흐름을 절대적으로 근본적인 단 하나의 진술로 요약하지도 못하고, 한 차례의 결정적인 공격으로 그것을 찔러 죽이지도 못한다.

그런 변화의 예를 든다면, 귀족정치에서 민주주의로, 고전적 취향에서 낭만적 취향으로, 일신론적인 분위기에서 범신론적인 분위기로, 생명을 이해하는 정적인 방법에서 진화론적인 방법으로 넘어간 변화들이 있다. 우리 모두가 목격한 변화들이다.

고리타분한 철학 분야는 여전히 그런 변화에 반대하고 있다. 그런 학파는 새로운 견해가 자기모순을 안고 있거나 근본적인 어떤 원칙을 부정한다는 점을 보여주면서, 단 한 가지의 결정적인 이유를 근거로 논박하는 방법을 고수하고 있다. 이것은 강바닥 한가운데에 막대기를 꽂아 강물이 흐르지 않게 막으려 드는 것과 비슷하다. 그래도 강물은 그 장애물을 돌아 흐르며 "변함없이 그곳에 닿는다".

우리의 반대자들의 글들 중 일부를 읽으면서, 나는 가톨릭 저자들을 적잖이 떠올리고 있다. 작은 것은 큰 것을 낳지 못한다는 것을 이유로 고등한 종(種)이 하등한 종으로부터 올 수 없다거나, 형질 변환이라는 개념이 종(種)이 스스로를 파괴하는 경향을 갖고 있다는 점을 암시함과 동시에 모든 실체는 자신의 모습을 그대로 보존하려는 경향을 갖고 있다는 원칙을 위반하기 때문에 터무니없다고 말함으로써 다윈의 진화론을 반박하는 그런 저자들 말이다. 그런 관점은 지나치게 근시안적이며, 지나치게 엄격하고 정밀하여 귀납 논증을 받아들이지 못한다. 과학 분야에서 광범위한 일반화들은 언제나 초반에 이런 즉각적 반박에 직면하지만, 그 일반화들은 반박을 버텨내고, 그러면 반박은 기이할 정도로 시대에 뒤처지고 현학적으로 보인다. 나는 휴머니즘 이론이 지금 그런 사이비 반박들을 뚫고 앞으로 나아가고 있다고 생각하지 않을 수 없다.

휴머니즘을 이해하는 데 필요한 한 가지 조건은 스스로 귀납적인 정신 상태를 갖추고, 엄격한 정의(定義)들을 버리고, '대체로' 저항이 가장 약한 노선을 따르는 것이다. 이에 대해 어떤 반대자는 이런 식으로 대꾸할지 모르겠다. "달리 말하면, 당신의 지성을 일종의 슬

러시(곤죽)로 바꾸라는 뜻이로군." 그러면 나는 이렇게 대답할 것이다. "당신이 품위 있는 단어를 사용할 뜻이 없다면, 그런 것이라고 말하는 수밖에 없지." 휴머니즘이 보다 '진실한' 것을 보다 '만족스런'(듀이의 용어) 것으로 인식하고 직선적인 논쟁과 엄격하고 종국적인 옛날의 이상들을 진심으로 포기해야 하니 말이다. 휴머니즘의 정신이 근본적으로 존재하고 있는 곳은 바로 피론주의[28]의 회의주의가 강조하는 포기와 너무나 다른 이런 포기의 기질이다.

만족은 다수의 기준에 의해 측정되어야 하며, 잘 모르긴 해도 주어진 한 예에서 아마 그 기준들 중 일부는 충족되지 않을 것이다. 그리고 시야에 보이는 어떤 대안보다 더 만족스러운 그것은 어디까지나 플러스들과 마이너스들의 총합일 것이며, 이 총합과 관련해서 우리는 훗날 수정과 향상에 의해 언젠가는 최대의 플러스들과 최소의 마이너스들에 접근할 것이라고 확신할 수 있을 뿐이다. 누군가가 믿음의 조건들을 이런 식으로 귀납적으로 볼 때, 그 총합은 가슴의 어떤 진정한 변화를, 절대론적인 희망들과의 단절을 의미하게 된다.

내가 사물들을 실용적으로 보는 방법을 이해하고 있듯이, 실용주의는 존재의 빚을 지난 50년 동안 과학적 진리에 대한 낡은 인식에 일어난 붕괴에 크게 지고 있다. "신은 기하학을 연구한다."는 말이 자주 들렸으며, 『유클리드의 원론』(Euclid's Elements)은 신의 기하

28　이 용어를 낳은 고대 그리스 철학자 피론(Pyrrhon: B.C. 360?– B.C. 272?)은 회의주의의 아버지로 불린다. 피론은 진리를 추구하는 일 자체가 헛되다고 생각했다.

학 연구를 엄밀히 재생한 것으로 믿어졌다. 세상에 영원하고 불변하는 어떤 '이성'이 있으며, 그 이성의 목소리가 '바바라'(Barbara)와 '켈라렌트'(Celarent)[29]에서 반향하고 있는 것으로 여겨졌다. 또한 물리적, 화학적 '자연의 법칙'도 그랬고, 박물학의 분류도 그랬다. 모든 것은 사물들의 구조에 묻혀 있는, 인간 이전의 원형(原型)들을 정확히 복사하는 것으로, 우리의 지성에 숨겨져 있는 신성의 불꽃이 우리가 그 구조 속으로 침투할 수 있도록 하는 것으로 여겨졌다. 세상의 구조는 논리적이고, 세상의 논리학은 대학 교수의 논리학으로 생각되었다. 1850년 무렵까지, 거의 모든 사람들은 과학들이 인간과 무관한 현실들의 어떤 명백한 법전을 정확히 복사한 진리들을 표현하고 있다고 믿었다.

그러나 그 후로 이론들이 급속도로 증가함에 따라, 그 이론들 중 어느 하나가 다른 것에 비해 엄격히 더 객관적인 종류의 이론일 수 있다는 인식이 거의 완전히 허물어졌다. 기하학도 너무 많고, 논리학도 너무 많고, 물리적 및 화학적 가설도 너무 많고, 분류도 너무 많다. 그런데 이것들 각각은 많은 것들에 타당하지만 모든 것에 다 타당하지는 않다. 그렇기 때문에 가장 진실한 원칙조차도 인간의 고안일 수 있으며, 원본에 충실한 복사가 아닐 수 있다는 인식이 생

---

29 대전제와 소전제와 결론으로 이뤄진 삼단논법에 여러 가지 종류가 있는데 그 중에서 가장 일반적인 것이 바바라라는 형식이다.
모든 인간은 죽는다./ 소크라테스는 인간이다./ 그러므로 소크라테스는 죽는다.
켈라렌트 형식은 이렇다. 어떠한 어족도 이성적이지 않다./ 모든 상어는 어족이다./ 그러므로 어떤 상어도 이성적이지 않다.

겨나게 되었다.

우리는 오늘날 과학적 법칙들이 '개념적 약기(略記)'로, 말하자면 유용한 한도 안에서만 진실하고 그 범위 밖에서는 진실하지 않은 것으로 대접받는 것을 자주 보고 있다. 우리의 정신은 재현 대신에 상징에, 정확성 대신에 근삿값에, 엄격성 대신에 유연성에 관대해졌다. 지각 가능한 현상들이 모든 '차원'에서 일으키는 변화들을 단 하나의 공식으로 묘사하기 위해서 그 현상들의 표면을 측정하고 있는 '에너지론'이 이런 과학적 휴머니즘의 결정판이다. 과학적 휴머니즘은 세상과 정신 사이에 너무나 신기하게도 일치가 이뤄지고 있는 이유에 관한 질문들을 미해결 상태로 남겨 놓았지만, 휴머니즘은 어쨌든 과학적 진리에 관한 우리의 인식을 과거보다 더 유연하고 더 온화하게 만들고 있다.

오늘날, 수학이나 논리학, 물리학, 생물학에서 자신을 자연의 과정이나 신의 생각을 정확히 다시 편집하는 존재로 여기는 이론가가 있는지 의문스럽다. 우리 사고의 주요 형식들과, 주어와 술어의 분리, 부정적이고 가설적이고 분리적인 판단들은 순수하게 인간적인 습관들이다. 솔즈베리(Salisbury) 후작이 말한 바와 같이, 에테르는 단지 '물결치듯하다'라는 동사를 나타내는 하나의 명칭일 뿐이며, 우리의 신학적 사상들 중 많은 것은 심지어 그것을 '진실하다'고 생각하는 사람들에 의해서도 마찬가지로 인본주의적인 것으로 여겨지고 있다.

듀이 씨와 실러 씨가 그런 견해들을 처음 품도록 자극한 것이 바로 현재 진리 개념에 나타나고 있는 이런 변화들이라고 나는 생각한다. 오늘날에는 우리의 원칙들 중 어느 하나가 다른 것보다 탁월한 점은 그 원칙의 엄격한 '객관성'보다는 유용성이나 '적확함'이나 우리의 나머지 믿음들과의 일관성 같은 주관적인 특성들에 있는 것이 아닌가 하는 의문이 팽배해 있다. 이런 의문을 받아들이고 일반화하면서, 우리는 휴머니스트의 정신 상태와 비슷한 정신 상태에 놓이게 된다.

우리는 어디서나 진리를 복제가 아니라 확장을 의미하는 것으로, 말하자면 이미 완전한 상태에 있는 현실들의 내적 복제품들을 만드는 것이 아니라 보다 명쾌한 결과를 끌어내기 위해 현실들과 합작하는 것을 의미하는 것으로 생각하고 있다. 틀림없이 이런 정신 상태는 처음에 모호함과 애매함으로 가득하다. '합작'이라는 표현은 모호한 용어이다. 어쨌든 그것이 개념들과 논리적 배열을 커버해야 하기 때문이다. '보다 명쾌한'이라는 단어는 더 모호하다. 진리는 행동에 이르는 길을 깨끗이 치워야 할 뿐만 아니라 명료한 사고들을 초래해야 한다. '현실'은 모든 표현들 중에서 가장 모호하다. 어쨌든 그런 어떤 프로그램을 테스트하는 유일한 방법은 보다 정확한 설명에 닿을 것이라는 희망을 품은 가운데 그 프로그램을 진리의 다양한 유형들에 적용시키는 것이다. 사람들에게 그런 검토를 강요하는 가설이면 어떤 것이든, 설령 그것이 최종적으로 타당하지 않은 것으로 입증될지라도, 한 가지 중요한 장점을 누린다. 그 가설이 우리가 전체 주제에 대해 더 깊이 알도록 만드는 것이다. 이론에게 꽤 긴 밧줄을 주고 최종적으로 그것이 스스로 목을 감는지 지켜보는 것이 그 이론을 시작 단계부터 자기모순이라는 추상적인 비난으로 질식시키는 것보다 훨씬 더 훌륭한 전략이다. 따라서 나는 휴머니즘을 호의적으로 대하려고 노력하는 것이 잠정적으로 독자에게 권할 만한 태도라고 생각한다.

나 자신이 휴머니즘을 호의적으로 다룰 때, 나는 휴머니즘이 다음과 같은 것을 뜻한다는 사실을 확인하게 된다.

경험은 우리에게 소화해야 하는 새로운 자료를 지속적으로 주는 하나의 과정이다. 우리는 이미 소유하고 있는 수많은 믿음들을 바탕으로 새로운 자료를 동화시키거나, 거부하거나, 다른 방식으로 재배열하면서 지적으로 다룬다. 새로운 자료를 이해하는 데 동원되는 생각들 중 일부는 우리 자신이 최근에 습득한 것이지만, 대부분의 생각들은 인류의 상식적인 전통들이다.

우리가 지금 의지하며 살아가고 있는 모든 상식적인 전통들 중에서 처음에 순수한 발견이 아니었던 것은 아마 하나도 없을 것이다. 말하자면, 원자나 관성, 에너지, 반사 작용, 적자생존 같은, 보다 최근에 있었던 발견처럼 귀납적 일반화가 아니었던 것은 없을 것이라는 뜻이다. 단 하나의 지속적인 그릇들로서 하나의 시간과 하나의 공간이라는 개념, 사고들과 사물들의 구분, 물질과 정신의 구분, 영원한 주어와 변화하는 술어의 구분, 하위계급을 가진 계급의 개념, 우연적인 것과 규칙적인 인과적 연결의 분리 등등. 틀림없이, 이 모든 것들은 한때 우리 조상들이 조악한 개별적 경험들의 카오스를 보다 쉽게 관리되고 공유 가능한 모습으로 바꿔놓기 위해 역사 속의 어느 날 성취한 명백한 정복이었다. 그것들은 사고의 수단으로서 너무나 유익한 것으로 입증되면서 오늘날 우리의 정신 구조의 일부를 이루게 되었다. 우리는 그런 것들을 갖고 무책임한 짓을 할 수 없다. 어떤 경험도 그것들을 뒤엎지 못한다. 반대로, 그것들은 모든 경험을 통각해 적절한 장소에 할당한다.

무슨 목적으로 그렇게 하는가? 우리가 경험들의 과정을 더 잘 예측하고, 서로 소통하고, 우리의 삶을 규칙적으로 영위하도록 하기 위해서이다. 또 보다 명확하고, 명쾌하고, 포괄적인 정신적 관점을 갖도록 하기 위해서이다.

하나의 시간과 하나의 공간의 발견이 있은 뒤에 이뤄진 가장 위대한 상식적 성취는 아마 영원히 존재하고 있는 사물들이라는 개념일 것이다. 딸랑딸랑 소리 나는 장난감이 아기의 손에서 처음 떨어질 때, 아기는 그 장난감이 어디로 갔는지 보려고 몸을 돌리지 않는다. 아기는 보다 훌륭한 믿음을 발견할 때까지 비(非)지각을 소멸로 받아들인다. 우리의 지각들이 존재들을, 즉 우리 손에 들려 있든 들려 있지 않든 불문하고 거기에 있는 장난감들을 의미한다는 것은 우리에게 일어난 일을 너무나 분명하게 밝혀주는 해석이기 때문에, 그 해석은 채택된 후로 절대로 망각되지 않고 있다. 그 해석은 사물들과 사람들에도, 객관적인 영역과 방출적인 영역에도 똑같이 적절히 적용되고 있다. 버클리(George Berkeley)나 밀(John Stuart Mill), 코르넬리우스(Cornelius) 같은 인물이 그 해석에 대해 어떤 식으로 비판하더라도, 그 해석은 그것과 상관없이 제대로 작동하고 있다. 실제적인 삶에서 우리는 그 해석을 '취소하거나' 우리에게 들어오는 경험들을 다른 조건으로 읽는 문제에 대해 절대로 생각하지 않는다.

우리는 경험의 도도한 흐름 뒤에 영원한 대상들이 존재한다는 가설이 형성되기 전의 '순수한' 경험의 어떤 상태를 이론적으로 진정으로 상상할 수 있다. 또 우리는 원시 시대의 어떤 천재가 다른 가설을 품었을지도 모른다는 생각을 놓고도 깊이 생각할 수 있다. 그러나 오늘날 우리는 그 다른 가설이 어떤 것이었을지에 대해 확실하게 상상하지 못한다. 이유는 '초(超)지각적 현실'이라는 카테고리가 지금 우리의 삶의 토대 중 하나를 이루고 있기 때문이다. 우리의 사고들은 합리성과 진실성을 확보하려면 여전히 그 카테고리를 이용해야 한다.

이를 요약 정리하면 이렇게 된다. 대단히 혼란스럽고 순수한 형태의 경험으로서, 어떤 최초의 것이 있다. 이 최초의 것이 우리로 하여금 질문을 던지도록 한다. 그리고 오래 전에 우리의 의식의 구조 속에 녹아들어 실질적으로 되돌릴 수 없게 된 근본적인 카테고리들의 형태로 두 번째의 것이 있다. 이 카테고리들은 앞의 질문들에 대한 대답이 들어가야 할 일반적인 틀을 규정한다. 그리고 그 대답들의 세부적인 사항들을 우리의 현재의 필요와 가장 부합하는 형태로 제시하는 세 번째의 것이 있다. 내가 휴머니즘을 이해하는 바에 따르면, 이런 것이 휴머니즘의 인식의 핵심을 이루고 있다.

휴머니즘은 본래의 순수한 상태의 경험을 지금 역사적으로 다듬어진 술어들 속에 매우 깊이 묻혀 있는 것으로 인식하고 있다. 그래서 우리는 그 순수한 경험에 대해, 브래들리 씨의 표현을 빌리면, 정신이 '조우하는' '다른'(Other) 것과 다르지 않은 것으로, 하나의 '그것'(That)으로 생각할 수 있다. 호기심을 자극하는 '그것'의 존재 앞에서 우리는 그에 대한 반응으로 생각하게 되는데, 이때 사고의 방식들에 대해 우리는 그것들이 우리의 정신적, 육체적 활동을 촉진시키고 우리에게 외적 힘과 내적 평화를 안겨주는 것에 비례하여 '진실하다'고 부른다. 그러나 '다른' 것, 보편적인 '그것'이 그 자체로 어떤 명백한 내부 구조를 갖고 있는가, 또는 그것이 구조를 갖고 있다면 그 구조가 우리가 속성으로 단정한 '무엇들'(whats) 중 어떤 것이라도 닮았는가 하는 문제는 휴머니즘이 건드리지 않고 그냥 남겨 놓았다. 어쨌든 우리에게 현실은 우리 자신의 지적 발명들의 축적이고, 우리가 현실을 점진적으로 다루면서 '진리'를 얻기 위해 벌이는 노력은 언제나 옛것을 가능한 한 적게 변화시키는 가운데 새로운 명사들과 형용사들 속에서 일하려는 분투라고 휴머니즘은 주장한다.

브래들리 씨 본인의 논리학 또는 형이상학이 그로 하여금 이 같은 인식에 맞서 싸우게 하는 이유를 찾기가 어렵다. 그는 자신이 원하기만 하면 그 인식을 글자 하나 틀리지 않게 엄격히 채택하여, 로이스(Josiah Royce) 교수의 훌륭한 예를 따라서 그것 주위로 자신만의 특이한 절대적인 원리를 그물 던지듯 던질 수 있을 것이다. 프랑

스에서, 베르그송(Henri-Louis Bergson)과 그의 제자들인 물리학자 윌부아(Joseph Wilbois), 철학자이자 수학자인 르 로이(Édouard Le Roy)는 앞에서 정의한 의미에서 철저한 휴머니스트들이다. 미요(G. Milhaud) 교수도 휴머니스트처럼 보이고, 위대한 푸앵카레(Jules-Henri Poincaré)는 간발의 차이로 휴머니스트에서 벗어나고 있다. 독일에서, 지멜(Georg Simmel)은 가장 근본적인 부류의 휴머니스트로 통한다. 마흐(Ernst Mach)와 그의 학파, 그리고 헤르츠(Heinrich Hertz)와 오스트발트(Wilhelm Ostwald)는 휴머니스트로 분류되어야 한다. 휴머니즘은 지금 어렴풋이 형성되고 있는 중이며, 따라서 끈기 있게 논의되어야 한다.

휴머니즘을 논하는 최선의 방법은 그 대안으로 어떤 것이 될 수 있는지를 보는 것이다. 정말로 휴머니즘의 대안은 무엇인가? 휴머니즘을 비판하는 사람들은 명백한 진술을 절대로 제시하지 않는다. 지금까지 어떤 것이든 명쾌하게 다듬어낸 인물로는 로이스 교수가 유일하다. 따라서 휴머니즘이 철학에 이바지하는 최초의 기여는 휴머니즘을 좋아하지 않는 사람들이 자신의 가슴과 머릿속을 뒤지도록 강요하고 있다는 점이다. 휴머니즘은 분석을 전면으로 부각시키고 그것을 시대의 풍조로 만들 것이다. 현재, 진리는 지성과 사물이 일치하는 것이라는 고리타분한 통념은 모든 것과 모순을 일으키고 있는 것 같다. 브래들리 씨의 유일한 제안은 진실한 사고는 "어떤 확정적인 존재와 일치해야 하는데, 그 존재에 대해서는 만들어진다는 식으로 말하지 못한다"는 것이지만, 분명히 그 제안은 새로운 빛을 전혀 비추지 않는다. 여기서 "일치하다"라는 단어의 의미는 무엇인가? "존재"는 어디에 있는가? "확정"은 어떤 종류의 사물이며, 이 구체적인 예에서 "만들어진다는 식으로 말하지 못한다"는 표현은 무슨 뜻인가?

휴머니즘은 즉시 이 용어들을 정확하고 세련되게 다듬는 작업으로 나아간다. 우리와 어떤 관계든 맺고 있는 것이라면, 그것과 우리는 어떤 식으로든 일치하고 있다. 만약에 그것이 하나의 사물이라면, 우리는 그것을 정확히 복사하거나, 단순히 그것을 어떤 장소에 실재하는 존재물로 느낄 수 있다. 만약에 그것이 하나의 요구라면, 우리는 그것에 대해 그것이 주는 압박감 외에는 아무것도 모르는 가운데 그것을 준수할 수 있다. 만약에 그것이 하나의 제안이라면, 우리는 반대하지 않고 통과시킴으로써 그것에 동의할 수 있다. 만약에 그것이 사물들 사이의 관계라면, 우리는 두 번째 사물이 있는 곳에 닿기 위해 첫 번째 사물에 영향을 미칠 수 있다. 만약에 그것이 접근할 수 없는 무엇이라면, 우리는 그것을 가설적인 어떤 대상으로 대체할 수 있고, 그러면 이 가설적인 대상이 똑같은 영향을 미칠 것이기 때문에 우리는 진정한 결과들을 짐작할 수 있다. 일반적으로, 우리는 그것에 단순히 우리의 사고를 더할 수 있고, 그때 만약에 그것이 그런 추가를 겪었는데도 전체 상황이 스스로를 조화롭게 확장시키며 풍요롭게 가꾸고 있다면, 그 사고는 진실한 것으로 여겨질 것이다.

이런 식으로 일치된 존재들의 위치에 대해 말하자면, 그 존재들이 현재의 사고의 안에만 아니라 밖에도 있을 수 있겠지만, 휴머니즘은 그것들이 유한한 경험 자체의 밖에 있다고 말할 근거를 전혀 보지 못한다. 실질적으로, 그 존재들의 현실은 우리가 하길 좋아 하든 싫어 하든 상관없이 그 존재들에 복종하고 그것들을 고려한다는 것을 의미하지만, 우리는 그런 것을 우리 자신의 경험이 아닌 경험들을 갖고 영원히 해야 한다.

현재의 경험이 '적절히' 일치해야 하는 것들의 시스템 전체는 현재의 경험 자체와 이어져 있을 수 있다. 그런 식으로 선물(膳物)이 아니라 경험으로 간주되는 현실은 과거 경험의 유산이거나 다가올 경험의 내용일 수 있다. 우리에게 현실의 확정들은 어쨌든 우리의 판단 행위들을 현실과 어울리게 만드는 형용사들이며, 그 확정들은 기본적으로 인본주의적인 것들이다.

우리의 사고가 이 현실을 '만들지' 않는다고 말하는 것은 실질적으로 우리 자신의 구체적인 사고가 사라진다 하더라도 현실은 여전히 어떤 모습으로 거기에 있을 것이라는 뜻이다. 그런 경우에 아마 현실은 우리의 사고가 제공하는 무엇인가를 결여한 모습이 될 것이다. 현실이 '독립적'이라는 것은 모든 경험에 우리의 독단적인 통제를 피하는 무엇인가가 들어 있다는 것을 의미한다. 만약에 그 무엇인가가 지각 가능한 어떤 경험이라면, 그것은 우리의 주의를 강요하고, 만약에 그것이 연속적으로 일어나는 어떤 순서라면, 우리는 그것을 거꾸로 뒤집지 못하고, 만약에 두 가지 조건들을 비교한다면, 우리는 오직 한 가지 결론에 이를 수 있을 뿐이다. 우리 자신의 경험 안에 급박감이나 압박감이 있으며, 그런 감정 앞에서 우리는 대체로 무력하며, 그 감정은 우리를 우리의 믿음의 운명인 어떤 방향으로 몰아붙인다.

경험 자체의 이런 경향이 최종적으로 가능한 모든 경험과 별개인 그 무엇 때문이라는 말은 진실일 수도 있고 진실이 아닐 수도 있다. 공을 지속적으로 돌게 만드는 초경험적인 '물자체'(物自體)나, 인간의 사고가 연속적으로 내리는 모든 결정들의 뒤에 영원히 자리 잡고 있는 어떤 '절대적인 존재'는 있을 수도 있고 없을 수도 있다. 그러나 어쨌든 우리의 경험 자체 안에서 일부 결정들은 스스로를 다른 결정들과 별개로 존재하는 것으로 보여주고, 일부 질문들은 우리가 던지기만 한다면 오직 한 가지 방법으로만 대답할 수 있고, 일부 존재들은 우리가 그런 것들을 가정한다면 그런 가정이 있기 전부터 존재한 것으로 여겨져야 하고, 일부 관계들은 존재한다면 그것들의 조건들이 존재하는 한 존재해야 한다고 휴머니즘은 말하고 있다.

따라서 진리는, 휴머니즘에 따르면, 경험의 보다 덜 고정된 부분들(술어들)과 상대적으로 보다 강하게 고정된 부분들(주어들)의 관계를 의미하며, 우리가 진리를 경험 자체와 경험 그 너머에 있는 어떤 것의 연결에서 찾을 필요는 없다. 경험을 하는 주체로서의 우리의 행동이 사방으로 갇혀 있기 때문에, 우리는 집에 틀어박혀 지낼 수 있다. 전진의 힘과 저항의 힘은 똑같이 우리 자신의 대상들에 의해 행사되고 있으며, 진리의 개념은 변덕이나 허가에 맞서는 그 무엇으로서 불가피하게 모든 인간 삶의 안에서 유아독존적으로 자라고 있다.

이 모든 것이 너무나 명백하기 때문에, 휴머니즘 저자들에게 흔히 던지는 비난의 말은 '나를 지치게 만든다'. "듀이 추종자가 어떻게 정직과 허세를 구분할 수 있는가?"라는 질문은 내가 듀이의 '논리적 이론 연구'(Studies in Logical Theory)에 관해 보고하는 철학적 모임에서 나에게 던져진 질문이다. "일개 실용주의자에 불과한 사람이 어떻게 진정으로 생각할 의무를 느낄 수 있는가?"라는 물음은 로이스 교수가 제기한 반대이다. 브래들리 씨는 만약에 자신의 견해를 제대로 이해하고 있는 휴머니스트라면, "그 사람은 아무리 터무니없는 생각일지라도 누군가가 진리라고 여기고 있다면 그것을 진리로 받아들여야 한다."고 말한다. 그리고 테일러 교수는 실용주의에 대해, 어떤 사람이 원하는 모든 것을 믿으면서 그것들을 진리라고 부르는 것이라는 식으로 묘사하고 있다.

인간들의 사고가 실제로 그렇게 천박한 상태에서 이뤄지고 있다는 사실이 나에게 너무나 놀라운 일로 다가온다. 이 비판가들은 우리의 경험이라는 방향키 없는 뗏목을 가만 내버려두기만 하면 어디로든 흘러가거나 어디로도 흘러가지 않는 경향을 갖고 있다는 식으로 단정하는 것 같다. 그들은 뗏목 위에 나침반이 있다 하더라도 그 나침반이 가리킬 극(極)이 전혀 없다고 말하는 것 같다. 그들은 외부로부터 칙령 같은 것에 의해 정해진 절대적인 항해 방향들이 있음에 틀림없다고 주장하며, 그래서 만약에 우리가 항구를 건설한다면, '단순한' 항해 자체에 어떤 별개의 항해 지도가 더해지게 된다고 고집한다. 그러나 설령 우리가 따라야 하는 절대적인 항해 방향들이 인간 이전의 진리의 기준으로 있다 하더라도, 우리가 실제로 그 방향들을 따르고 있다는 사실을 보여주는 유일한 보증은 우리 인간의 자질 안에 있어야 하는 것이 너무도 분명하지 않은가? 우리가 도모한 경험 안에 실제로 느껴지는 알맹이가 없다면, 앞 문장 중의 "따라야 하는"이라는 표현은 공허한 말이 될 것이다.

사실, 절대적인 기준들을 강하게 믿는 사람들도 인간들이 그 기준들을 따르지 않고 있다는 점을 인정해야 한다. 무도한 행위는 영원한 금지 사항임에도 불구하고 여기 이곳에 그대로 있으며, '사물 이전'의 현실이 제아무리 크게 존재하더라도 그것이 사물들 안에서 오류가 무제한적으로 일어나지 않는다는 보증이 절대로 될 수 없다. 우리가 부도덕한 사고(思考)에 맞서 진정으로 갖고 있는 유일한 보호막은 초경험적인 현실이 있든 없든 불문하고 우리가 구체적인 오류들에 질리도록 만드는, 경험 자체의 전방위적인 압박이다.

절대적인 현실을 절대적으로 옹호하는 사람은 그 현실이 자신에게 무엇을 생각하라고 명령하는지 어떻게 아는가? 그 사람은 절대적인 존재를 직접적으로 보지 못하며, 그는 휴머니즘의 단서들을 따르는 외에는 그 존재가 그에게 원하는 것이 무엇인지를 짐작할 수단을 전혀 갖고 있지 않다. 그 사람 자신이 실질적으로 받아들이는 유일한 진리는 그의 유한한 경험들이 저절로 그를 안내하는 그런 진리일 것이다.

많은 경험들이 외톨이로 남겨진다는 생각에 전율하는 정신 상태, 또 어떤 절대적인 존재의 순수한 이름으로부터, 그 존재가 아무런 효력을 발휘하지 않더라도 여전히 일종의 정신적 안전을 상징한다는 듯이, 보호를 기대하는 정신 상태는 선한 사람들, 말하자면 비난받아 마땅한 어떤 사회적 경향에 관한 소리를 들을 때마다 괜히 씩씩거리며 얼굴을 붉히고 마치 무력한 어떤 법령이 위안을 준다는 듯이 "의회가 그것을 금지하는 법을 마련해야 해!"라고 말하는 사람들의 정신 상태와 비슷하다.

어떤 진리의 법의 모든 구속력은 바로 경험의 본질적인 성격 안에 있다. 절대적인 것이든 절대적이지 않은 것이든, 우리에게 구체적인 진리는 언제나 우리의 다양한 경험들이 최대한 유익하게 결합하는 그런 사고의 길일 것이다.

그럼에도, 반대자는 완고하게 이런 식으로 다그친다. 휴머니스트가 진리를 갖고 무책임한 짓을 할 자유를, 기준을 엄격하게 만드는 어떤 독립적인 현실의 영역을 믿는 사람에 비해 언제나 더 많이 누릴 것이라고 말이다. 만약에 그 반대자가 독립적인 현실의 영역을 믿는 사람이라는 표현을 감히 그 기준을 아는 척 하며 선언하는 사람이라는 뜻으로 쓰고 있다면, 틀림없이 휴머니스트가 더 유연한 존재로 증명될 것이지만, 만약에 그런 영역을 믿는 사람이 구체적인 일들에서 (다행하게도 현재의 절대론자들이 따르고 있듯이) 경험적인 조사 방법을 따르고 있다면, 휴머니스트도 그 절대론자보다 절대로 더 유연하지 않을 것이다. 가설들을 고려하는 것이 실체가 없는 것에 대해 독단적으로 말하는 것보다 틀림없이 언제나 더 나은 법이다.

그럼에도 불구하고, 휴머니스트의 이런 기질적 유연성이 휴머니스트에게 유죄 선고를 내리는 데 이용되어 왔다. 진리는 사물 안에 있고, 또 진리는 매 순간 우리 자신의 가장 호의적인 반응의 연속선이라고 믿으면서, 휴머니스트는, 나 자신이 학식 높은 어느 동료로부터 직접 들은 바와 같이, 반대자들을 전향시키는 노력을 영원히 금지당하고 있다. 그것은 휴머니스트들의 견해가 매 순간 그들의 가장 호의적인 반응인 까닭에 이미 모든 조건을 충족시키고 있어서 그런 것이 아닐까? 오직 사물 이전의 진리를 믿는 사람만이 그 같은 이론 위에서 스스로를 바보로 여기지 않는 가운데 남을 개종시키려고 노력할 수 있을 뿐이다.

그러나 어떤 것이든 진리에 대한 설명을 촉구하는 일에 스스로를 우습게 만드는 요소가 있을 수 있는가? 정의(定義)가 행동과 모순될 수 있는가? '진리는 내가 말하고 싶다고 느끼는 것'이 진리의 정의라고 가정해 보자. "글쎄, 나는 그것을 말하고 싶고, 나는 당신도 그런 말을 하고 싶어 하기를 바라고, 그래서 나는 당신이 동의할 때까지 계속 그 말을 당신에게 할 거야." 여기에 어떤 모순이라도 있는가? 진리가 어떤 것으로 여겨지든, 그것은 말(言)로 옮길 수 있는 그런 종류의 진리이다. 어떤 말과 어울릴 수 있는 기질은 논리를 벗어나는 문제이다. 일부 개별 절대론자의 기질이 정말로 어느 휴머니스트의 기질보다 더 뜨거울 수 있지만, 또 다른 휴머니스트의 기질보다 더 격할 필요는 없다. 그리고 휴머니스트도 본성이 충분히 열정적이라면 한 사람의 전향자를 만들기 위해 바다와 육지를 두루 돌아다니는 일에서 전혀 모순을 느끼지 않는다.

"그러나 당신은 부분적으로 당신 자신에 의해 만들어지는 것으로 알고 있고, 바로 그 다음 순간에 변할 수 있는 그런 견해에 어떻게 열정적으로 매달릴 수 있는가? 그런 천박한 조건에서 진리의 이상에 영웅적으로 헌신하는 것이 어떻게 가능한가?"

이것은 휴머니즘에 반대하는 사람들이 그 상황의 현실들을 제대로 이해하지 못하고 있다는 사실을 보여주는 반대들 중 하나일 뿐이다. 만약에 그들이 단지 실용적인 방법을 따르면서 "'…로 알려진 진리'는 도대체 무엇인가? 그런 진리의 존재는 구체적인 증거라는 측면에서 무엇을 나타내는가?"라고 묻는다면, 그들은 '…로 알려진 진리'라는 이름이 우리의 삶에서 소중한 거의 모든 것의 요약이라는 사실을 확인하게 될 것이다.

진실한 것은 불안정한 모든 것의 반대이고, 실질적으로 실망시키는 모든 것의 반대이며, 쓸모없는 모든 것의 반대이고, 거짓이고 신뢰할 수 없는 모든 것의 반대이고, 증명할 수 없고 지지받지 못하는 모든 것의 반대이고, 일관되지 않고 모순된 모든 것의 반대이고, 인위적이고 상궤를 벗어난 모든 것의 반대이고, 실용적 중요성이 전혀 없다는 뜻에서 비현실적인 모든 것의 반대이다. 여기에 우리가 진리에 강하게 의지해야 하는 실질적인 이유들이 있다. 진리가 우리를 그런 세계로부터 구해주는 것이다. 진리라는 이름 자체가 충직한 감정을 일깨우니 그 얼마나 경이로운 일인가! 특히, 편협하고 잠정적이고 바보 같은 믿음의 천국들이 진리의 솔직한 추구와 비교해 너무나 경멸스러워 보이니 이것 또한 얼마나 경이로운 일인가!

절대론자들이 휴머니즘을 진실하게 느껴지지 않는다는 이유로 거부할 때, 그것은 절대론자들의 정신적 요구의 전체 습관이 이미 다른 현실관과 단단히 결합되어 있다는 것을 뜻한다. 이 현실관과 비교하는 경우에, 휴머니스트의 세계가 일부 무책임한 젊은이들의 변덕처럼 보일 수 있다. 여기서 영원한 본성들의 이름으로 말하면서 절대론자들에게 우리의 휴머니즘을 거부하라고 명령하고 있는 것은 절대론자들 자신들의 주관적인 통각 조직이다. 그들이 휴머니즘을 그런 것으로 이해하고 있으니 말이다. 휴머니스트들이 철학 체계들, 그러니까 고상하고, 범위가 뚜렷하고, 고정되어 있고, 영원하고, 합리적이고 신전 같은 철학 체계들 전체를 비난할 때, 우리도 마찬가지이다.

이것들은 자연의 극적인 기질과 모순된다. 자연을 다루는 경험이 늘어나고 우리의 사고 습관이 향상됨에 따라, 우리는 그 같은 사실을 깨닫게 되었다. 앞에 말한 철학 체계들은 불합리할 만큼 관료적이지 않고 전문적이지 않을 때조차도 이상하게 개인적이고 인위적인 것처럼 보인다. 우리는 그런 것들을 멀리하고, 묶이지 않고 어느 한 자리에 머물지 않는 위대한 진리의 황야로 관심을 돌린다. 이유는 우리에겐 진리의 황야가 양심을 걸어도 좋을 만큼 확실한 것으로 느껴지기 때문이다. 합리주의자들이 우리의 황야를 버리고 보다 말쑥하고 보다 깨끗한 지적인 벽돌 건물로 들어갈 때 감동을 받듯이 말이다.

이것은 휴머니스트가 진리에서 객관성과 독립성이라는 성격을 무시하지 않는다는 점을 충분히 보여주고 있다. 휴머니즘의 반대자들이 우리의 생각이 진실한 것이 되기 위해서는 '일치해야' 한다고 말하는데, 이제는 이 말의 뜻이 무엇인지 보도록 하자.

여기서 일치의 통속적인 개념은 생각들이 현실을 복사해야 한다는 것이다. 말하자면, 인식은 인식자와 인식 대상의 동화를 통해 생겨난다는 뜻이다. 그리고 철학은 지금까지 이 문제를 진지하게 고려하지 않은 채 본능적으로 다음과 같은 사상을 받아들인 것 같다. 영원한 사고를 그대로 복사하는 명제들은 진실한 것으로 여겨지고, 정신 밖의 현실들을 그대로 복사하는 조건들은 진실한 것으로 여겨진다는 사상 말이다. 분명히, 이 같은 복사 이론이 휴머니즘에 쏟아지고 있는 비판의 대부분을 고무했다고 나는 생각한다.

그러나 우리의 정신이 현실을 다루는 유일한 활동이 그것을 복사하는 것이 되어야 하는 것은 절대로 자명하지 않다. 여기서, 나의 독자가 한동안 홀로 우주의 모든 현실을 이루고 있다가 그를 진정으로 알 또 다른 존재가 창조될 것이라는 선언을 듣는다고 가정해 보자. 그러면 나의 독자는 그 앎을 미리 어떻게 표현할까? 그는 그 앎이 어떤 것이 될 것이라고 기대할까? 그 앎이 단순히 복사하는 것이라는 생각이 그에게 떠오를 것인지에 대해 나는 극히 회의적이다. 새로 생겨날 존재의 내면에 들어 있을 그 자신의 불완전한 두 번째 복사판이 그에게 무슨 소용이란 말인가? 그것은 상서로운 어떤 기회를 그야말로 헛되이 낭비하는 것처럼 보인다. 새로운 존재는 아마 절대적으로 새로운 무엇인가를 위해 생겨날 것이다. 나의 독자는 그 앎을 휴머니스트처럼 인식하며 이렇게 말할 것이다. "새로 오는 사람은 내가 존재하고 있다는 사실에 우리 둘 다에게 이로운 쪽으로 반응하면서 나의 현존을 고려해야 한다. 만약에 그 목적에 복사가 필수라면, 복사가 있을 것이지만, 그렇지 않다면 복사가 일어나지 않을 것이다." 여하튼 핵심은 복사가 아니고 이전에 존재하는 세계의 강화일 것이다.

요전에 나는 오이켄(Rudolf Christoph Eucken) 교수[30]의 어느 책에서 이 대목에 적절해 보이는, "기존 존재의 강화"라는 구절을 읽었다. 사고의 임무가 단순히 존재를 모방하고 복사하는 것이 아니라 존재를 증대시키고 고양시키는 것이 되면 안 되는 이유가 있는가? 루돌프 헤르만 로치(Rudolf Hermann Lotze)[31]의 글을 읽은 사람은 물질의 부차적인 특성들에 관한 일반적인 관점, 말하자면 그 특성들이 사물 안에 있는 것을 아무것도 복사하지 않는다는 이유로 그것들을 '실체 없는 것'으로 낙인찍는 그런 관점에 대한 놀라운 논평을 기억하지 않을 수 없다. 그 자체로 완전한 어떤 세계, 그러니까 사고가 사실에 새로 아무것도 보태지 못하면서 하나의 수동적인 거울로 오는 그런 세계는 불합리하다고 로치는 말한다. 오히려 사고

---

30   독일 철학자(1846-1926)로 1908년 노벨 문학상을 받았다.

31   독일의 철학자와 논리학자(1817-1881)로 생물학에도 조예가 깊었다.

자체가 사실의 가장 중요한 부분이며, 이전부터 존재하는 불충분한 물질의 세계의 전체 임무는 단순히 사고를 자극하여 그 세계를 보완할 더 소중한 것을 내놓도록 하는 것일 수 있다.

요약하면, 복사하는 것이 현실과 맺는 관계들 중 하나인지 여부와 상관없이, '아는 것'은 단지 현실과 유익한 관계들을 맺는 한 가지 방법일 수 있다.

복사 이론이 어떤 특별한 유형의 인식에서 생겨나는지를 알기는 쉽다. 우리가 자연 현상을 다룰 때, 대단히 중요한 일은 예견 능력을 갖추는 것이다. 스펜서(Herbert Spencer)[32] 같은 저자에 따르면, 예견하는 것이 지성의 의미 전부이다. 스펜서의 '지성의 법칙'이 내적 관계와 외적 관계가 '일치해야' 한다고 말할 때, 그것은 우리의 내적 시간 체계와 공간 체계 안에서 일어나는 조건들의 분류가 현실의 시간과 공간 안에서 일어나는 진정한 조건들의 분류를 정확히 복사할 수 있어야 한다는 뜻이다. 엄격한 이론에서, 정신의 조건들은 개별적으로 일일이 복사한다는 그런 의미에서 현실의 조건들에 반응할 필요가 없다. 현실 속의 날짜와 장소만 복사된다면, 상징적인 정신적 조건들로도 충분하기 때문이다. 그러나 우리의 일상의 삶 속에서, 정신의 조건들은 이미지이고, 현실 속의 진짜 조건들은 감각이다. 이 이미지들이 너무나 자주 감각들을 복사하기 때문에, 우리는 관계들을 복사하는 것뿐만 아니라 조건들을 복사하는 것까

---

32   영국의 철학자이자 사회학자, 심리학자(1820-1903).

지도 쉽게 인식의 자연스런 의미로 받아들인다. 한편, 많은 것, 심지어 이런 평범한 기술적(記述的) 진리의 많은 것까지도 언어적 상징들로 표현되고 있다. 만약에 우리의 상징들이 우리의 예상을 적절히 결정한다는 의미에서 세상에 적합하다면, 그 상징들은 세상의 조건들을 복사하지 않아서 오히려 더 유익할 수 있다.

일상적으로 일어나는 이 모든 현상적인 인식에 대한 실용주의의 설명이 정확하다는 것이 분명히 드러난다. 여기서 진리는 우리의 생각들과 인간과 상관없는 현실들 사이의 어떤 관계가 아니라, 우리의 경험의 개념적 부분들과 감각적 부분들 사이의 어떤 관계이다. 지각 가능한 특수한 것들이 생겨날 때, 우리가 그 특수한 것들과 유익한 상호작용을 이루도록 하는 생각들이 진실하다. 그 생각들이 특수한 것들을 미리 복사하는지 여부는 전혀 중요하지 않다.

현상적 사실에 관한 지식에서 일어나는 복사의 횟수를 근거로, 합리적인 문제들에서도 복사가 진리의 핵심으로 여겨져 왔다. 기하학과 논리학은 창조주가 품고 있는 원형적인 사고들을 복사해야 하는 것으로 여겨져 왔다. 그러나 이들 추상적인 영역들에서 원형들을 가정할 필요는 전혀 없다. 정신은 공간으로부터 너무나 많은 도형들을 자유자재로 다듬어 내고, 너무나 많은 숫자 집단을 만들어 내고, 너무나 많은 종류들과 시리즈들을 엮어낼 뿐만 아니라 끝없이 분석하고 비교할 수 있다. 그렇기 때문에 거기서 나오는 생각들의 풍성함 자체가 우리로 하여금 그것들의 원형들이 '객관적으로' 선재한다는 점을 의심하도록 만든다. 직교좌표(直交座標)를 인정하면서도 극좌표(極座標)를 인정하지 않거나 제번스(William Stanley Jevons)[33]의 표기법을 인정하면서도 불(George Boole)[34]의 표기법은 인정하지 않는 그런 사고방식을 가진 어떤 신을 전제하는 것은 명백한 잘못이다.

한편, 만약에 우리가 신이 이런 방향으로 일어나는 인간의 공상의 모든 가능한 비상(飛翔)에 대해 미리 생각한다고 가정한다면, 신의 정신은 3개의 머리와 8개의 팔과 6개의 가슴을 가진 힌두교 신을 많이 닮게 되고, 우리가 복사하고자 소망하기에는 지나친 다(多)수태와 과잉으로 이뤄져 있으며, 따라서 복사라는 개념 전체가 이 과학들로부터 외면당하는 경향을 보이고 있다. 이 과학들의 대상들은 인간들에 의해 차근차근 단계적으로 창조되고 있는 것으로 더 잘 해석될 수 있다. 그 대상들이 창조되는 속도는 인간들이 그것들을 연속적으로 떠올리는 속도에 좌우된다.

만약에 삼각형과 사각형, 제곱근, 속(屬) 등은 즉흥적으로 만들어진 인간의 '인공물'에 지나지 않는데, 그것들의 특성들과 관계들이 '영원한' 것으로 어떻게 그렇게 신속히 알려질 수 있는가 하는 문제가 제기된다면, 그에 대한 휴머니스트의 대답은 아주 쉽다. 삼각형들과 속(屬)들이 인간의 산물이라면, 우리는 그것들을 불변하는 것으로 지킬 수 있다. 우리는 그것들을 '시간을 초월하는' 것으로 만

33　영국의 경제학자(1835-1882)로 한계 효용 학파의 창시자 중 한 사람으로 여겨진다.

34　영국의 수학자이자 논리학자(1815-1864)로 기호 논리학 분야에 업적을 많이 남겼다.

들 수 있다. 우리가 의미하는 사물들에는 시간이 어떤 변화도 일으키지 못할 것이라고, 또 그 사물들이 부패하는 모든 진정한 연상과 조건으로부터 의도적으로 추출되었다고 단호하게 선언하면 된다. 그러나 불변하는 대상들 사이의 관계들은 그 자체로 불변일 것이다. 그런 관계들은 사건일 수가 없다. 이유는 가설에 의해서는 대상들에 어떤 일도 일어날 수 없기 때문이다.

나는 『심리학의 원리』(Principles of Psychology)의 마지막 장에서 그런 관계들은 비교의 관계만 될 수 있다는 점을 보여주려고 노력했다. 지금까지 아무도 나의 제안을 알아차리지 못한 것처럼 보이며, 나는 수학의 발달에 대해 너무나 모르기 때문에 나 자신의 견해에 대해 매우 강하게 확신하지 못한다. 그러나 만약에 그 제안이 옳다면, 그것이 그 어려움을 완벽하게 해결할 것이다. 비교의 관계들은 직접적으로 조사해야 하는 문제들이다. 정신의 대상들은 마음속에서 비교되자마자 비슷하거나 비슷하지 않은 것으로 지각된다. 그러나 시간을 초월하는 이 조건들에서는, 한 번 똑같은 것으로 지각된 것은 언제나 똑같고, 한 번 다른 것으로 지각된 것은 언제나 다르다. 그것은 인간이 만든 이 대상들에 관한 진리들이 필요하고 또 영구하다고 말하는 것이나 다를 바가 없다. 우리는 먼저 우리의 자료를 변화시킴으로써만 우리의 결론을 변화시킬 수 있다.

따라서 선험적인 과학들의 전체 구조는 인간이 만든 하나의 산물로 다뤄질 수 있다. 로크가 오래 전에 지적했듯이, 선험적인 과학들은 사실과 직접적인 연결을 전혀 갖고 있지 않다. 오직 하나의 사실이 이상적인 이 대상들 중 어느 하나와 동일시됨으로써 인간화될 때에만, 대상들에게 적용되었던 것이 지금 사실들에도 적용될 수 있다. 반면, 진리 자체는 원래 어떤 것의 복사가 절대로 아니었다. 진리는 단지 두 개의 인위적인 정신적 사물들 사이에서 직접적으로 지각되는 하나의 관계에 지나지 않았다.

이제 우리는 휴머니스트의 설명이 적합한지를 보다 잘 확인하기 위해서 특별한 유형들의 인식을 볼 것이다. 그렇다고 수학적, 논리적 유형들로 확장할 필요도 없고, 자연의 과정에 관한 기술적(記述的) 지식으로 돌아가서 장황하게 설명할 필요도 없다. 그 인식이 예상을 포함하는 한, 비록 그것이 복사를 의미할지라도, 우리가 본 바와 같이, 그것은 미리 '준비를 갖추는' 그 이상을 의미할 필요가 없다. 그러나 먼 미래의 많은 대상들의 경우에, 그것들과 우리의 실용적 관계들은 극히 잠재적이고 멀다.

예를 들어, 우리는 조수의 영향이 끊어지는 탓에 지구의 자전이 멈출 것에 대비한 준비는 어떤 의미에서도 지금 당장 하지 못한다. 과거에 대해 말하자면, 우리는 스스로 과거를 진정으로 알고 있다고 생각하지만 과거와 실질적인 관계를 전혀 맺지 못한다.

엄격히 실용적인 관심이 우리가 현상에 관한 진정한 기술(記述)을 찾아 나선 출발점이었음에도 불구하고, 순수하게 기술하는 기능에 대한 고유한 관심이 증대된 것이 분명하다. 우리는 부수적인 이익을 초래하는지 여부와 상관없이 진정한 설명들을 원한다. 그 원초적인 기능은 훈련을 필요로 한다. 이런 이론적인 호기심은 인간에게 뚜렷이 나타나는 본질적인 차이처럼 보이며, 휴머니즘은 우리 인간의 호기심의 폭이 아주 넓다는 점을 인정하고 있다.

오늘날 진실한 생각은 우리가 어떤 실질적인 지각을 위해 준비하도록 하는 생각만을 의미하지 않는다. 진실한 생각은 또한 우리가 단순히 가능한 어떤 지각을 위해 준비하도록 하는 생각이나, 말로 표현할 경우에 다른 사람들에게 가능한 지각들을 암시하거나 화자(話者)가 공유할 수 없는 실질적인 지각을 암시하는 생각도 의미한다. 따라서 실제적이거나 가능한 것으로 여겨지는 지각들의 총합이 하나의 체계를 형성하며, 이때 이 체계를 안정적이고 일관된 어떤 형태로 다듬는 것이 틀림없이 우리에게 유익하다. 바로 이곳이 영원한 존재들이라는 상식적인 개념이 뚜렷한 쓰임새를 발견하는 곳이다.

사상가의 밖에서 작용하고 있는 존재들이 그의 과거와 미래의 실제적인 지각들을 설명할 뿐만 아니라 그의 가능한 지각들과 그 외의 모든 사람들의 가능한 지각들까지 설명한다. 따라서 그 존재들은 우리의 이론적인 필요를 너무나 멋지게 충족시킨다. 우리는 무수히 많은 특수한 것들을 단 하나의 원인으로 설명하면서, 우리의 현재의 실제적인 것에서부터 그 존재들을 통과하여 낯선 것과 잠재적인 것으로 옮겨가고 다시 미래의 실제적인 것으로 돌아간다. 어떤 원형(圓形)의 파노라마, 말하자면 흙과 풀, 관목, 바위와 부서진 대포가 있는 진짜 전경(前景)이 하늘과 땅과 격렬한 전투를 그린 캔버스 그림과 이어진 파노라마에서, 전경과 그림이 너무나 정교하게 연결되어 있어서 구경꾼이 그 이음새를 전혀 눈치 채지 못하듯이, 우리의 현재의 지각적 현실에 보태진 이 개념적 대상들은 그 현실과 함께 우리의 믿음의 전체 우주 속으로 융합되고 있다.

조지 버클리를 추종하는 사람들의 강력한 비판에도 불구하고, 우리는 이 개념적 대상들이 실제로 있다는 데 의문을 품지 않는다. 우리가 그 대상들 중 어느 하나를 발견한 것이 바로 지금일지라도, 우리는 그 대상이 지금도 있을 뿐만 아니라, 만약에 그 대상이 과거에도 있었다고 말함으로써 과거가 우리의 현재와 더 일관되게 연결된 것처럼 보인다면 과거에도 있었다고 망설임 없이 말한다. 이것은 역사적 진리이다. 모세는 '오경'을 쓰지 않을 경우에 우리의 모든 종교적 습관들이 원상태로 돌아갈 것이기 때문에 그것들을 썼다고 우리는 생각한다. 율리우스 카이사르(Julius Caesar)는 실존 인물이었으며, 그렇지 않다면 우리는 역사에 다시 귀를 기울일 수 없을 것이다. 삼엽충은 한때 살았으며, 그렇지 않다면 지층에 관한 우리의 생각 전부는 혼란에 빠지고 말 것이다. 라듐은 최근에야 발견되었음에도 언제나 존재하고 있었음에 틀림없으며, 그렇지 않다면 그것과 영원한 다른 자연의 요소들을 비슷하게 다루는 것은 터무니없을 것이다. 이 모든 것에서, 가장 만족스럽고 전체적인 정신 상태를 낳기 위해서 서로 작용하고 있는 것은 단지 우리 믿음들의 한 부분일 뿐이다. 그 정신 상태가 진리를 본다고 우리는 말하며, 그 정신 상태에서 나오는 진술의 내용을 우리는 믿는다.

물론, 만약에 당신이 그 만족을 구체적으로 당신에 의해 지금 느껴지는 무엇인가로 받아들인다면, 또 만약에 당신이 진리라는 표현을 추상적으로 받아들여져 장기적으로 검증된 진리를 의미하는 것으로 쓴다면, 당신은 만족과 진리를 동일시하지 못한다. 이유는 일시적으로 만족스러운 것이 악명 높게도 종종 허위로 드러나기 때문이다. 그럼에도 현실 속의 매 순간에, 각 개인에게 진리는 그 개인이 자신에게 최대한의 만족을 안겨준다고 믿고 있는 그것이며, 마찬가지로, 추상적인 진리, 즉 장기적으로 검증된 진리와 추상적인 만족, 즉 장기적인 만족은 서로 일치한다.

요약하면, 만약에 우리가 구체적인 것을 구체적인 것과, 추상적인 것을 추상적인 것과 비교한다면, 진정한 것과 만족스러운 것은 동일한 것을 의미한다. 이 부근에서 벌어지고 있는 어떤 혼란 때문에 철학에 관심 있는 일반 대중이 휴머니즘의 주장들에 그렇게 둔감한 것이 아닌가 하고 나는 의심한다.

우리의 경험에 관한 근본적인 사실은 경험이 변화의 과정이라는 것이다. '믿는 사람'에게, 어떤 순간에든 진리는 안개 속을 걷는 사람의 주위로 눈에 보이는 영역처럼, 혹은 조지 엘리엇(George Eliot)이 "드넓은 대양에서 짧은 거리를 꿰뚫는 작은 물고기들의 눈으로 본 어둠의 벽"이라고 묘사한 그것처럼, 그 다음 순간에 확장되는 그런 객관적인 어떤 영역이다. 그런 확장이 일어나면, 그 영역은 변화하거나 변하지 않는 가운데 지속된다. 비판가는 첫 번째 믿는 사람의 진리와 자신의 진리를 보고, 그것들을 서로 비교하고, 그렇게 함으로써 그 진리를 증명하거나 반박한다. 비판가의 시야는 그

보다 앞서는 그 믿는 사람의 사고와 별개의 현실이며, 비판가의 사고는 그 믿는 사람의 사고와 일치해야 한다. 그러나 비판가 본인도 단지 한 사람의 믿는 사람일 뿐이며, 만약에 경험의 전체 과정이 그 순간에 끝나야 한다면, 거기엔 그렇게 끝나지 않았더라면 알려져서 비판가의 사고와 비교될 수 있었을 독립적인 현실이 전혀 없을 것이다.

경험에서 즉시적인 것은 언제나 잠정적으로 그런 상황에 처한다. 예를 들어, 내가 눈으로 보고 방어하기 위해 이렇게 애쓰고 있는 휴머니즘은 나의 관점에서 보면 지금까지 성취한 진리 중에서 가장 완전한 진리이다. 그러나 모든 경험이 하나의 과정이라는 사실 때문에 어떤 관점도 절대로 최종적 관점이 될 수 없다. 모든 관점은 불충분하고, 불균형한 상태에 있으며, 시기적으로 후에 오는 관점들에 원인으로 작용한다. 이런 나중의 관점들 일부를 자신의 인격 속에 담고 있고 또 타인들의 현실을 믿고 있는 당신은, 만약에 나중의 관점들이 나의 관점이 보는 것을 검증하고 확인하지 않는다면, 나의 관점이 긍정적인 진리를, 영원한 진리를, 가치 있는 진리를 보고 있다는 점에 동의하지 않을 것이다.

당신은 아무리 만족스러운 의견일지라도 그것 자체 너머에 있는 어떤 기준과 일치하는 한에서만 확실히 진실한 것으로 여겨질 수 있다고 말함으로써, 그것을 일반화한다. 그때 만약에 당신이 이 기준도 거미줄처럼 촘촘한 경험들의 조직망 안에서 내생적으로 영원히 성장하고 있다는 것을 망각한다면, 당신은 경솔하게도 각 경험을 개별적으로 붙잡고 있는 것이 동시에 모든 경험을 집단적으로 붙잡고 있다고 말하고, 또 경험이 그 자체로, 또 그 전체 속에서 갖췄을 수 있는 진실성은 경험 자체의 존재 밖에 있는 절대적인 현실들과 일치한 덕분이라고 말할 수 있다. 이것은 분명히 대중적이고 전통적인 입장이다. 유한한 경험들이 서로로부터 지지를 끌어내야 한다는 사실을 근거로, 철학자들은 경험은 어쨌든 조금은 절대적 지지를 필요로 한다는 생각을 품는다. 휴머니즘이 불러일으키는 반감의 대부분을 보면 그 뿌리에 휴머니즘이 그런 인식을 부정한다는 사실이 자리 잡고 있다.

그러나 이것은 또 다시 지구와 코끼리와 거북이(그림 참고)가 아닌가? 무엇인가가 스스로를 떠받치는 것으로 끝나면 안 되는가? 휴머니즘은 기꺼이 유한한 경험이 스스로를 떠받치도록 할 생각이다. 어딘가에서 존재는 비(非)실재를 직접 극복해야 한다. 내재적인 만족과 불만을 안은 채 앞으로 나아가고 있는 경험의 전면(前面)이 시커멓고 공허한 공간을 가로지르면 안 되는 이유가 무엇인가? 밝은 둥근 달이 하늘의 심연을 가로지르듯이. 세상이 완전히 마무리되어 어딘가에 고정되어 있어야 하는 이유가 무엇인가? 그리고 만약에 현실이 진정으로 성장한다면, 지금 여기서 내려지고 있는 이 결정들 속에서 현실이 성장하지 않을 이유가 무엇인가?

사실 현실은 우리의 정신의 결정들에 의해 성장하는 것처럼 보인다. 이 정신의 결정들이 절대로 그렇게 '진실'하지 않을지라도 말이다. 하늘의 별자리 '큰곰자리', 즉 '북두칠성'을 예로 들어보자. 우

힌두교 신화를 소재로 한 작자 미상의 그림(1877)으로, 윌리엄 제임스가 '어떤 명제도 의심을 받을 수 있다'는 의미로 이 그림에 대해 언급한 것으로 전해진다.

리는 그것을 그런 이름으로 부르고, 우리는 별들의 숫자를 헤아리려 그것을 칠성이라고 부른다. 우리는 그 별들이 우리가 헤아리기 전에도 7개였다고 말한다. 또 우리는 누군가가 그 같은 사실을 알았든 몰랐든 상관없이 꼬리가 긴(혹은 목이 긴?) 어떤 동물을 흐릿하게 닮은 점은 언제나 거기에 그렇게 있었다고 말한다. 그러나 이런 식으로 최근의 인간의 사고방식을 과거의 영원 속으로 투사하는 행위로 우리는 무엇을 의미하는가? 어떤 '절대적인' 사상가가 실제로 그런 계산을 하고, 자신의 습관적인 숫자 계산법에 따라 별들을 할당하고, 곰이 어리숙하다는 이유로 곰의 모양을 만들었는가? 인간 목격자가 오기 전에도 그 별들은 명백히 일곱 개이고 분명히 곰을 닮았던가?

틀림없이, 그 특성들의 진실성 속의 그 어떤 것도 우리가 그런 식으로 생각하도록 강요하지 않는다. 그 특성들은 단지 은연중에, 혹은 가상적으로 우리가 그것들이 갖고 있다고 생각하는 것들일 뿐이며, 우리 인간 목격자들이 처음으로 그것들을 해석하고 '진정한 것'으로 만들었다. 어떤 사실은 그것의 실현에 필요한 조건이 한 가지만 빼고 모두 이미 거기에 있을 때 사실상 선재한다. 이 예에서 결여된 한 가지 조건은 바로 헤아리고 비교하는 정신의 행위이다. 그러나 별들은 (인간의 정신이 그것들을 고려하기만 하면) 스스로 그런 결과를 엮어낸다. 헤아리는 행위 자체는 별들이 이전부터 갖고 있던 본질에 전혀 변화를 주지 않으며, 그 별들이 원래의 모습 그대로 있던 곳에 그대로 있기 때문에, 계산은 달라질 수 없다. 그렇다면 그 헤아림은 언제나 가능했을 것이다. 만약에 숫자 일곱에 관한 문제가 제기되기만 한다면, 그 후로 그 숫자에 대한 이의는 절대로 제기될 수 없었을 것이다.

여기서 우리는 역설 비슷한 것을 보고 있다. 틀림없이, 그 헤아림에 의해서 그 전에 거기에 없던 무엇인가가 온다. 그럼에도 그 무엇인가는 언제나 진실했다. 어떤 의미에서 보면 당신이 그것을 창조하고, 또 다른 의미에서 보면 당신이 그것을 발견한다. 당신은 그 문제를 다루는 순간에 당신의 헤아림을 그 전부터 이미 진실한 것으로 여겨야 한다.

그렇다면 우리의 별의 특성들은 언제나 진실하다고 불려야 한다. 그럼에도 불구하고 그 특성들은 우리의 지성에 의해서 사실의 세계에 보태진 순수한 추가물일 뿐이다. 의식의 추가일 뿐만 아니라 '내용'의 추가이기도 하다. 그것들은 이전에 존재하던 것을 전혀 아무것도 복사하지 않지만, 그럼에도 그것들은 이전에 존재했던 것과 일치하고, 그것과 어울리고, 그것을 확장시키고, 그것을 '마차'[35]나 어떤 숫자 계산 등과 연결시키고, 그것을 증축한다. 나에게는 휴머니즘이 이 문제를 훌륭한 방향으로 확장하고 있는 유일한 이론처럼 보이며, 이 예는 무수히 많은 다른 종류들의 예를 대표한다. 그런 모든 예에서, 조금 이상하게 들릴지 모르지만, 우리의 판단은 실제로 보면 거꾸로 작용하며 과거를 향상시킨다고 할 수 있다.

우리의 판단들은 어쨌든 그 판단들이 낳는 행동들을 통해서 미래의 현실의 성격을 변화시킨다. 이 행동들이 신뢰를, 예를 들어 인간은 정직하다거나 우리의 건강은 충분히 양호하다거나 우리가 노력을 성공적으로 펼칠 수 있다는 신뢰를 표현하는 그런 행동들인 곳에서, 그 행동들은 믿어지고 있는 것들이 진실한 것이 되기 위해 필요한 것일 수 있는데, 테일러 교수는 우리의 신뢰가 행동에 앞서 형성될 때, 그 신뢰는 어쨌든 진실하지 않다고 말한다. 나는 테일러 교수가 우주의 일반적인 우월에 대한 신앙(이것은 우주 속에서 독실한 사람의 역할을 어쨌든 더 탁월한 것으로 만든다) 같은 것이면 무엇이든 '영혼의 거짓말'로 여겨 폐기하는 것으로 기억하고 있다. 그러나 이 표현의 비애감이 우리가 사실들의 복잡성을 보지 않도록 막아서는 안 된다. 나는 테일러 교수 본인이 이런 부류의 신뢰하는

---

35   세계의 일부 지역에서 북두칠성은 마차라는 이름으로도 불린다.

사람들을 실제로 거짓말쟁이로 다루는 쪽을 선호하는 것은 아닌지 의심한다. 미래와 현재는 그런 긴급 사태들 속에서 진정으로 결합하며, 사람은 가설적인 형식들을 이용함으로써 그 사태들 속의 거짓말들을 언제나 피할 수 있다.

그러나 테일러 교수의 태도가 너무도 터무니없는 실천의 가능성들을 암시하고 있기 때문에, 나에게는 그의 태도가 단지 하나의 영속적인 고정물을 기록하는 진리의 개념이 얼마나 쓸모없는지를 멋지게 보여주는 예처럼 보인다. 이론적인 진리, 말하자면 복사하는 행위가 무엇인가에 유익해서 하는 것이 아니라 그런 행위가 절대적으로 요구되기 때문에 수동적으로 복사하는 그런 진리는 냉철한 시각으로 보면 거의 터무니없는 이상(理想)처럼 보인다.

그 자체로 존재하고 있는 우주가 복사본으로도 존재해야 하는 이유가 무엇인가? 또 우주가 어떻게 철저히 객관적으로 복사될 수 있는가? 설령 우주가 복사될 수 있다 하더라도, 그렇게 해야 하는 목적은 무엇인가? "심지어 당신 머리의 머리카락도 헤아려질 수 있다."[36] 틀림없이 당신의 머리카락은 실제로 헤아릴 수 있지만, 그 숫자가 정언명제[37] 같은 것으로서 복사되어 알려져야 하는 이유가 무엇인가? 틀림없이 인식은 현실과 상호작용하고 현실에 그 결과를 보태는 한 방법일 뿐이다.

36　'마태복음' 10장 30절의 내용으로, 신은 모든 것을 다 알고 있다는 뜻으로 썼다.

37　논리학에서 술어가 다른 제한 없이 주어의 전체나 부분을 긍정하거나 부정하는 명제를 말한다.

여기서 반대자는 이렇게 물을 수 있다. "진리를 아는 것은 그것이 초래할 부수적인 이점과 별도로 그 자체로 실질적인 어떤 가치를 지니지 않는가? 그리고 만약에 당신이 이론적인 만족들이 존재한다는 점을 인정한다면, 그 만족들이 부수적인 만족들을 밖으로 몰아내 버릴 것이고, 그러면 이 모든 것을 인정하는 경우에 실용주의가 틀림없이 파산하고 말지 않겠는가?" 이런 질문 앞에서 우리가 단어들을 추상적으로 사용하지 않고 구체적으로 사용하면서 훌륭한 실용주의자의 입장에서 그 유명한 이론적 필요는 무엇으로 알려지고, 지적 만족은 어떤 것에 있는지에 대해 묻기만 하면, 그 질문의 파괴적인 힘은 금방 사라지고 만다.

만족들은 단순히 일치의 문제가 아니지 않는가? 말하자면, 어떤 절대적인 현실과 정신이 그 현실을 베낀 복사물 사이의 일치의 문제가 아니라, 정신 자체의 경험 가능한 세계 안에서 판단들과 대상들, 반응하는 습관들 사이에서 실질적으로 느껴지는 그런 일치의 문제가 아닌가? 그리고 그런 일치에 대한 우리의 욕구와 그 일치에서 느끼는 우리의 쾌락은 둘 다 우리가 정신적 습관들을 발달시키는 존재들이라는 자연적인 사실의 결과로 이해될 수 있지 않은가? 여기서 말하는 정신적 습관은 똑같은 대상들 또는 똑같은 종류의 대상들이 되풀이되며 '법칙'을 따르고 있는 환경 속에서 그 자체로 적응에 유익한 것으로 증명된다. 만약에 그렇다면, 먼저 왔을 것은 그런 것으로서 습관의 부수적인 이득들이었을 것이고, 이론적인 삶은 이 이득들의 도움 속에서 성장했을 것이다.

실제로도 그랬을 것 같다. 생명이 기원하던 시점에, 그때 어떤 인식이 있었다면 그것은 '진실했을' 것이다. 당시에도 그런 단어를 적용하는 것이 가능하다면 말이다. 후에, 반응들이 분류 정리되게 되었을 때, 반응들은 그것으로 인해 기대가 충족될 때마다 '진실한' 것이 되었다. 그렇지 않은 반응들은 '그릇되거나 잘못된' 반응이었다. 그러나 똑같은 종류의 대상들은 똑같은 종류의 반응을 필요로 하고, 그리하여 일관되게 반응하려는 충동이 점진적으로 확립되었으며, 결과가 기대를 저버릴 때마다 실망이 느껴지게 되었다. 바로 여기에, 우리가 보다 높은 차원의 일치를 이룰 멋진 씨앗이 있다. 오늘날, 만약에 어떤 대상이 우리에게 그때까지 정반대 종류의 대상들에게만 습관적으로 보였던 그런 반응을 요구한다면, 우리의 정신 장치는 부드럽게 작동하기를 거부한다. 그런 상황은 지적으로 불만스럽다.

따라서 이론적인 진리는 정신의 과정들과 대상들의 일부가 다른 과정들과 대상들과 일치하는 것이기 때문에 정신 안에 속한다. 여기서 '일치'는 제대로 정의할 수 있는 관계들에 존재한다. 그런 일치를 느끼는 데 따르는 감정을 충족시키는 것이 우리에게 거부되는 한, 만약 우리가 언제나 지적으로 고도로 조직화되어 있다면, 물론 우리 대부분이 그렇지 않지만, 우리가 믿는 것으로 인해 생기는 것 같은 부수적인 이득도 저울의 티끌에 불과하다. 대부분의 남자들과 여자들을 충족시키는 일치의 크기는 단지 그들의 일상적인 사고들과 진술들과, 그들의 삶이 영위되는 감각 인식들의 제한적인 영역 사이에 격한 충돌이 일어나지 않는 정도이다. 따라서 우리 대부분이 '달성해야 한다'고 생각하는 이론적 진리는 주어들과 명백히 모순되지 않는 일단의 술어들을 소유하는 것을 말한다. 우리는 이론적인 진리를 자주 다른 술어들과 주어들을 배제함으로써 지킨다.

다른 사람들에게 음악이 열정이듯이, 일부 사람들에게는 이론이 열정이다. 내적 일관성의 형식은 부수적인 이득이 멈추는 지점보다 훨씬 더 멀리까지 추구된다. 이론이 열정인 사람들은 체계화하고, 분류하고, 도식화하고, 표로 요약하고, 통합에 대한 순수한 사랑을 위해서 이상적인 대상들을 창조한다. 그 결과는 그 이상을 발명한 사람들에게는 '진리'로 휘황찬란하게 빛을 발하는 것처럼 보이겠지만 국외자들에게는 너무나 자주 측은할 만큼 개인적이고 인위적인 것으로 보인다. 그 같은 상황은 순수하게 이론적인 진리의 기준은 다른 기준만큼이나 쉽게 우리를 저버린다는 사실을, 또 절대론자들은 그들의 온갖 주장에도 불구하고 자신들이 공격하는 사람들과 구체적으로 '같은 배'를 타고 있다는 사실을 웅변적으로 말해주는 것 같다.

이 논문이 지금까지 극히 산만하게 쓰였다는 것을 나는 잘 알고 있다. 그러나 전체 주제가 귀납적이고, 예리해야 할 논리는 질서가 잡혀 있지 않다. 큰 걸림돌은 나의 반대자들이 명쾌하게 제시한 대안이 전혀 존재하지 않는다는 점이다. 내가 논문을 마무리하면서 나 자신이 휴머니즘의 핵심으로 생각하고 있는 것을 다시 요약한다면, 나의 뜻을 명쾌하게 밝히는 데 조금이라도 더 도움이 될 것이다. 휴머니즘의 핵심들은 다음과 같다.

1. 지각적이거나 개념적인 경험은 진실한 것이 되기 위해서 현실과 부합해야 한다.

2. '현실'이라는 단어로, 휴머니즘은 현재의 주어진 어떤 경험이 사실의 측면에서 서로 결합할 수 있는 다른 개념적 또는 지각적 경험 그 이상의 것을 의미하지 않는다.

3. '일치하다'라는 단어로, 휴머니즘은 지적으로, 또 실용적으로 만족스런 결과를 얻는 쪽으로 고려하는 것을 의미한다.

4. '고려하다'와 '만족스럽다'는 표현은 어떤 정의(定義)도 허용하지 않는 조건들이며, 이 요건들이 실용적으로 해결될 수 있는 길은 아주 많다.

5. 막연히, 그리고 일반적으로, 우리는 어떤 현실을 가능한 한 변경되지 않은 형태로 간직하려고 신경을 쓴다. 그러나 그때 만족스러운 것이 되기 위해서, 그 현실은 그것 외에도 마찬가지로 간직되길 원하는 다른 현실들과 모순되지 않아야 한다. 미리 할 수 있는 말은 간직할 수 있는 모든 경험을 간직하고, 그렇게 간직하는 경험들에서 모순을 최소화해야 한다는 것이 전부이다.

6. 현실과 일치하고 있는 경험이 구현하는 진리는 그 전의 현실에 긍정적인 추가가 될 수 있으며, 그 뒤의 판단들은 그 진리와 일치해야 할 것이다. 그럼에도 적어도 실질적으로는 그 진리는 이전에도 진실이었을 수 있다. 실용적으로, 실질적 진리와 실제적 진리는 동일한 것을 의미한다. 문제가 제기되면, 거기엔 오직 하나의 대답밖에 가능하지 않다는 뜻이다.

4장

인식 주체와
인식 대상의 관계[38]

---

38   1904년 9월 29일자 '저널 오브 필로소피'에 실린 '순수한 경험의 어떤 세계'(A World of Pure Experience)라는 제목의 논문에서 발췌한 내용이다.

철학의 역사 내내, 주체와 그 대상은 절대적으로 단절된 실체들로 다뤄져 왔다. 그 결과, 대상이 주체 앞에 있는 것, 즉 주체가 대상을 이해하는 것이 어떤 역설적인 성격을 띠게 되었으며, 이 성격을 극복하기 위해 온갖 종류의 이론들이 만들어져야 했다.

표상적인 이론들은 그 간극에 일종의 매개 수단으로서 정신의 '표상'이나 '이미지'나 '내용'을 집어넣는다. 상식적인 이론들은 우리의 정신이 자기 초월적인 비약을 통해서 그 간극을 해결할 수 있다고 선언하면서, 그것을 건드리지 않은 채 그냥 내버려 두었다. 초월적인 이론들은 유한한 인식 주체가 그 간극에 대해 깊이 고찰하는 것은 불가능하다고 판단하면서 비약적인 행위를 수행할 절대적인 존재를 끌어들였다.

그러는 사이에, 바로 그 유한한 경험 안에서 인식자와 인식 대상의 관계를 이해하는 데 필요한 모든 결합이 완전히 확인되었다. (1) 인식 주체와 인식 대상은 다른 맥락에서 두 번 겪는 경험의 똑같은 조각일 수 있다. 혹은 (2)인식 주체와 인식 대상은 동일한 주체에 속하는 실제적인 경험의 두 개의 조각일 수 있으며, 인식 주체와 인식 대상 사이에 결합적인 과도적 경험이 연속적으로 이어지는 명확한 경로들이 있다. 혹은 (3)인식 대상은 그 주체 또는 다른 주체의 가능한 어떤 경험이며, 앞에서 말한 결합적인 과도적 경험이 충분히 연장되기만 하면 그 경험까지 닿을 수 있다.

하나의 경험이 또 다른 경험의 인식 주체로 기능할 수 있는 모든 방법들에 대해 논하는 것은 이 에세이의 범위 밖이다. 나는 1904년 9월 1일자 '저널 오브 필로소피'(Journal of Philosophy)에 발표한 '의식은 존재하는가?'라는 제목의 논문에서 (1)번 유형, 즉 지각이라 불리는 종류의 인식에 대해 논했다. 이것은 정신이 현재의 어떤 대상과의 직접적인 '앎'을 즐기는 유형이다. 다른 유형들의 경우에, 정신은 그 자리에 있지 않은 어떤 대상에 '관한 지식'을 갖고 있다. (3)번 유형은 언제나 공식적으로나 가설적으로 (2)번 유형으로 환원될 수 있다. 따라서 (3)번 유형에 관한 짤막한 설명은 현재의 독자가 나의 관점에서 보도록 할 수 있으며, 그러면 독자는 모호하기만 한 인식적 관계의 실질적 의미가 무엇인지를 보게 될 것이다.

내가 '메모리얼 홀'에서 걸어서 10분 거리에 위치한 케임브리지의 나의 서재에 이렇게 앉아서 메모리얼 홀에 대해 생각하고 있다고 가정하자. 나의 마음은 앞에 오직 그 이름만 두고 있거나, 홀의 선명한 이미지를 갖고 있거나, 매우 흐린 이미지를 갖고 있을 수 있지만, 그 이미지의 그런 본질적인 차이는 정신의 인식 기능에 전혀 아무런 차이를 부르지 않는다. 그 이미지가 어떤 것이든 거기에 인식하는 능력을 부여하는 것은 어떤 비본질적인 현상들, 즉 결합의 특별한 경험들이다.

예를 들어 보자. 만약에 당신이 나에게 나의 이미지로 어떤 홀을 의미하느냐고 묻는데 내가 당신에게 아무 말도 하지 못한다면, 또는 내가 당신을 하버드 델타³⁹ 쪽으로 향하도록 하거나 이끌지 못한다면, 또는 내가 당신의 안내를 받으면서 나 자신이 보고 있는 홀이 내가 마음속에 담고 있는 그것인지 여부를 확실히 모른다면, 당신은 내가 바로 그 홀을 '의미했다'는 점을 당연히 부정할 것이다. 설령 나의 정신에 떠오르는 이미지가 그 홀을 다소 닮았다 할지라도 말이다. 그런 경우에 닮은 것은 단순히 우연으로 여겨질 것이다. 왜냐하면 이 세상에서 어떤 종(種)에 속하는 모든 종류의 사물들은 바로 그런 이유로, 서로를 아는 것으로 여겨지지 않으면서도 서로를 닮기 때문이다.

한편, 만약에 내가 당신을 그 홀로 이끌면서 당신에게 그 홀의 역

---

39 메모리얼 홀이 선 자리가 케임브리지 가와 커크랜드 가, 퀸시 가가 만나는 곳인데, 그곳 지형이 삼각형이라서 이런 이름으로도 불렸다.

사와 현재의 쓰임새에 대해 말해줄 수 있다면, 또 그 홀 앞에서 내가 나의 생각이 아무리 불완전했을지라도 어쨌든 거기까지 나를 이끌었고 지금 종결되었다는 느낌이 든다면, 또 그 이미지가 연상시키는 것들과 실제로 본 홀이 연상시키는 것들이 나란히 달리고, 그래서 전자의 맥락의 각 조건이, 내가 걸음을 옮길 때마다, 후자의 맥락의 상응하는 조건과 연속적으로 일치한다면, 나의 영혼은 예언력을 가졌으며, 나의 생각은 현실을 알고 있는 것으로 여겨져야 한다. 그 지각 표상이 내가 의미했던 바로 그것이었다. 나의 생각이 동일성의 결합적인 경험들에 의해 그 지각 표상 속으로 들어가면서 의도를 성취했으니 말이다. 그 어디에도 항아리는 없으며, 뒤의 모든 순간은 바로 앞의 순간을 이으며 확증하고 있다.

초월적인 의미가 전혀 없고 명확하게 느껴진 과도적 변화들을 나타내고 있는 이 지속과 확증 속에, 어떤 생각이 어떤 지각 표상을 인식하는 것이 포함하거나 의미할 수 있는 모든 것이 들어 있다. 그런 과도적 변화들이 느껴지는 곳마다, 최초의 경험은 마지막의 경험을 알고 있다. 그런 과도적 변화들이 사이에 끼어들지 않거나 그런 변화들이 가능한 일로서 끼어들 수 없는 곳에서는, 인식의 흉내조차 있을 수 없다. 후자의 경우에 거기에 어떤 연결이라도 있다면, 극단적인 것들이 열등한 관계, 그러니까 겉으로 닮은 점이나 승계나 거리적 가까움 등에 의해 연결되고 있을 것이다.

그리하여 지각 가능한 현실들에 대한 지식이 경험의 구조 안에 생겨나게 된다. 이 지식은 만들어지며, 그것은 시간 속에서 스스로를 풀어놓는 관계들에 의해 만들어진다. 어떤 중간 매개들이 주어질 때마다, 그것들이 말단을 향해 발달하기 때문에, 그 매개들이 향하는 방향으로 점점이 경험이 일어나고, 최종적으로 하나의 과정이 성취된다. 그 결과, 그 매개들의 출발점은 그 일로 인해 인식 주체가 되고 그것들의 말단은 의미했거나 알려지는 대상이 된다. (여기서 고려한 간단한 예에서) 경험에 근거한 용어들로 바꾼다면, 그것이 인식으로 알려질 수 있는 전부이고, 인식의 본질의 전부이다.

우리 경험들의 순서가 그런 식일 때마다, 우리는 처음부터 최종적인 대상을 '마음'에 품었다고 자신 있게 말할 수 있다. 비록 처음에는 우리의 마음에 다른 모든 것과 마찬가지로 실질적인 경험의 사소한 조각 하나밖에 없었을지라도 말이다. 그 실질적인 경험에는 자기초월적인 것도 전혀 없고, 또 생겨나서 그 실질적인 경험의 다른 조각들로 연결되는 신비 외에 그 어떤 신비도 없다. 그 경험의 처음과 끝 사이에는 결합적인 과도적 경험들이 있다. 그것이 우리가 여기서 그 대상이 '정신 안'에 있다고 말할 때 뜻하는 바이다. 대상이 정신 안에 있는, 보다 깊고 진정한 길에 대해서 우리는 실증적으로 생각조차 하지 못하며, 그런 길에 대해 논함으로써 우리의 실질적 경험을 불신할 권리가 우리에겐 절대로 없다.

나는 많은 독자들이 이 점에 반발할 것으로 알고 있다. 그런 독자들은 아마 이렇게 말할 것이다. "단순한 중간 매개들은, 비록 그것들이 지속적으로 커지고 있는 성취의 감정들일지라도, 단지 인식 주체를 인식 대상과 분리시키고 있는 반면에, 우리가 인식에서 갖는 것은 인식 주체와 인식 대상의 직접적 접촉, 즉 일종의 "이해"이며, 두 개의 조건이 번개 맞듯 일격을 당하며 구별을 버리고 하나로 결합하게 하는 행위로서 그 간극을 뛰어넘는 비약이다. 당신이 말하는, 죽은 이 중간 매개들은 모두 서로의 밖에 있으며 여전히 그것들의 말단의 밖에 있다."

그러나 그런 논리적 문제들은 물에 비치는 뼈다귀를 물려고 지금 입에 물고 있는 뼈다귀를 떨어뜨리는 개를 상기시키지 않는가? 만약 우리가 다른 곳에서 더 진정한 종류의 결합을 알고 있다면, 우리는 우리의 모든 경험적 결합을 가짜로 낙인찍을 것이다. 그러나 지속적인 과도적 변화에 의한 결합이 우리가 알고 있는 유일한 결합이다. 어떤 앎으로 끝나는 이 '…에 관한 지식'의 문제에서든, 개인의 정체성에서든, 연결사 'is'를 통한 논리적 예측에서든, 아니면 다른 곳에서든, 그런 결합이 있어야 한다는 것엔 어떤 예외도 있을 수가 없다. 만약 어딘가에 이보다 더 절대적인 결합들이 있다면, 그 결합들도 오직 그런 결합적인 결과들에 의해서만 우리 앞에 모습을 드러낼 것이다. 이 결합적인 결과들이 그런 결합들이 지니는 가치이며, 그 결과들은 우리가 결합이나 연속성이라는 표현을 통해 실질적으로 의미할 수 있는 것 전부이다.

지금이야말로 루돌프 헤르만 로치가 본질에 대해 한 말, 즉 하나처럼 행동하는 것이 하나가 되는 것이라는 말을 떠올릴 때가 아닐까? 여기서 경험과 현실이 동일한 것이 되는 세계에서 지속적인 것으로 경험되는 것은 정말로 지속적이라고 말하면 안 되는가? 미술

관에 가면, 그림 속의 고리는 역시 그림 속의 사슬을 걸고 있고, 그림 속의 밧줄은 마찬가지로 그림 속의 배를 묶고 있을 것이다. 조건들과 그 조건들의 구별이 똑같이 경험의 문제인 어떤 세계에서, 경험되고 있는 결합들은 적어도 다른 것들만큼은 진실한 것임에 틀림없다. 만약에 우리가 경험된 세계 전체의 현실성을 단번에 박탈해 버릴 어떤 초(超)현상적인 절대자를 전혀 준비해 두지 않고 있다면, 그 결합들은 '절대적으로' 진정한 결합들일 것이다.

개념적인 지식을 낳거나 어떤 대상에 '관한' 지식을 형성하는 인식적 관계의 기본 요소들에 대한 설명은 이 정도 선에서 끝내도록 하자. 인식적 관계는 지속적으로 일어나는 전진의, 그리고 최종적으로 대상인 지각 표상에 닿게 될 때 일어나는 성취의 (실제적이지 않다면 가능한) 중개적인 경험들에 존재한다. 여기서 지각 표상은 그 생각을 검증하고 그 생각이 그 지각 표상을 인식하는 기능이 진실하다는 점을 증명할 뿐만 아니라, 중간 매개들의 사슬의 말단으로서 지각 표상의 존재는 그 기능을 창조하기도 한다. 그 사슬을 종결시키는 것이면 무엇이든, 지금 그것이 스스로를 그런 것으로 증명하고 있기 때문에, 그 생각이 '마음에 품었던' 것이다.

이런 종류의 인식이 인간의 삶에 지니는 엄청난 중요성은 다른 경험을 아는 어떤 경험이 거의 기적이나 다름없는 '인식론적' 의미에서가 아니라 그 경험이 다양한 작용들에서 다른 경험의 대체물이 된다는 명백한 실용적인 의미에서 다른 경험의 대표자가 될 수 있다는 사실에 있다. 우리를 그 다른 경험의 연상들과 결과들로 안내하는 다양한 작용들은 가끔은 육체적이고 가끔은 정신적이다. 현실에 대한 우리의 생각들을 놓고 실험함으로써, 우리는 그 생각들이 개별적으로 의미하는 진짜 경험들을 놓고 실험하는 수고를 덜 수 있다. 생각들은 현실들이 구성하는 체계들에 일일이 하나씩 세세하게 일치하면서 관련 체계들을 형성한다. 이상적인 어떤 조건이 그것과 연결되는 것들을 체계적으로 불러내도록 함으로써, 우리는 우리가 현실 세계에서 작용했을 경우에 그 이상적인 조건에 상응하는 현실 속의 조건이 우리를 이끌었을 그 말단으로 안내 받을 수 있다. 그리고 이것은 우리를 대체라는 일반적인 질문으로 이끈다.

어떤 경험들의 체계에서, 그 경험들 중 어느 하나가 다른 하나를 '대체한다'는 것은 정확히 무슨 의미인가?

나의 견해에 따르면, 경험은 하나의 전체로서 시간 속의 한 과정이며, 그것으로 인해 무수히 많은 특별한 조건들이 시간이 경과함에 따라 쇠퇴하고 과도적 변화에 의해 그 뒤를 잇는 다른 특별한 조건들에 의해 대체된다. 이 과도적 변화들은 내용 면에서 분리적이든 결합적이든 불문하고 그 자체가 경험들이며, 그 변화들은 일반적으로 적어도 그것들과 연결되는 조건들만큼은 진실한 것으로 여겨져야 한다.

'대체'라 불리는 사건의 본질이 무엇을 의미하는가 하는 문제는 전적으로 거기서 과도적으로 일어난 변화의 종류에 달려 있다. 어떤 경험들은 이전의 경험들을 어떤 식으로든 지속시키지 않고 그냥 폐기해 버린다. 다른 경험들은 이전의 경험들의 의미를 증대시키거나 확장시키고, 그 경험들의 목적을 수행하거나 우리를 그 목적에 조금 더 가까이 데려가는 느낌을 준다. 그런 경험들은 이전의 경험들을 '대표하고', 이전의 경험들의 기능을 그 경험들이 직접 성취한 것보다 더 훌륭하게 성취할 것이다. 그러나 순수한 경험의 어떤 세계에서 '어떤 기능을 성취하는 것'은 오직 한 가지 가능한 길로만 상상되고 정의될 수 있다. 그런 세계에서 일어날 수 있는 유일한 사건들은 과도적 변화들과 도달들(혹은 결말들)이다. 비록 그 변화들과 도달들이 아주 많은 종류의 경로로 일어날지라도 말이다.

하나의 경험이 수행할 수 있는 유일한 기능은 또 하나의 경험으로 발전하는 것이며, 우리가 논할 수 있는 유일한 성취는 실제로 경험한 어떤 결말에 도달하는 것이다. 어느 한 경험이 또 다른 경험과 똑같은 결말에 이를 때(혹은 이를 수 있을 때), 두 가지 경험은 기능에서 일치한다. 그러나 경험들의 전체 체계는 그 경험들이 즉시적으로 주어지기 때문에 준(準)카오스 상태로 모습을 드러내며, 이 카오스의 상태를 거치는 동안에 사람은 원래의 조건으로부터 많은 방향으로 빠져나옴에도 불구하고 대단히 많은 가능한 경로들에 의해서 다음에서 다음으로 이동하면서 똑같은 결말에서 종지부를 찍을 수 있다.

이 경로들 중 어느 하나는 다른 한 경로의 기능적 대체물일 수 있으며, 그 중 어느 한 경로를 따르는 것이 다른 경로를 따르는 것보다 유리한 경우도 간혹 있다. 사실, 그리고 일반적으로, 개념적인 경험들, 즉 자신이 종말을 맞게 될 사물들을 '알고 있는' '사고들'이나 '생각들'을 관통하는 경로들이 따를 경우에 이점이 가장 많은 경로들이다. 그 경로들은 믿기지 않을 만큼 신속한 변화들을 낳을 뿐만 아니라, 그것들이 종종 갖는 '보편적인' 성격 덕분에, 그리고 큰 체계들 속에서 서로 연합하는 능력 덕분에, 그 경로들은 사물들 자체의 느린 연속들을 능가하며, 느낄 수 있는 지각의 기차들을 따르는 것보다 훨씬 더 수월하게 우리를 최종적인 말단 쪽으로 밀어붙인다. 사고(思考)의 경로들이 닦는 새로운 지름길은 정말로 멋지다. 대부분의 사고의 경로들이 실질적인 것의 대체물은 절대로 아니라는 말은 맞는 말이다. 사고의 경로들이 모두 현실 세계 밖에서 변덕스런 공상이나 유토피아, 허구나 실수로 끝나기 때문이다. 그러나 그 사고의 경로들이 다시 현실로 들어가서 종말을 맞는 곳에서, 우리는 언제나 그것들을 대체하며, 그 대체물을 갖고 아주 많은 시간을 보낸다.[40]

40 윌리엄 제임스는 이런 각주를 남기고 있다. '이것이 내가 우리의 경험을 전체적으로 준카오스 상태라고 부르는 이유이다. 경험의 총합에 우리가 일반적으로 생각하는 것보다 엄청나게 더 많은 불연속이 존재한다. 모든 사람의 경험의 객관적인 핵(核)인 그 사람 자신의 육체는 하나의 지속적인 지각 표상인 것이 사실이다. 그 육체의 물질적 환경도 육체가 움직일 때 점진적으로 변화하면서 하나의 지각 표상(비록 우리가 이것에 대해 주의를 기울이지 않을지라도)으로 똑같이 지속적이다. 그러나 물리적 세계의 멀리 떨어진 부분들은 언제나 우리로부터 벗어나 있으면서 단순히 개념적인 대상들을 형성한다. 우리의 삶은 비교적 드문 구체적인 지점들에서 그 개념적인 대상들의 지각적 현실 속으로 끼어든다. 수많은 사상가들은 진정한 물리적 세계에서 부분적으로 공유되고 부분적으로 분리된 각자의 객관적인 핵을 중심으로, 물리적으로 진실한 고찰의 몇 가지 노선을 추구하면서 연속되지 않는 지각의 지점들에서만 서로 교차하는 경로들을 추적하며, 나머지의 시간은 꽤 일치하지 않는다. 그리고 공유되는 '현실'의 모든 핵들 주위에, 전적으로 주관적인 경험들이라는 거대한 구름이 떠다니고 있다. 그 경험들은 또 대체 불가능하며, 지각의 세계에서 최종적 결말을 자력으로 발견하지도 못한다. 그 경험들은 단순히 개별적인 정신들의 백일몽이고 기쁨이고 고통이고 소망이다.

경험하고 있는 동안에도 그 경험이 대체용이라고 느끼는 사람은 누구나 경험 자체 그 너머까지 닿는 그런 경험을 하고 있는 것으로 여겨질 수 있다. 그런 경험은 경험 그 자체의 실체의 안에서부터 '더 많은 것'을 말하며, 다른 곳에 존재하는 현실을 가정하고 있다. 초월주의자, 말하자면 인식이 '인식론적 간극'을 뛰어넘는 그 결정적 비약에 존재한다고 생각하는 사람에게, 그런 생각은 전혀 아무런 어려움을 제기하지 않지만, 얼핏 보기에 우리 자신의 것과 같은 경험주의와는 모순되는 것처럼 보일 수 있다. 개념적인 지식은 전적으로 인식 경험 자체의 밖에 속하는 사물들의 존재에 의해서, 말하자면 중개적인 경험들과 실현되는 어떤 말단에 의해서 만들어진다고 우리가 이미 설명하지 않았는가? 인식이 인식의 존재를 구성하는 이 요소들이 오기도 전에 거기에 존재할 수 있는가? 그리고 만약에 인식이 거기에 없다면, 객관적인 관련성은 어떻게 일어날 수 있는가?

이 문제를 해결하는 열쇠는 검증되고 완성된 것으로서의 인식과 과도적이고 앞으로 나아가고 있는 것으로서의 똑같은 인식을 구분하는 데 있다. 앞에서 이야기했던 메모리얼 홀의 예로 돌아간다면, 우리의 생각이 처음부터 그 홀을 진정으로 알고 있었다는 것을 '확실히' 아는 것은 오직 홀에 대한 우리의 생각이 실제로 그 지각 표상에서 끝날 때뿐이다. 그 과정의 종료로 인해 최종적으로 확정될 때

이것들은 정말로 서로 함께, 그리고 객관적인 핵들과 함께 존재하고 있지만, 그것들로부터 서로 관련 있는 어떤 체계가 나올 가능성은 영원히 없다.'

까지, 우리의 생각이 그 메모리얼 홀 또는 다른 어떤 것을 알고 있는 상태의 특성에 대해 의문을 품을 수 있지만, 그럼에도 결과가 지금 보여주는 바와 같이 인식은 거기에 틀림없이 있었다. 지각 표상의 소급적인 검증 능력에 의해서 우리가 그 홀의 실제적인 인식자였다는 사실이 확인될 때까지, 우리는 오랫동안 그 홀의 가상적인 인식자였다. 그렇듯, 우리 인간은 미래에 닥칠 경우에 반드시 우리를 죽게 만들 그 사건, 즉 죽음의 가상성 때문에 언제나 '죽을 운명'을 타고난 존재들이다.

지금 우리의 전체 인식 중에서 아주 큰 부분은 이 가상의 단계를 절대로 넘어서지 않는다. 우리의 인식은 절대로 완성되거나 고정되지 않는다. 나는 에테르파(波)나 분리된 '이온들' 같은 감지될 수 없는 것들이나, 우리 이웃의 정신의 내용물 같은 '방출들'에 관한 우리의 생각들에 대해서만 말하고 있는 것이 아니다. 나는 또한 우리가 어려움을 감내하려 들면 검증할 수 있는 생각들, 말하자면 지각적으로 종료되지 않았음에도 불구하고 그 어떤 것도 우리에게 '노'라고 말하지 않고 또 그것을 반박하는 진리가 눈에 전혀 보이지 않는다는 이유로 진실하다고 주장하는 생각들에 대해서도 말하고 있다. 아무런 도전을 받지 않는 가운데 사고를 계속하는 것은 실용주의의 관점에서 보면 거의 틀림없이 완성된 의미에서의 인식을 대체하는 것이다.

각 경험이 인식적인 과도적 변화에 의해서 그 다음 경험으로 이어지고, 우리가 다른 곳에서 진리나 사실로 여기고 있는 것들과의 충돌을 어디서도 느끼지 않을 때, 우리는 마치 항구가 안전하다고 확신하듯이 그 흐름에 자신을 맡겨버린다. 말하자면, 우리는 앞으로 나아가고 있는 파도의 예리한 마루 위에 살고 있으며, 우리가 그 경로의 미래에 대해 아는 것은 앞으로 구를 때의 어떤 확실한 방향 감각이 전부이다. 그것은 어떤 미분 계수가 스스로를 어떤 곡선의 적절한 대체로 알고 있고 그런 식으로 다뤄야 하는 것과 비슷하다. 특히 우리의 경험은 속도와 방향에서 다 다르며, 경험은 그 여정의 종말에서보다 이 과도적 변화들 속에서 더 많이 산다. 추세를 보이는 경험들도 따르기에 충분한데, 비록 나중에 검증이 완성된다 하더라도, 우리가 그 순간들에 무엇을 더 할 수 있겠는가?

이것이 내가 한 사람의 근본적 경험주의자로서 우리의 경험들의 너무나 명백한 성격인 객관적인 관련성에 어떤 간극과 치명적 비약이 있다는 비난에 대해 해 주고 싶은 말이다. 긍정적인 방향으로 일어나는 결합적인 과도적 변화는 어떤 간극도, 어떤 비약도 포함하지 않는다. 우리가 연속성이라는 표현으로 뜻하는 것이 바로 그런 과도적 변화이며, 그런 변화가 나타나는 곳마다 하나의 연속체가 형성된다. 객관적 관련성은 우리의 경험들 중 너무나 많은 것이 불충분한 상태로 와서 과정과 과도적 변화를 거친다는 사실에 부수적으로 따르는 현상이다.

우리의 경험의 영역들은 우리의 시야들이 갖고 있는 경계보다 더 명확한 경계를 절대로 갖고 있지 않다. 우리의 경험 영역과 우리의 시야는 똑같이 지속적으로 발달하는 어떤 '더 넓은 것'을 가장자리에 영원히 두르고 있으며, 삶이 계속됨에 따라, '더 넓은 것'은 경험 영역과 시야를 끊임없이 대체한다. 일반적으로 말해서, 여기서 관계들은 조건들만큼 진정하며, 초월주의자의 불평 중에서 내가 조금이라도 공감할 수 있는 유일한 불평은 바로 이것이다. 말하자면, 먼저 내가 한 바와 같이 인식을 외적 관계들에 존재하는 것으로 만들고, 그 다음에 이 관계들이 십중팔구 거기에 실제로 있는 것이 아니라 가상적으로만 있다고 고백함으로써, 내가 그 일 전체로부터 단단한 토대를 완전히 제거해 버리고 진짜 인식 대신에 인식의 대체품을 속여서 팔았다는 불평 말이다. 그런 비판가는 이렇게 말할 수 있다. 우리의 생각들이 그것들을 종결시킬 경험들보다 앞서 이미 '진실하고' 자기 초월적이라는 점을 인정해야만, 이와 같은 세계, 즉 과도적 변화들과 말단들이 예외적으로만 일어나고 성취되는 세계에서 인식에 견고성을 되돌려줄 수 있다고 말이다.

나에게는 바로 이곳이 실용적인 방법을 적용하기에 아주 적절한 지점으로 보인다. 모든 경험적 중개나 말단보다 앞서 존재한다고 단언하는 이 자기초월은 어떤 것으로 알려질 것인가? 그 자기초월이 진실하다면, 그것은 실용적으로 우리에게 어떤 결과를 안겨줄 것인가?

자기초월은 오직 우리의 방향성만을, 우리의 예상들과 실용적인 경향들을 옳은 경로로 바꿔놓는 결과만을 낳을 것이다. 여기서 옳은 경로는, 우리와 대상들이 아직 마주하고 있지 않는(또는 방출들의 경우처럼 절대로 마주할 수 없는) 한, 우리를 그 대상의 가장 가까운 이웃으로 안내하는 경로일 것이다. 직접적인 앎이 결여되어 있는 곳에서, '…에 관한 지식'이 그 다음으로 좋으며, 대상의 주변에 실제로 있고 또 대상과 가장 밀접히 연결되어 있는 것과의 직접적 앎이 그런 지식을 가능하게 만든다. 예를 들면, 에테르파와 당신의 분노는 나의 사고들이 안으로 들어가서 지각적으로 종결될 수 있는 것들이 절대로 아니지만, 그런 것들에 대한 나의 개념들이 나를 그것들의 언저리까지, 그것들과 가장 가까운 효과들인, 그 흔적이 묻어나는 가장자리와 나쁜 말과 행위까지 이끈다.

설령 우리의 생각들이 그 자체에 초월주의자가 주장하는 그런 자기초월성을 갖고 있다 하더라도, 그 생각들이 우리로 하여금 그런 효과를 알게 만드는 것이 자기초월이 우리에게 지니는 유일한 실제 가치라는 점은 그대로 진실로 남을 것이다. 그리고 이 실제 가치가 바로 우리 경험주의자의 설명이 추구하고 있는 것이라는 점에 대해서는 다시 말할 필요조차 없다. 그러므로 실용주의 원리들을 근거로 할 때, 자기초월을 둘러싼 논쟁은 그야말로 쓸데없는 언쟁에 불과하다. 방출적인 사물들이라는 우리의 개념을 자기초월적이라고 부를 것인가 아니면 거꾸로 볼 것인가 하는 문제는 우리가 그 고상한 미덕의 열매들의 본질에 대해 이견을 보이지 않는 이상, 전혀 문제가 되지 않는다. 우리에게 그 열매들은 당연히 인본주의적인 결실들이다.

초월주의자는 오직 자신의 생각들이 실제로 결실들을 맺는 것을 발견하기 때문에 그 생각들이 자기초월적이라고 믿는다. 그런 초월주의자가 그 효과에 이름을 붙여줘야 한다고 주장하는, 인식에 관한 어떤 설명과 다퉈야 하는 이유가 무엇인가? 다음에서 다음으로 이어지는 생각의 작용들을 그 생각의 자기초월성의 핵심으로 다루지 않는 이유가 무엇인가? 인식이 실제로 우리의 능동적인 삶의 한 가지 기능처럼 보이는 때에, 인식을 놓고 시간을 초월하는 정적인 관계라고 주장하는 이유가 무엇인가? 어떤 사물이 타당한 것은 그것이 스스로를 타당하게 만드는 것과 동일하다고 로치는 말한다. 전체 우주가 오직 스스로를 타당하게 만들고 있고 아직 불완전한 것처럼 보이는 때에(그렇지 않다면 우주가 끊임없이 변화하고 있는 이유가 무엇인가?), 하필 인식이 예외가 되어야 하는 이유가 무엇인가? 인식이 나머지 모든 것들처럼 스스로를 타당하게 만들면 안 되는 이유가 무엇인가? 인식의 일부 부분들이 이미 논란의 여지없이 타당하거나 검증될 수 있기를, 경험주의 철학자도 당연히 나머지 모든 사람들과 마찬가지로 언제나 바라고 있다.

5장

━━━ ✕ ━━━

휴머니즘의 핵심[41]

41　1905년 3월 2일자 '저널 오브 필로소피'에 실렸다.

휴머니즘은 '정착하게 된' 효모와 비슷하다. 휴머니즘은 하나의 단순한 가설이나 원리가 아니며, 그것은 절대로 새로운 사실들을 강조하지 않는다. 휴머니즘은 오히려 철학적 관점에 나타나고 있는 느린 이동 같은 것으로서, 사물들이 새로운 시점(視點)에서 나타나도록 만들고 있다. 일부 저자들은 그 이동을 강하게 의식하고 있으며, 다른 저자들은 자신들의 시야가 많은 변화를 겪었음에도 불구하고 그 이동을 반쯤 알고 있다. 그 결과, 논쟁에 결코 작지 않은 혼동이 빚어지고 있다. 반쯤 알고 있는 휴머니스트들[42]이 마치 반대편

---

42   윌리엄 제임스는 그 예로 볼드윈(James Mark Baldwin) 교수를 든다. 볼드윈이 1898년에 쓴 글 '선택적 사고'(Selective Thinking)는 윌리엄 제임스에게 실용주의 선언 같은 것으로 평가받았으나, 볼드윈은 1904년에 '실용주의의 한계'(The Limits of Pragmatism)를 발표하면서 실용주의를 공격하는 대열에 합류했다.

을 믿는다는 듯이 종종 근본적인 휴머니스트들에게 반대하는 입장을 보이고 있으니 말이다.

만약에 휴머니즘이 시각의 그런 이동에 진정으로 어울리는 이름이라면, 휴머니즘이 팽배하게 되는 경우에 철학적 무대의 전체 장면이 어느 정도 바뀔 것이 틀림없다. 강조되는 사물들의 종류나 전경과 배경에 분포하는 사물들의 종류, 사물들의 크기와 가치가 이전과 절대로 같지 않을 것이기 때문이다. 만약 휴머니즘이 그런 식으로 널리 퍼지는 현상이 나타난다면, 철학자들이 먼저 휴머니즘을 정의하는 데, 이어서 휴머니즘의 전진을 촉진시키거나 점검하거나 안내하는 데 들이는 수고는 절대로 헛되지 않을 것이다.

휴머니즘은 지금 불완전한 정의로 인해 심각한 고통을 겪고 있다. 휴머니즘을 가장 체계적으로 옹호하고 있는 인물인 실러와 듀이는 지금까지 단편적인 글만을 발표했다. 휴머니즘이 결정적인 많은 철학적 문제들에 끼치고 있는 영향도 휴머니즘의 반대자들이 아닌 다른 사람들에 의해서는 아직 분석되지 않고 있다. 휴머니즘의 적들은 이설(異說)의 냄새를 미리 맡고는, 훌륭한 휴머니스트가 고려할 필요성조차 느끼지 않고 있는 원칙들, 예를 들면 주관주의와 회의주의를 집중적으로 공격하고 있다. 휴머니즘에 반대하는 사람들은 그런 한편으로 여전히 과묵한 태도를 보임으로써 휴머니스트들을 당황하게 만들었다.

논쟁의 큰 부분은 '진리'라는 단어를 둘러싸고 벌어지고 있다. 토론을 벌이는 경우에, 적의 관점을 확실히 아는 것이 언제나 유익하다. 그러나 휴머니즘을 비판하는 사람들은 '진리'라는 단어를 사용할 때 무슨 뜻으로 쓰는지에 대해 명확하게 밝힌 적이 지금까지 한 번도 없었다. 그래서 휴머니스트들은 반대자들의 관점을 그저 짐작해야 하고, 그 결과 많은 것이 틀림없이 헛손질이었던 것으로 드러났다. 이 모든 것에다가 양쪽 진영에 속하는 사람들 사이의 개인적 차이를 더하라. 그러면 문제가 지금과 같은 단계에 이른 상황에서, 양측이 각자의 핵심적인 관점을 더욱 명확하게 정의하는 것만큼 시급한 일은 없다는 사실이 분명히 확인될 것이다.

정의를 예리하게 다듬는 데 기여할 수 있는 사람이라면 누구나 우리가 그 상황의 사실들이 무엇인지, 누가 누구인지 확실히 밝히는 데 도움을 줄 것이다. 누구나 그런 정의를 제시할 수 있으며, 그런 정의가 없으면 어느 누구도 자신이 서 있는 곳이 어딘지를 정확히 알지 못한다. 만약에 내가 휴머니즘에 대한 나 자신의 잠정적인 정의를 지금 여기서 제시한다면, 다른 사람들이 그 정의를 향상시킬 수 있을 것이며, 일부 적들도 거기에 이끌려 자신의 견해를 더욱 정교하게 다듬을 수 있을 것이다. 그러면 대체적인 의견이 보다 신속하게 형성되는 결과가 나타날 것이다.

I

내가 상황을 이해하고 있는 바와 같이, 휴머니즘의 핵심적인 기여는 **비록 우리의 경험의 한 부분이 그 경험을 어떤 측면에서나 지금**

과 같은 모습으로 만들기 위해 그 경험의 다른 부분에 기댈지라도, 그 경험이 하나의 전체로서 스스로를 떠받치며 아무것에도 기대지 않는다는 사실을 확인한 것이다. 이 원칙이 또한 초월적인 관념론의 중요한 주장을 표현하고 있기 때문에, 그것을 명쾌하게 밝히기 위해서는 많은 설명이 필요하다. 얼핏 보면, 이 원칙은 유신론과 범신론을 부정하는 것으로 국한하는 것처럼 보인다. 그러나 실은 어느 것도 부정할 필요가 없다. 모든 것이 해석에 좌우되기 때문이다. 만약 그 원칙이 어쨌든 규범적인 것이 된다면, 틀림없이 그것은 우익과 좌익의 해설자들을 똑같이 자극할 것이다.

나 자신은 휴머니즘을 유신론적으로, 또 다원론적으로 읽는다. 만약에 어떤 신이 존재한다면, 그 신은 모든 것을 경험하는 절대적인 존재가 아니라 단지 가장 폭넓은 의식을 경험하고 있는 존재일 것이다. 그런 식으로 읽는 휴머니즘은 나에게 합리적인 방어가 가능한 하나의 종교이다. 비록 나 자신이 휴머니즘이 일원론적으로 해석될 때에만 종교적으로 많은 정신들에게 호소력을 발휘할 수 있다는 사실을 잘 알고 있지만 말이다.

윤리적으로, 나에게 다원론적인 형태의 휴머니즘은 현실을 지배하는 힘이 내가 알고 있는 다른 어떤 철학보다 더 강한 철학으로 다가온다. 휴머니즘은 기본적으로 하나의 '사회적' 철학이고, 결합들이 성과를 내는 어떤 '공동'의 철학이다. 그러나 내가 휴머니즘을 옹호하는 주된 이유는 적수가 없는 휴머니즘의 지적 질서와 이치이다. 휴머니즘은 일원론이 낳은 '문제들'('악의 문제' '자유의 문제'

등)을 제거할 뿐만 아니라 다른 형이상학적 미스터리와 역설들까지 제거해준다.

예를 들면, 휴머니즘은 초경험적인 현실이라는 가설을 고려하길 거부함으로써 불가지론에 따른 논란을 모조리 제거한다. 휴머니즘은 경험 안에서 발견된 결합적인 관계들이 완벽하게 진정하다고 주장함으로써 브래들리가 제시하는 유형의 절대적 존재(지적 목적에 아무런 쓸모가 없는 것이 너무도 분명하다)의 필요성을 제거한다. 휴머니즘은 인식의 문제를 실용적으로 다룸으로써 로이스가 제시하는 유형의 절대적 존재(마찬가지로 쓸모가 없다)의 필요성도 제거한다. 휴머니즘으로 돌려지고 있는, 인식과 현실과 진리에 관한 견해들이 지금까지 가장 맹렬히 공격을 받았기 때문에, 시급히 초점을 맞춰야 할 곳은 그런 견해들과 관련 있는 부분이다. 따라서 나는 나 자신이 이런 측면들에서 휴머니즘의 관점으로 여기고 있는 것들에 초점을 맞추며 최대한 짧게 설명할 계획이다.

II

만약에 앞에서 이탤릭체로 진하게 쓴 휴머니즘의 핵심적 주장이 받아들여진다면, 그리고 어쨌든 세상에 인식 같은 것이 있다면, 인식자와 인식 대상은 똑같이 경험의 부분들이어야 한다는 논리가 가능할 것이다.

따라서 (1)경험의 한 부분은 경험의 다른 부분을 알아야 한다. 바꿔 말하면, 우드브리지(Frederick James Woodbridge) 교수가 말하듯이, 경험의 부분들은 '의식'의 밖에 있는 현실들을 나타내는 것이 아니라 서로를 나타내야 한다. 이것은 개념적인 지식의 예이다.

그렇지 않으면 (2)경험의 부분들은 우선 대단히 많은 종국적인 '그것들'(thats), 즉 존재의 사실들로서 단순히 존재해야 한다. 그 다음에 경험 속의 '그것'은 어느 것이나 이차적 결합으로서, 그리고 그것의 실체적 단일성을 희석시키지 않는 가운데 이중적인 역할을 하면서, 확산적인 두 가지 종류의 맥락으로 인해서 하나의 알려진 사물로서, 또 그 사물에 대한 하나의 지식으로서 번갈아 나타나야 한다. 이때 '그것'은 경험의 일반적인 과정 속에서 그 맥락 속으로 엮여 들어간다.

이 두 번째 예가 바로 감각에 의한 인식의 예이다. 상식 너머로 나아가는 사고의 단계가 있으며, 지금 그 단계에 대해 조금 더 논할 것이지만, 상식적 단계는 주로 행위를 위해서 사고가 명백히 정지하는 곳이다. 우리가 사고의 상식적 단계에 남아 있는 한, 대상과 주체는 '표상' 또는 감각 인식에서 융합한다. 예를 들면, 펜과 내가 지금 보고 있는, 글을 쓰는 손은 펜과 손이라는 단어들이 가리키는 물리적인 현실들이다. 이 경우에, 인식에 자기초월이 전혀 암시되지 않는다. 여기서 휴머니즘은 단지 보다 세분화된 동일 철학(identitätsphilosophie)[43]일 뿐이다.

43　정신과 물질, 주관과 객관은 서로 독립적으로 대립하고 있는 것처럼 보이지만, 실은 동일한 어떤 절대적 실체가 각각 다른 현상으로 나타난 것일 뿐이라는 학설을 말한다.

이와 반대로, (1)의 경우에 그 표상적인 경험은 그 대상인 다른 경험을 인식하면서 스스로를 초월한다. 여기서는 어느 누구도 전자와 후자를 수량적으로 뚜렷이 구분되는 실체들로 보지 않고는 후자에 의한 전자의 인식에 대해 말하지 못한다. 그 실체들 중에서 전자는 후자의 밖에, 어떤 방향을 따라서 어느 정도의 간격을 두고서 후자와 떨어져 있으며, 이때 후자는 분명하게 이름 붙여질 수 있다. 그러나 만약에 상상 속의 화자가 휴머니스트라면, 그는 이 간격의 거리를 구체적으로, 또 실제적으로 보아야 하며, 그것이 중간의 다른 경험들로, 만약에 실제적이지 않다면 어쨌든 가능한 경험들로 구성되어 있다고 고백해야 한다.

예를 들어, 나의 강아지에 대한 나의 현재의 생각이 진짜 강아지를 인식하고 있다고 말하는 것은, 경험의 실제적 조직이 구성되어 있기 때문에, 나의 강아지에 대한 나의 생각이 내 쪽에서 다른 경험들의 어떤 사슬로 발전할 수 있다는 뜻이다. 다음에서 다음으로 이어지는 그 사슬은 마침내 깡충깡충 뛰며 컹컹 짖는, 털이 북슬북슬한 몸의 생생한 감각 인식들로 끝난다. 나의 상식에 그 감각 인식들은 진짜 강아지이고, 강아지의 완전한 모습이다. 만약에 앞에서 가정한 대화 상대가 심오한 철학자라면, 그에게는 그 감각 인식들이 진정한 강아지가 아닐지 몰라도, 그럼에도 그 감각 인식들은 진정한 강아지를 의미하고, 진정한 강아지의 실질적인 대체물들이다. 이유는 그 표상이 감각 인식들의 실질적인 대체물이었고, 강아지는 수많은 원자들, 즉 정신의 물질이고, 그 원자들이 나 자신의 경험에서나 그 철학자의 경험에서나 똑같이 감각 인식들이 있는 곳에 있기 때문이다.

Ⅲ

여기서 철학자는 상식의 단계를 넘어서는 사고의 단계를 상징하며, 두 가지 단계의 차이는 단지 상식이 그렇게 하지 않는 곳에서 철학자는 '원래 없던 것을 삽입하고' '기존의 자료에 기초하여 추정한다'는 것뿐이다.

상식의 단계에서 보면, 두 사람은 동일한 진짜 개를 본다. 철학은 두 사람의 지각에 나타나는 실질적인 차이에 주목하면서 지각들의 이중성을 지적하고, 그 지각들 사이에 보다 진정한 말단으로서 무엇인가를, 처음에는 신체기관과 장기 등을, 다음에는 세포를, 그 다음에 궁극적인 원자를, 마지막으로 아마 정신 물질을 삽입할 것이다. 따라서 두 사람의 원래의 감각 말단은 처음에 가정했듯이 서로 합치하지도 못하고 대상인 진짜 강아지와 합치하지도 못하고, 철학자에게 눈에 보이지 않는 현실들에 의해 분리된 것으로 받아들여지고 있으며, 두 사람의 감각 말단은 기껏 이 현실들과 인접해 있을 뿐이다.

이제 지각하는 두 사람 중 한 사람을 없애 보라. 그러면 삽입된 사항이 '추정'으로 바뀐다. 남아 있는 사람의 감각 말단은 그 철학자에게 현실에 꽤 닿지 않는 것으로 받아들여진다. 철학자는 남은 사람이 단지 경험들의 행렬을 경험의 영역 너머에 놓인 어떤 절대적 진리 쪽으로 향하는 길 어딘가의, 실용적이어서 명확한 어떤 정지 지점까지 옮기기만 했다고 생각한다.

그러나 휴머니스트는 이런 식으로 추측되거나 믿어지는 보다 절대적인 현실들에도 절대적인 초월은 절대로 없다는 것을 언제나 확인하고 있다. 신체 장기와 세포들은 단지 외적 육체의 지각 표상을 바탕으로 해서만 가능한 지각 표상들일 뿐이다. 원자들도 우리가 그것들을 지각할 수단을 전혀 갖고 있지 않음에도 불구하고 여전히 지각적으로 정의되고 있다. 정신 물질 자체는 일종의 경험으로 이해되고 있다. 그리고 한 조각의 동일한 정신 물질을 알고 있는 두 사람의 인식자가 있고, 그 정신 물질 자체는 우리의 불완전한 인식이 어떤 완전한 유형의 인식으로 바뀌는 바로 그 순간에 '합치한다'는 가설(이런 가설은 어떤 논리에 의해서도 철학에서 배제될 수 없다)을 세우는 것도 가능하다. 그렇다 하더라도, 당신과 나는 우리의 두 개의 지각과 진짜 강아지를 단지 잠정적일지라도 사고의 상식적 단계에 맞게 서로 합치하는 것으로 습관적으로 여긴다. 만약에 나의 펜이 내적으로 정신의 물질로 만들어졌다면, 지금 그 정신 물질과 그 펜에 대한 나의 시각적 지각 사이에 합치가 전혀 없다. 그러나 생각건대 그런 합치가 일어날 수도 있을 것 같다. 왜냐하면 나의 손의 경우에, 시각적 감각과 손에 대한 내적 감정들, 다시 말해 손의 정신 물질이 지금도 서로 다른 두 가지 사물이 합치를 이룰 수 있는 것 못지않게 합치하고 있기 때문이다.

따라서 휴머니스트의 인식론에는 갈라진 틈이 전혀 없다. 인식이 이상적으로 완벽한 것으로 받아들여지든 아니면 관행에 적절할 정도로만 진실한 것으로 받아들여지든, 인식은 하나의 연속선상에 놓여 있다. 현실은 제아무리 멀리 떨어져 있어도 언제나 경험의 일반적인 가능성들 안에서 하나의 말단으로 정의되고, 현실을 아는 그 것은 현실을 '나타내는' 하나의 경험으로 정의된다. 그렇게 정의하는 이유는 그것이 동일한 연상들로 이어지기에 우리의 사고에서 현실을 대체할 수 있거나, 그것이 끼어들거나 끼어들 수 있는 다른 경험들의 어떤 사슬을 통해서 '현실 쪽으로 향하고 있기' 때문이다.

여기서 절대적인 현실과 감각의 관계는 감각과 개념이나 상상의 관계와 똑같다. 절대적인 현실과 감각은 똑같이 잠정적이거나 최종적인 말단들이다. 감각이 실용적인 사람이 습관적으로 멈추는 유일한 말단인 반면에, 철학자는 보다 절대적인 현실이라는 형식으로 '초월적인 것'을 제시한다. 이 말단들은 각각 사고의 실용적 단계와 철학적 단계를 위해서 자립하고 있다. 그것들은 그 밖의 다른 것에는 '적용되지' 않으며, 그것들은 그냥 존재하고 진정하다. 앞에 짙은 이탤릭체로 적은 나의 원칙이 말한 바와 같이, 그것들은 "아무것에도 기대지" 않는다. 오히려 경험의 전체 구조가 그것들에 기대고 있다. 많은 상대적인 위치들을 포함하고 있는 태양계의 전체 구조가 공간 속에서 그 구조 자체의 절대적인 위치를 지키기 위해서 태양계를 구성하고 있는 모든 별들에게 기대고 있는 것처럼 말이다. 여기서 다시 우리는 어떤 새로운 동일 철학을 다원론적인 형태로 보고 있다.

Ⅳ

만약 내가 이런 내용을 명료하게 전하는 데 성공했다면(길이의 짧음과 추상성 때문에 실패했을 것이라는 두려움이 있음에도 불구하고), 독자는 우리의 정신 작용들의 '진실성'은 언제나 경험 안에서 일어나는 문제가 되어야 한다는 것을 확인할 것이다. 하나의 개념은 감각으로 이어질 수 있을 때에만 상식에 의해서 진실한 것으로 여겨진다. 상식에게 '진실하기'보다 '진정한' 것으로 다가오는 감각은 훨씬 더 절대적으로 진정한 경험을 커버하는(그 경험과 인접하거나 그 경험을 대체하는) 한에서만, 철학자에 의해서 잠정적으로 진실한 것으로 여겨진다. 그리고 철학자는 절대적으로 진정한 경험의 가능성을 믿을 근거를 발견한다.

한편, 철학자든 보통 사람이든 불문하고 믿는 사람 누구에게나 진실한 것으로 여겨지는 것은 언제나 그 사람의 통각의 결과이다. 만약에 개념적이거나 지각 가능한 어떤 기이한 경험이 기존의 우리의 믿음 체계와 두드러지게 모순된다면, 십중팔구 그것은 허위로 취급된다. 오직 오래된 경험과 새로운 경험이 서로를 이해하고 변경시킬 수 있을 만큼 충분히 일치할 때에만, 거기서 우리가 진리의 향상으로 다룰 수 있는 결과가 나올 수 있다. 그러나 어떤 경우에도 진리가 우리의 경험과 원형적이거나 초경험적인 그 무엇 사이의 어떤 관계에 존재할 필요는 없다. 만약에 우리가 절대적으로 최종적인 경험들에, 다시 말해 우리 모두가 동의했고 수정되는 중간 단계들에 의해 절대로 대체되지 않는 그런 경험들에 도달해야 한다면, 그 경험들은 진실하지 않고 진정하다. 그것들은 그냥 거기에 있을 것이며, 그것들은 정말로 그 외의 모든 것들의 진리가 버티고 설 모든 현실의 각도들이고 귀퉁이들이고 바퀴를 고정시키는 핀들일 것이다. 오직 만족스런 결합들에 의해서 이것들에까지 이른 '다른' 것들만이 '진실할' 것이다. 그런 말단들과의 만족스런 어떤 종류의 연결이 '진리'라는 단어가 의미하는 전부이다. 사고의 상식적 단계에서, 감각 표상이 그런 말단의 역할을 한다. 우리의 생각들과 개념들과 과학적 이론들은 오직 감각의 세계로 조화롭게 다시 돌아가는 한에서만 진실한 것으로 통한다.

사물들을 보는 방식의 보다 근본적인 특징들을 추적하려는 나의 노력을 많은 휴머니스트들이 지지할 것이라고 나는 기대한다. 나는 듀이 씨와 실러 씨는 그렇게 할 것이라고 거의 확신한다. 만약에 공격자들도 나의 노력에 약간의 관심만 기울인다면, 토론이 핵심을 벗어나는 정도가 지금보다 훨씬 덜하게 될 것이다.

6장
✕

다시 진리에 대하여[44]

44 1907년 7월 18일자 '저널 오브 필로소피'에 게재되었다.

내가 사람들과 대화하며 들은 내용을 근거로 판단한다면, 진리에 관한 나의 견해에 동의할 전향자들을 만드는 데 실패한 것이 거의 틀림없는 것 같다. 그 정도의 평가를 받은 뒤라면, 평범한 철학자는 낙담했을 것이고, 화를 곧잘 내는 보통 사람은 신을 저주하다 죽었을 것이다. 그러나 나는 절망에 빠지지 않으며, 대신에 나는 물방울도 끝없이 떨어지다 보면 바위를 깎게 될 것이라는 희망에서, 그리고 나의 원칙들이 그것들을 이해하는 데 도움이 될 것들로 더 많이 둘러싸이게 될 경우에 조금이라도 덜 모호해 보일 것이라는 희망에서 감히 나의 진술에 변화를 주는 쪽을 택한다.

다른 실용주의자들의 평판을 떨어뜨리는 결과를 낳지 않을까 하는 걱정 때문에, 나는 지금 보다 쉽게 전달하려고 노력하는 개념을 나 자신의 개념으로 말할 것이다. 나는 그 개념을 이 책에 다시 실린 첫 번째 논문에서 1885년에 처음 발표했다. 그 논문의 핵심적인 주장들은 1893년과 1895년에 공식적으로 밀러 교수의 지지를 받았으며, 나 자신에 의해서 1895년에 행한 '사물들에 대한 종합적 인식'에 관한 연설에서 다시 되풀이되었다. 스트롱(Charles Strong) 교수는 '저널 오브 필로소피'에 게재한 논문 '사고와 현실의 관계에 관한 자연주의 이론'(A naturalistic theory of the reference of thought to reality)에서 우리의 설명을 '제임스-밀러 인식 이론'이라고 불렀으며, 내가 그를 이해하고 있는 바에 따르면, 그는 그 이론에 동의했다. 그럼에도 철학의 이런 깊은 주제에 관해 명쾌하게 글을 쓰는 것이 지극히 어려운 작업인지라, 존경받는 이 동료들도 모두 사적으로는 지금 내가 제시하려고 하는 진리에 대한 설명이 부족해 보인다는 뜻을 전하고 있다. 인식의 진짜 골자를 빠뜨린 것 같다는 의견이다. 만약에 아주 가까운 친구들인 이 동료들이 동의하지 않는다면, 그들보다 먼 친구들로부터, 그리고 우호적이지 않은 비판가들로부터 무엇을 기대할 수 있겠는가?

그래도 나는 나의 잘못이 불충분한 형식들의 진술에 있지 나의 견해에 있지는 않다는 점을 아주 강하게 믿고 있다. 그래서 나는 나의 견해를 보여주려는 노력을 한 번 더 하려고 한다.

우리에게 도움을 줄 수 있는 것으로, 우리가 사전에 동의할 수 있는 그런 일반적인 구분은 없는 것일까? 스트롱 교수는 '비약적' (saltatory) 관계와 '보행적'(ambulatory) 관계를 구분하고 있다. 예를 들면, '차이'는 말하자면 이 조건에서 다른 조건으로 건너뛰는 것으로서 비약적이지만, 시간이나 공간상의 '거리'는 경험의 중간에 끼어드는 부분들로 이뤄져 있으며, 이 부분들을 통해 우리는 연속적으로 보행한다.

T. H. 그린의 사상이 대단한 영향력을 행사하던 여러 해 전에, 나는 영국 감각주의에 대한 그의 비판에 꽤 불편함을 느꼈다. 특히 그의 제자 한 사람은 언제나 나에게 이렇게 말하곤 했다. "맞아! 조건들의 기원이야 정말로 감각적일 수 있지만, 관계들은 위로부터 감각들에게 작용하고 있는 지적 능력의 순수한 행위들, 말하자면 보다 높은 성격의 행위들이 아니고 무엇인가?" 나는 어느 날 공간 관계들은 어쨌든 그것들이 중간에서 중개하고 있는 그 조건들과 동질적이라는 사실을 인식한 것이 돌연 나에게 안겨준 위안을 잘 기억하고 있다. 그 조건들은 공간들이었으며, 그 관계들은 중간에 개입하는 다른 공간들이었다. 그린 교수를 지지하는 사람들에게 공간 관계들은 비약적이었지만, 나에게는 그때부터 그 관계들은 보행적인 것이 되었다.

지금 나의 지식관과 대중의 관점(대부분의 인식론자들의 관점이기도 하다)을 대비시키는 가장 일반적인 방법은 나의 견해를 보행적이라고 부르고 대중적인 관점을 비약적이라고 부르는 것이다. 그리고 두 가지 관점의 특징을 뚜렷이 밝히는 가장 일반적인 방법은 나의 견해는 인식을 존재하고 있는 그대로 구체적으로 묘사하는 반면에 대중적인 견해는 추상적으로 끌어낸 결과들만을 묘사한다는 식으로 말하는 것이다.

나는 고집 센 나의 독자들 대부분이 구체적인 것 속의 보행적인 것도 비약적인 것처럼 보일 만큼 추상적으로 끌어내어질 수 있다는 점을 깨닫지 못하는 것은 아닐까 걱정된다. 예를 들어, 거리는 구체적인 간격들 사이에 있는 특수한 것들이 제거되는 경우에 추상적인 것이 된다. 그러면 거리는 유일한 '차이'로, 논리적이거나 비약적인 구분인 '장소'의 차이로, 소위 '순수한 차이'로 환원된다.

이것은 어떤 생각과 어떤 현실을 연결할 수 있는, '인식'이라 불리는 관계에도 그대로 적용된다. 이 관계에 관한 나 자신의 설명은 철저히 보행적이다. 우리가 어떤 생각이 전달하는 자극에 따라 대상 쪽으로 이동할 때마다, 우리가 그 생각에 의해서 그 대상을 알게 된다고 나는 말한다. 만약에 우리가 소위 '지각 가능한' 현실들을 믿는다면, 그 생각은 우리를 그 대상 쪽으로 보낼 뿐만 아니라 대상을 우리의 손 안에 놓으면서 그것을 우리의 즉시적인 감각으로 만들 수도 있다. 그러나 대부분의 사색적인 사람들이 생각하듯이, 만약에 지각 가능한 현실들이 '진정한' 현실들이 아니고 단지 현실들의 겉모습에 지나지 않는다 하더라도, 우리의 생각은 우리를 적어도 거기까지는 데리고 가며 우리가 현실의 가장 그럴 듯한 겉모습들이나 대체물들과 접촉하도록 해 준다. 여하튼 우리의 생각은 우리를 그 대상의 실질적이거나 관념적인 이웃으로 이끌면서 우리가 그것과 교류하도록 하고, 그것을 조금 더 가까이서 알도록 돕고, 그것을 예견하고, 분류하고, 비교하고, 추론할 수 있도록 한다. 요약하면, 생각은 우리가 그 생각을 품지 않았더라면 불가능했을 것 같은 방법으로 대상을 다룰 수 있게 한다.

따라서 기능적으로 고려하는 경우에 생각은 우리가 대상과 관계를 맺고 대상에 작용할 수 있게 하는 하나의 도구이다. 그러나 생각과 대상은 둘 다 전체적으로 볼 때 현실의 일반적인 조직의 작은 조각들이다. 우리가 생각이 우리를 대상 쪽으로 이끈다고 말할 때, 그것은 단지 생각이 우리를 그 현실의 중개 경로들을 통과해서 앞으로, 그 대상의 보다 가까운 이웃 속으로, 적어도 그 대상의 동료들 속으로 옮겨준다는 뜻이다. 여기서 말하는 대상의 동료들은 대상의 물리적인 이웃일 수도 있고 단순히 논리적으로 같은 종류일 수도 있다. 이런 식으로 보다 가까운 영역으로 옮겨진 우리는 앎과 행위라는 측면에서 향상된 상태에 있으며, 그런 경우에 우리는 지금 생각을 통해 대상을 더 잘, 또는 더 진실하게 알게 되었다고 말한다.

나의 주장은 여기서 인식이 중개적인 경험들을 두루 통하는 보행에 의해 이뤄진다는 것이다. 만약에 생각이 우리를 어디로도 데려가지 않거나 대상 쪽으로 향하지 않고 반대로 대상으로부터 멀어진다면, 과연 그 생각이 인식 능력을 갖고 있다고 말할 수 있는가?

절대로 그런 식으로 말하지 못한다. 왜냐하면 그 생각이 자연의 다른 부분이 아니라 바로 그 특별한 대상과 연결되는 것은 단지 그 생각이 중간의 중개적인 경험들과의 결합 속에서 받아들여질 때뿐이기 때문이다. 그 중간 단계들이 생각이 어떤 인식 기능을 수행할 것인지를 구체적으로 결정한다. 중간 단계들이 우리를 안내하고 있는 그 말단은 그 생각이 어떤 대상을 '의미하는지'를 우리에게 말해주고, 중간 단계들이 우리에게 안겨주는 결과들은 그 생각을 '검증하거나' '반박한다'. 따라서 중간의 경험들은 구체적인 인식 관계에 절대적으로 필요한 토대들이다. 거리의 어떤 관계를 위해 중간에 공간이 반드시 필요한 것과 마찬가지이다.

우리가 인식을 구체적으로 받아들일 때마다, 그 인식은 어떤 출발점에서부터 어떤 목표점까지, 또는 어떤 목표점을 향해, 중간 단계들을 통과하는 명확한 '보행'을 의미한다. 중간 단계들은 말단이 아니고 일상적인 연상(聯想)의 결합(이 결합은 성격상 '외적'이거나 논리적이다)에 의해 말단과 연결되어 있기 때문에, 인식 과정에 특별히 독특한 것은 전혀 없는 것처럼 보인다. 중간 단계들은 전적으로 경험의 영역 안에 포함되며, 그 단계들에 대해 설명하면서 우리는 자연의 다른 과정을 설명할 때 동원하는 카테고리 외에 다른 카테고리를 이용할 필요성을 전혀 느끼지 않는다.

그러나 과정의 골자를 제거하고 기본적인 골격이나 윤곽만을 남기면서 추상적으로 고려하지 못할 과정은 절대로 없다. 인식 과정을 그런 식으로 다룰 때, 우리는 곧잘 그 과정을 자연에서 비견할 것이 없는 특별한 무엇으로 여기게 된다. 왜냐하면 우리가 일반적인 어떤 구조만을 간직하기 위해 먼저 생각과 대상과 그 중간 단계들로부터 모든 특성들을 제거한 다음에 그 일반적인 구조를 하나의 과정이라는 그것의 성격을 바탕으로 고려하지 않고 어떤 결과를 낳는 기능의 측면에서만 고려하기 때문이다.

이런 식으로 다루는 가운데, 중간 단계들은 의미를 잃으면서 단순히 분리하는 공간으로 변해 버리고, 생각과 그 대상은 서로 분리되어 양 극단의 조건들이 되는 논리적 명확성만을 갖게 된다. 바꿔 말하면, 구체적인 특수한 것들을 갖춘 가운데 하나의 다리가 되어야 할 중간 단계들이 그만 가로질러야 할 빈 간격 속으로 관념적으로 증발해 버리고, 양쪽 극단의 조건들 사이의 관계가 비약적인 것이 되고, 인식론의 순수한 주문(呪文)이 시작되어 구체적인 고려 사항에 따르는 제약을 전혀 받지 않는 가운데 계속된다. 그 생각은 '인식론적 간극'에 의해 생각 자체로부터 분리된 어떤 대상을 '의미'하면서 이젠 라드 교수가 '치명적 비약'이라고 부르는 것을 실행한다. 생각은 그 대상의 본질을 알고 있으면서 지금 생각 자체를 '초월'한다. 대상은 이제 실제로 부재하고 있는 곳에 '있게' 된다. 어떤 음모가 누군가에 의해 계속되는 한, 그 놀라운 역설은 지속된다. 이 역설에 대해 우리 중 일부는 '절대자'가 아니고는 절대로 설명할 수 없는 것이라는 식으로 생각한다.

이런 식으로 추상적이고 비약적인 것이 된, 생각과 대상의 관계는 그때부터 자체의 보행적인 본질보다 더욱 근본적이고 시기적으로 앞서는 것으로서 원래의 모습과 정반대가 되고, 따라서 보다 구체적인 설명은 헛되거나 불충한 것으로 낙인찍히고 만다. 모든 진정한 예에서, 인식을 전달하고 규정하는, 실제적이거나 가능한 중간 단계들이라는 다리는 잠재적으로조차도 있을 필요가 없는 골칫거리 같은 것으로 다뤄지게 된다. 나는 추상적인 관념들과 바로 그 관념들을 끌어낸 구체적인 것들을 서로 대비시키는 이런 천박한 오류가 인식에 관한 나의 설명이 그렇게 불만스럽게 여겨지는 중요한 원인이라고 믿는다. 따라서 나는 그 일반적인 문제에 대해 조금 더 설명할 생각이다.

만약에 결합의 매개물에서 모든 특별한 것들을 추출해 버린다면, 거기엔 그 매개물이 다리 역할을 하며 메웠던 원래의 분리 외에 아무것도 남지 않을 것이다. 그러나 그 결과 나타난 자기모순을 변증법적 심오함의 성취 같은 것으로 다루는 것을 피하기 위해서, 우리에게 요구되는 것은 제거한 부분이 아무리 사소할지라도 그 중 일부를 복구시키려는 노력이다. 인식론적 간극의 경우에, 합리적인 첫 번째 조치는 그 간극이 관념적이거나 감각적인 일부 경험적인 자료로 채워졌다는 것을 기억하는 것이다. 바로 이 자료가 간극을 메우는 기능을 일부 수행했으며, 그 결과 우리가 치명적인 비약을 피할 수 있었다. 따라서 우리의 토론 문제에 절대적으로 필요한 약간의 현실을 복구하면서, 우리는 추상적으로 다루는 것이 진정으로 유익하다는 사실을 발견한다. 우리는 불필요한 모순에 빠지지 않는 동시에 특별한 예들에 얽히는 것을 피할 수 있다. 우리는 지금 인식의 일반적인 특성들을 묘사하고, 인식이 대체로 우리를 위해 하는 것이 무엇인지에 대해 보편적으로 말할 수 있다.

인식에 관한 탐구가 거의 대부분 이론적인 차원에서만 이뤄지고 있다는 사실을 우리는 기억해야 한다. 인식이 진정으로 일어나고 있는 매 순간, 우리가 생각하고 있는 것은 어디까지나 우리의 대상이지, 우리가 대상을 일시적으로 아는 방법이 아니다. 지금 이 순간에 우리가 공교롭게도 인식 자체를 우리의 대상으로 삼고 있지만, 나는 독자가 그 대상에 대한 그의 현재의 인식이 그가 이르게 될 결과들에 오직 추상적으로만, 그리고 예상에 의해서만 포함되고 있다는 점에 동의할 것이라고 생각한다.

독자가 추론할 때 구체적으로 자신의 정신 앞에 두고 있는 것은 인식의 어떤 객관적인 예이다. 그때 독자는 그 인식의 예를 다른 사람의 내면에서 수행되고 있는 것으로 상상하거나 자신의 과거로부터 끌어낸다. 비판가인 그는 인식이 그런 것으로서 하나의 생각과 하나의 대상, 그리고 인식자가 생각에서 대상까지 안내를 받는 과정들을 포함한다는 사실을 확인한다. 그는 생각이 대상으로부터 멀리 떨어져 있다는 것을, 그리고 중간 단계들을 통하는지 여부와 상관없이 생각은 순수하게 대상과 관계가 있다는 것을 본다. 그는 따라서 생각이 자체의 즉시적 존재 그 너머까지 작용하며 어떤 먼 현실을 붙잡고 있다는 것을 안다. 생각이 건너뛰며 스스로를 초월하기 때문이다. 생각은 이 모든 것을 틀림없이 외부 도움을 받아서 하지만, 도움이 올 때, 생각은 그 일을 해내며, 결과는 틀림없다. 그렇다면 수단을 고려하지 않고 결과에 대해서만 논하지 않는 이유가 무엇인가? 현실을 파악하거나 직관하는 능력을 갖고 있고 또 이면의 은밀한 본질 위를 신속히 지나가며 사물들을 즉각적으로, 또 직접적으로 인식할 줄 아는 생각을 단순히 그런 것으로 다루지 않는 이유가 무엇인가? 우리가 언제나 생각과 대상 사이를 메워주는 것을 필요로 하는 이유가 무엇인가? 그렇게 하는 것이 토론을 더디게 만들 뿐인데도 말이다.

인식의 결과들에 관해 이런 식으로 추상적으로 토론하는 것은 분명히 편리하며, 우리가 그런 추상적인 토론이 간과하고 있는 것을 망각하거나 적극적으로 부정하지 않는 한, 틀림없이 그런 토론은 편리한 만큼 합당하다. 우리는 우리의 생각이 언제나 그 특별한 대상을 의미했다고, 또 우리의 생각이 본질적으로, 또 기본적으로 그 대상에 관한 것이었기 때문에 우리를 그곳으로 안내했다고 간혹 말할 것이다. 우리는 생각에 대한 검증이 생각 안에 원래 있는 인식적힘을 통해서 이뤄진다고 주장할 것이다. 이것들이 우리의 사고에서 지름길에 지나지 않는다는 사실을 명심하고 있는 한, 우리는 전혀 아무런 해를 끼치지 않을 수 있다. 그것들은 그 자체로 틀림없이 사실에 대한 진정한 설명들이며, 단지 그것들은 사실의 넓은 영역을 설명에서 배제하고 있을 뿐이다. 그 설명이 실제의 예에 엄격히 적용되기 위해서는 이 사실 영역이 반드시 복구되어야 한다.

만약에 당신이 중간 단계들을 수동적으로 무시하는 것이 아니라 당신이 강하게 감명 받는 결과들을 위해서 그 단계들이 잠재적으로 꼭 필요하다는 점을 적극적으로 부정한다면, 당신의 인식론은 회복 불가능할 정도로 붕괴하고 말 것이다. 그런 당신은 어느 역사가가 나폴레옹의 개인적 능력에 탄복한 나머지 그의 사령관들과 군대들을 무시하면서 나폴레옹의 정복을 사령관들과 군대들의 힘을 빌려 이룬 것이라고 묘사하는 사람을 향해 오류를 범하고 있다고 비난하는 것과 똑같은 실수를 저지르고 있다. 나는 나의 설명에 비판적인 사람들 대부분이 바로 그런 식의 추상성과 편파성을 보이고 있다고 비난한다.

『실용주의』라는 책의 두 번째 강의에서, 나는 자기 뒤를 쫓고 있는 사람의 시야에 보이지 않기 위해서 나무줄기를 빠른 속도로 뱅뱅 도는 다람쥐의 예를 들었다. 사람과 다람쥐가 똑같이 나무줄기의 둘레를 돌고 있지만, 그 사람이 다람쥐의 둘레를 돌고 있는가? 그것은 어디까지나 당신이 '둘레를 돌다'라는 표현으로 의미하는 바가 무엇인가에 달려 있다고 나는 말했다. 그 단어의 한 의미에서 보면 그 사람은 '둘레를 돌고' 있으며, 다른 의미에서 보면 그는 그렇게 하고 있지 않다. 나는 의미들을 실용적으로 구분하는 방법을 이용함으로써 그 문제를 해결했다. 그러나 일부 논쟁자들은 나의 구분을 슬쩍 얼버무리는 회피라고 부르면서, 자신들이 '분명하고 정직한 영어 '고잉 라운드''(plain honest English going-round)라고 부른 것을 강하게 고집했다.

그런 단순한 예에서, 논쟁의 대상이 되고 있는 그 조건을 구체적인 등가물들로 전환시키는 것에 반대할 사람은 거의 없을 것이다.

그러나 우리의 인식 같은 복잡한 기능의 경우에, 사람들은 달리 행동한다. 나는 나 자신이 생각해낼 수 있는 모든 예에서 인식에 관한 생각들에 대해 구체적이고 특별한 가치를 충분히 제시했지만, 나의 비판가들은 '분명하고 정직한 영어 인식'(plain honest English knowing)이 나의 설명에서 배제되고 있다고 주장한다. 그들은 마치 마이너스 요소는 모두 나의 편이고 플러스 요소는 모두 자신들의 편인 것처럼 글을 쓰고 있다.

나에게 그 문제의 핵심은 이것이다. 비록 인식이 추상적으로도 묘사될 수 있고 구체적으로도 묘사될 수 있다 하더라도, 또 추상적인 묘사가 종종 충분히 유용할지라도, 그럼에도 추상적인 묘사들은 뒤에 잔류물을 하나도 남기지 않고 몽땅 구체적인 묘사들 속으로 받아들여져 흡수되며, 추상적인 묘사는 구체적인 설명이 포기하고 있다고 비난을 듣는 보다 고차원적이거나 본질적인 것을 전혀 포함하고 있지 않다. 인식도 다른 과정들과 다르지 않은 하나의 자연적인 과정이다. 어쨌든 우리가 선호한다면, 그 결과를 비약적인 용어들로 묘사하거나 정적인 공식으로 나타내지 못할 보행적 과정은 절대로 없다.

예를 들어, 우리가 어떤 남자가 '신중하다'고 말한다고 가정하자. 구체적으로, 그것은 그가 보험에 들고, 내기에서 양쪽에 다 걸고, 도약하기 전에 살핀다는 것을 의미한다. 그런 행위들이 신중을 구성하는가? 그런 행위들이 신중한 그 사람인가? 혹은 신중은 그 자체로 그 무엇이며 그 행위들과 별개인가? 신중을 그의 내면에 있는 하나의 상습적인 습관으로, 말하자면 성격의 한 영원한 경향으로 보면서, 그를 그의 행위들 하나하나와 관계없이 신중하다고, 또 구체적인 행위를 제시하지 않고 일반적으로 신중하다고 부르고, 그 행위들이 이미 존재하는 신중으로부터 나온다는 식으로 말하는 것이 편리하다. 그의 정신과 육체의 조직에는 그가 신중하게 행동하도록 하는 특성들이 있다. 그리고 우리의 사고들에는 연상의 경향들이 있는데, 그 경향들은 일부 사고들을 진리에 기여하는 쪽으로 자극하고 일부 사고들을 오류를 낳는 쪽으로 자극한다. 그러나 그 사람은 그 행위들이 모두 부재하는 가운데서도 신중한가? 혹은 사고들이 연상적 또는 충동적 경향을 전혀 갖고 있지 않은 상태에서도 진실한가? 분명히 말하지만, 우리에겐 정적인 핵심들과, 그 핵심들이 깊이 박힌 채 살아 있는 그 동적인 과정을 이런 식으로 대비시킬 권리가 전혀 없다.

나의 침실은 나의 서재 위에 있다. 여기서 '위쪽'은 침실에서 서재로 가기 위해 반드시 거쳐야 하는 구체적인 공간들과 다른 무엇인가를 의미하는가? 그것은 순수한 어떤 지형학적 관계를, 영원한 요소들을 배치한 어느 건축가의 설계를 의미한다고 당신은 말할 수 있다. 그러나 그것은 완전한 위쪽은 아니며, 그것은 단지 간혹 나의 정신이 진정한 위쪽을 보다 진실하게, 즉 보다 완전하게 다루는 쪽으로 이끌 어떤 요약된 대체물일 뿐이다. 그것은 '사물 이전'(ante rem)의 위쪽이 아니며, 그것은 '사물 속'(in rebus)의 위쪽에서 끌어낸 '사물 이후'(post rem)의 한 추출이다. 우리는 정말로 편의를 위해 마치 추상적인 계획이 선행하는 것처럼 말할 수 있다. 이를테면, 우리는 "나는 근본적인 위쪽 때문에 계단을 올라가야 한다"는 식으로 말할 수 있다. 이것은 우리가 그 사람은 "그의 내면에 뿌리 깊이 박힌 신중 때문에 신중한 행동을 한다"고 말하거나, 우리의 생각들이 "그 고유한 진실성 때문에 우리를 진실한 쪽으로 이끈다"고 말하는 것이나 다를 바가 없다.

그러나 이것이 우리가 다른 예들에서 더욱 완전한 형태의 묘사를 이용하지 못하도록 막아서는 안 된다. 구체적인 어떤 사실의 문제는 어떤 형식으로 묘사되든 언제나 동일하게 남아 있다. 우리가 어떤 선에 대해 말할 때, 그 선이 지금은 왼쪽에서 오른쪽으로 이어진다고 하다가 다른 때는 오른쪽에서 왼쪽으로 이어진다고 해도 선은 언제나 똑같은 선이듯이 말이다. 이 묘사들은 똑같은 사실을 부르는 이름들에 지나지 않으며, 어떤 때는 이 묘사가 사용하기에 더 편리하고 다른 때는 다른 묘사가 사용하기에 더 편리하다. 인식의 전체 사실들은, 우리가 그 사실들에 대해 어떤 식으로 말하든, 심지어 우리가 대단히 추상적으로 말할 때조차도, 경험 연속체(experience-continuum)[45]의 실재들과 가능성들 속에서 주어진 상태 그대로 확고히 서 있다. 그러나 나의 비판가들은 보다 구체적인 나의 설명을 마치 그것이 터무니없을 만큼 부적절한 것처럼, 마치

45 윌리엄 제임스는 이런 각주를 남겼다. '일부 예들에서 인식 과정의 최종 대상 또는 말단이 인식자의 직접적 경험의 밖에 있을 수 있지만, 그 대상 또는 말단은 당연히 경험의 전체 우주의 일부로 존재해야 한다.'

전체 연속체가 무엇인가를 배제한 것처럼 다루고 있다.

추상적인 설명으로 구체적인 설명에 맞설 때 즐겨 쓰는 한 가지 방법은 구체적인 설명을 선호하는 사람들을 향해 "심리학과 논리학을 혼동하고 있다"고 비난하는 것이다. 우리의 비판가들은 우리가 진리의 의미에 관한 질문을 받아 놓고는 엉뚱하게 진리에 이르는 방법에 대해 대답하고 있다고 말한다. 비판가들은 이렇게 묻는다. "그러나 하나의 의미는 정적이고 시간과 별개인 논리적 관계인데, 어떻게 의미가 인간의 구체적인 경험과 동일시될 수 있는가? 그 경험이 일어나는 즉시 사라지고 마는데." 정말로, 이 말이 심오하게 들릴 수 있지만, 나는 그 심오함에 이의를 제기한다. 나는 이 대목에서 누구든 할 수 있다면 논리학과 심리학의 차이를 보여주길 바란다. 생각과 대상의 논리적 관계와 심리적 관계 사이의 관계는 비약적인 추상성과 보행적인 구체성의 관계와 비슷하다. 논리적 관계와 심리적 관계는 모두 어떤 심리적 매개물을 필요로 하며, '논리적' 관계는 단순히 속을 다 들어낸 '심리적' 관계에 지나지 않으며 앙상한 추상적 조직으로 환원되고 있다.

얼마 전에, 어느 죄수가 석방되자마자 자신에게 유죄 판결을 내린 판사를 살해하려 들었다. 그 죄수는 분명히 마음속으로 그 판사에 대해 끊임없이 생각하는 데 성공했으며, 그는 시간 속에서 어떤 구체적인 인간의 행위로 나온 그 판결에서 거기에 심리적 성격을 충실히 부여한 모든 구체적인 조건들(배심원의 평결, 공무원의 의무나 개인적 앙심의 부재, 혹시 있었을지 모르는 동정)을 벗겨냄으로써 그 판사를 단순히 하나의 논리적 의미로, 그러니까 자신의 '적이 자 박해자'라는 의미로 환원했다.

처벌은 범죄자에게 진정으로 괴로운 일이었지만, 그 처벌에 대해 단순히 논리적으로 정의를 내리는 것과 심리적인 특수한 것들을 두 루 고려해 정의를 내리는 것 중에서 어느 쪽이 더 진실할까? 실용주 의에 반대하는 사람들은 범죄자의 관점을 일관성 있게 옹호해야 하 고, 판사를 범죄자의 논리적 적으로 다뤄야 하고, 다른 조건들을 대 단히 비본질적인 심리적 자료로 여겨 차단시켜야 한다.

II

나의 설명이 받아들여지기 위해서 제거되어야 할 장애물이 아직 한 가지 더 있다고 나는 생각한다. 듀이와 실러처럼, 나도 어떤 생각 의 진실성은 그 생각의 만족스러움에 의해 결정된다고 말해야 한 다. 그러나 만족스러움은 주관적인 조건이다. 생각이 주관적인 조 건인 것과 똑같다. 그런데 진리는 일반적으로 '객관적'인 것으로 여 겨진다. 만족스러움이 진리를 보여주는 유일한 표시라는 점을, 우 리가 소중한 것을 소유하고 있다는 점을 보여주는 유일한 신호라는 점을 인정하는 독자들은 여전히 '진리'라는 단어가 가리키는, 생각 과 그 대상의 객관적인 관계가 나의 설명에서 몽땅 빠졌다고 말할 것이다. 나는 또한 나의 이름이 '믿으려는 의지'(will to believe)(내 가 볼 때, '의지'는 이 논의에서 전혀 아무런 역할을 하지 않아야 할 것 같다)와 연결되는 것이 일부 영역에서 나의 명예에 불리하게 작용하지 않을까 걱정된다. 나는 그런 불결한 것과 내통하고 있는 반면에, 진리를 사랑하는 순수한 사람은 헉슬리(Aldous Huxley)처럼 과장된 표현으로 토론하고 마치 진리가 진정한 진리가 되기 위해서는 우리의 모든 만족에게 최종적인 죽음의 메시지를 줄 수 있어야 하는 것처럼 느끼고 있다고 나의 적들이 생각할 수 있는 것이다. 그 같은 차이는 틀림없이 우리의 토론 영역의 복잡성을 증명하고 있지만, 내 생각에 그 차이도 오해에 근거하고 있으며, 여기서 나는 (성공할 확률은 극히 낮지만) 추가적인 설명을 통해서 그 오해를 해소하려 노력할 것이다.

먼저, 나는 반대자들에게 그들이 절대적이고 완전하고 객관적인 진리에 대해 말할 때 마음속에 품고 있는 것이 어떤 종류의 진리인지 정확하게 정의해 달라고 요구할 것이다. 그 다음에 나는 나 자신이 묘사하는 조건들의 밖에서 그런 종류의 진리가 서 있을 수 있는 공간을 나에게 확실히 보여 달라고 요구할 것이다. 내가 주장하는 바와 같이, 그런 종류의 진리는 나의 분석의 범위 안에 완전히 포함될 것이다.

우선, 진리는 하나의 생각과 그 생각의 대상인 어떤 현실 사이에 존재해야 한다. 그리고 하나의 속성으로서, 진리는 그 생각에 적용되어야 하지만 대상에 적용되어서는 안 된다. 이유는 객관적인 현실들이 적어도 우리가 지금 한계를 정해 놓고 있는 담론의 세계에서는 진실하지 않기 때문이다. 담론의 세계에서 객관적인 현실들은 단순히 존재로 여겨지는 반면에, 생각들은 객관적인 현실들에 적용된다. 그러나 우리는 일련의 생각들이 똑같은 대상을 연속적으로 점점 더 정확하게 반영한다고 가정할 수 있으며, 마지막 생각이 닿을 수 있는, 절대적으로 진실한 것과 매우 가까운 그것은 무엇인가라고 물을 수 있다.

어떤 생각에서 최대한으로 상상할 수 있는 진실성은 우리 자신과 대상의 실질적 동화, 그러니까 완전한 상호 합치와 동일시에 있는 것 같다. 믿음의 상식적 차원에서, 이것은 감각에 의한 인식에서 실제로 일어나는 것으로 여겨지는 바로 그것이다. 이 펜에 대한 나의 생각은 나의 지각 표상을 통해 스스로를 증명하고, 나의 지각 표상은 당분간 그 펜인 것으로 여겨진다. 지각 표상들과 물리적 현실들은 상식에 의해 동일한 것으로 다뤄진다. 그러나 감각들의 생리학은 상식에 대해 고려할 가치가 없다고 비판했으며, 펜 '자체'는 지금 나의 순간적인 지각 표상 그 너머에 놓여 있는 것으로 믿어지고 있다. 그럼에도 어떤 현실에 대한 완전한 앎이 어떤 것인지에 대한 견해는 한번 제시되기만 하면 우리의 사색을 위해 그 뒤로 줄곧 남는다. 정신과 현실의 완전한 합치가 진리의 절대적 한계일 것이며, 그것보다 더 낫거나 더 만족스런 지식은 있을 수 없다.

그런 완전한 합치가 그 문제에 관한 나의 설명에 하나의 가능성으로서 이미 명백히 제시되었다는 점에 대해서는 말할 필요도 없다. 만약에 하나의 생각이 우리를 어떤 현실 쪽으로나 그 현실까지, 또는 그 현실과 접촉하도록 이끌 뿐만 아니라 우리와 그 현실이 함께 녹을 정도로 아주 밀접하게 이끈다면, 나에 따르면, 그 생각은 바로 그 같은 실행에 의해 절대적으로 진실해질 것이다.

실은 철학자들은 이런 일이 일어나는지에 대해 의문을 품고 있다. 실제로 일어나고 있는 일은 우리가 현실들에 조금씩 더 가까이 다가서고 있는 것뿐이라고, 우리가 최대한으로 만족스런 한계에 조금씩 더 가까워지고 있는 것뿐이라고 그들은 생각한다. 그러면 상상 속의 완전하고 객관적인 진리와 구별되는 것으로서, 실질적으로 완전하고 객관적인 진리에 대한 정의는 진리는 우리를 우리의 경험의 성격이 허용하는 범위 안에서 최대한 그 대상과 가까이 접하도록, 그야말로 그 대상 바로 옆까지 이끄는 생각에 있다는 것이다.

객관적인 어떤 현실을 위해서 지금 그렇게 한 어떤 생각이 있다고 가정하자. 그 현실에 추가적으로 접근하는 것은 절대로 가능하지 않으며, 생각과 그 현실 사이에 아무것도 놓여 있지 않고, 그 다음 걸음이 우리를 곧장 그 현실 속으로 데려간다고 가정하자. 그러면 그 결과는 합치 직전일 것이다. 따라서 그 생각은 우리가 거주하고 있는 세상에서 실질적으로 성취할 수 있는 것으로 최대한 진실한 것이 된다.

그 문제에 관한 나의 설명에도 그 정도의 진리는 제시되었다는 점에 대해 나는 언급할 필요성을 거의 느끼지 않는다. 만약에 만족이 진리의 존재를 알려주는 표시라면, 우리는 그런 진정한 생각의 보다 덜 진정한 대체물은 덜 만족스러운 것으로 입증될 것이라고 덧붙일 수 있다. 그런 대체물을 따르면서, 우리는 아마 우리가 말단을 아직 건드리지 않았다는 사실을 발견할 것이다. 우리는 보다 밀접한 접근을 원해야 하고, 그런 접근을 발견할 때까지 멈춰서는 안 된다.

물론, 나는 여기서 현실을 아는 그 생각과 별도로 서 있는 그런 현실을 가정하고 있다. 나는 또한 만족은 그 현실에 가까워지는 것과 비례해서 증가한다고 가정하고 있다. 만약 나의 비판가들이 후자의 가정에 이의를 제기한다면, 나는 전자의 가정을 바탕으로 그들을 반박할 것이다.

독립적으로 서 있는 어떤 현실에 대한 우리의 전체 인식은 우리의 사고들이 지금까지 우리를 이끌었고 또 지금도 이끌고 있는 그 일련의 연속적인 말단들과의 사이에 어떤 이상적인 제한을 두는 상태에서 점점 커지고 있다. 각각의 말단들은 우리를 불만스런 상태로 남겨놓음으로써 잠정적인 것으로 증명된다. 보다 진실한 생각은 더 멀리까지 나아가는 생각이며, 그래서 우리는 종국적으로 절대적으로 만족스런 말단이라는 이상적인 개념에 의해서 영원히 앞으로 나아가도록 부추김을 받는다.

적어도, 나는 그 같은 견해를 따르고 받아들인다. 나는 관념적으로 완벽한 진리라는 개념에 그런 말단 속으로 들어가는 것 외에 다른 객관적인 내용을 부여하지 못하며, 그 개념이 지속적으로 성장했을 것이라고 생각할 수도 없으며, 보다 진실한 생각들이 안겨다 준 더욱 큰 지적이거나 실용적인 만족들의 총합을 제외하고는, 진실한 생각들이 거짓되거나 무가치한 생각들로부터 지속적으로 추려졌을 것이라고 생각할 수도 없다. 어떤 생각에, 또 그 생각과 자신의 다른 생각들의 모든 관계에, 그리고 그 생각과 자신의 합리적인 경험들의 모든 관계에 절대적으로 만족하면서도 그 생각의 내용을 현실에 대한 진실한 설명으로 받아들이지 말아야 하는 사람을 상상할 수 있는가? 따라서 진실한 것에 관한 문제는 만족스런 것에 관한 문제와 전적으로 동일하다. 당신은 논의를 전개하면서 어느 단어든 먼저 쓸 수 있으나, (나의 실용적인 설명의 핵심인) 만족스런 작용 또는 안내(leading)라는 완전한 개념을 무시하고 진리를 가능한 안내들이나 만족들과 별개인 어떤 정적인 논리적 관계라고 부른다면, 나에게는 그러는 당신이 자신의 발밑의 모든 토대를 잘라내는 사람처럼 보인다.

나의 글이 여전히 모호하지 않을까 하는 걱정이 든다. 그러나 나는 머뭇거리는 듯한 나의 언어를 이해하지 못한다는 사실을 이유로 나의 견해를 부정하는 사람들에게 그들 본인의 이름으로, 그들이 너무나 충심으로 믿고 있는, 진정하고, 순수하고, 절대적으로 '객관적인' 진리가 어떤 식으로 구성되고 확립되는지에 대해 매우 구체적으로, 또 정확하게 말해 달라고 진정으로 간청한다. 그들이 '현실' 자체를 가리켜서는 안 된다. 왜냐하면 진리가 단지 우리와 현실들의 주관적인 관계일 뿐이기 때문이다. 그 관계를 인간들이 '객관적으로' 성취할 수 있는지 여부를 떠나서, 그 관계의 명목상의 본질, 다시 말해 그 관계의 논리적 정의는 무엇인가?

나의 견해를 부정하는 사람들이 그 관계의 논리적 정의와 관련해서 어떤 의견을 제시하든, 나는 나의 설명이 그런 정의를 허용하고, 예상에 의해서 그 정의를 한 가지 가능한 케이스로 포함시켰다는 점을 증명할 것이라는 믿음을 강하게 품고 있다. 요약하면, 실용적인 체계의 틀 밖에는, 말하자면 경험적인 작용들과 안내들과 그것들의 보다 가깝거나 먼 말단들로 이뤄진 그 정글 밖에는 어떤 등급 또는 종류의 진리도 들어설 공간이 전혀 없다. 이 정글에 대해 지금까지 대단히 거칠게 쓴 것 같다.

프랫 교수의 진리론

I ⁴⁶

프랫(J. B. Pratt) 교수가 1907년 6월 6일자 '저널 오브 필로소피'에
발표한 논문은 너무나 멋지게 쓰였기 때문에 그 논문에 나타난, 실
용주의자의 입장에 대한 오해는 그 만큼 더 긴급히 대답을 요구하
는 것 같다.

프랫 교수는 실용주의자에게 진리는 어떤 생각과 그 생각 밖에
있고 그 생각을 초월하는 어떤 현실 사이의 관계일 수 없지만, 진리
는 "스스로를 정당화하기 위해 다른 어떤 것과도 연결될 필요가 전

46　1907년 8월 15일자 '저널 오브 필로소피'에 게재되었다.

혀 없는" 곳인 "경험 안에 모두" 있어야 한다고 단언한다. 여기서 말하는 다른 어떤 것이란 틀림없이 대상을 뜻한다. 그에 따르면, 실용주의자는 "모든 것을 심리로", 매 순간의 즉시적인 심리로 환원해야 한다. 따라서 실용주의자는 최종적으로 심리학적으로 검증되는 어떤 생각이 검증 과정이 완료되기 전에 이미 진실하다는 식으로 말하는 것이 저지당하고 있다. 또 실용주의자는 어떤 생각에 대해 마음만 먹으면 언제든 검증할 수 있다고 믿고 있는 한 그 생각을 잠정적으로 진실한 것으로 다루지도 못한다.

이런 실용주의자가 존재하는지, 나는 알지 못한다. 나 자신이 그렇게 거친 사람을 한 번도 만난 적이 없으니 말이다. 누구나 용어를 자기 마음대로 정의할 수 있다. 만약에 나의 친구 프랫이 실용주의자를 정의한 것이 그렇다면, 나는 단지 그의 반(反)실용주의에만 동의할 수 있을 뿐이다. 그러나 그는 그런 기이한 유형을 제시하면서 나의 말을 인용하고 있다. 그래서 일부 독자들에게 그런 우둔한 존재와 함께 분류되는 것을 피하기 위해서, 나는 진리에 대한 나의 견해를 한 번 더 주장할 생각이다.

진리는 기본적으로 두 가지 사물, 그러니까 어떤 생각과 그 생각의 밖에 있는 어떤 현실 사이의 어떤 관계이다. 이 관계는 모든 관계들과 마찬가지로 토대를, 즉 물리적일 뿐만 아니라 심리적이기도 한 경험적 상황이라는 모체를 갖고 있으며, 이 경험적 상황 안에서 서로 연결된 조건들이 깊이 박힌 채 발견된다.

'상속인'과 '유산' 사이의 관계의 경우에, 그 토대는 예전에 유언자가 있었고 지금은 유언장과 집행인이 있는 어떤 세계이며, 생각과 대상 사이의 관계의 경우에 그 토대는 두 가지 조건들 사이와 주위에, 만족스러운 어떤 검증 과정을 엮어낼 불완전한 상황들이 있는 그런 세계이다.

그러나 집행인이 유산을 분배하기 전에도 어떤 사람이 상속인으로 불리며 그런 존재로 다뤄질 수 있는 것과 똑같이, 하나의 생각도 검증 과정이 철저히 완료되기 전에도 실질적으로 진리로 여겨질 수 있다. 검증하는 상황이 존재한다는 사실만으로도 충분한 것이다. 다른 많은 예들에서 잠재성이 현실성으로 여겨지는데, 여기서 잠재성이 현실성으로 여겨지지 않는 이유를 알기가 어렵다.

우리는 어떤 사람을 두고 그가 이미 한 행동들뿐만 아니라 다른 행동들을 할 마음의 준비 때문에도 자비롭다는 식으로 말한다. 그렇듯 우리는 어떤 생각을 두고 그것이 지금 밝게 비추는 빛 때문만이 아니라 그것이 난해한 문제들을 해결해줄 것이라는 기대 때문에도 '빛을 비추는' 것으로 다룬다. 그런데 우리가 우리의 생각들의 진실성을 그와 똑같이 신뢰해서는 안 되는 이유가 무엇인가? 우리는 어딜 가나 신뢰를 바탕으로 살아가고 있으며, 우리의 생각을 그 대상을 일깨우는 일보다 그 대상과 연결된 것들을 떠올리는 일에 훨씬 더 자주 사용한다. 만약에 우리가 우리의 생각에 의해 그 대상까지 안내를 받는다면, 우리가 대상 자체에서 추구하는 유일한 쓰임새는 거의 틀림없이 그 대상과 연결된 것들로 넘어가는 일이다. 그렇게 함으로써 우리는 그것들이 가능하다는 우리의 믿음에 만족하면서 검증 과정을 지속적으로 줄여나간다.

진리로 알려진 관계를 이루고 있는 것은 바로 경험의 세계에서 대상과 생각을 에워싸고 있는 상황이라는 이 토대의 존재라고 나는 지금 말하고 있다. 이 토대는 단락으로 나눠지거나 완전히 가로질러질 준비가 되어 있다. 이 토대가 존재하고 그 토대를 통해서 대상과 생각 사이에 만족스런 통행이 가능한 한, 그 생각은 진실일 것이고, 완전한 검증이 이뤄졌는지 여부와 상관없이 진실일 것이고, 그 대상에도 적용될 것이다. 물론 그 대상의 본질과 장소와 유사성은 그 특별한 통행을 가능하게 하는 일에 있어서 생각의 본질과 연상의 경향들이 하는 역할만큼 중요한 역할을 한다. 그래서 진리는 온전히 사상가의 사적인 경험 안에 속할 수 있는, 순수하게 심리적인 그 무엇이라는 인식은 터무니없다. 진리 관계를 찾아야 할 곳은 생각과 대상 사이이며, 진리 관계는 생각과 대상 모두와 관련 있다.

그러나 '주지주의자'의 입장은, 내가 프랫 교수를 정확히 이해했다면, 우리가 진리를 검증하는 일에 이 토대를, 말하자면 중간 단계의 경험의 집합체를 이용할 수 있다 하더라도, 그럼에도 진리 관계 자체는 별도의 무엇인가로 남는다는 것이다. 그 말은 단지, 프랫 교수의 표현을 그대로 옮기면, "어떤 사람이 생각하고 있는 대상은 그 사람이 그것에 대해 생각하는 대로(as) 된다"는 것을 뜻할 뿐이다.

나에게는, 여기서 그 관계에 자격을 부여하고 '인식론적' 짐을 모두 짊어지고 있는 'as'라는 단어가 결코 간단하지 않은 것으로 보인다. 그 단어가 가장 직접적으로 암시하는 것은 생각은 대상과 유사해야 한다는 것이지만, 우리의 생각들 대부분은 추상적인 개념들이기 때문에 대상들과 닮은 점을 거의 갖고 있지 않다. 그러므로 나는 'as'를 보통 기능적으로, 말하자면 생각이 우리를, 대상이 안내하는 곳과 똑같은 경험의 영역들로 안내한다는 뜻으로 해석해야 한다고 말해야 한다. 경험은 계속 앞으로 이끌고, 대상들과 그 대상들에 대한 우리의 생각들은 똑같은 목표들에 닿을 수 있다. 그런 경우에 생각들이 보다 짧은 길이기 때문에, 우리는 생각들의 대상들을 생각들로 더욱더 많이 대체한다. 그리고 생각들의 기차가 우리의 정신을 뚫고 달릴 때, 우리는 생각들 하나하나에 대한 직접적인 검증을 습관적으로 포기한다. 왜냐하면 만약에 어떤 생각이 그 대상이 이끄는 '대로' 이끈다면, 프랫 교수의 표현을 빌리면, 우리가 대상이 그 정도까지는 우리가 생각하는 대로라고, 또 그런 식으로 그 정도까지 검증된 생각은 충분히 진실하다고 말할 수 있기 때문이다.

  프랫 교수는 틀림없이 이런 사실들 대부분을 받아들일 것이지만, 그는 그 사실들이 실용주의를 뜻한다는 점을 부정할 것이다. 물론, 정의(定義)는 누구에게나 자유롭게 열려 있다. 그러나 나는 진리에 관한 실용적인 관점이라는 표현을 지금 내가 묘사하고 있는 것이 아닌 다른 뜻으로는 결코 쓰지 않았다. 그리고 내가 실용적 진리관이라는 용어를 사용한 시점이 나의 친구들보다 앞서기 때문에, 그 용어가 우선권을 누려야 한다고 나는 생각한다. 그러나 나는 프랫 교수의 주장이 단지 어떤 사람이 실용주의자로 불리기 위해서 생각해야 하는 것들에 관한 것만은 아닐 것이라고 생각한다. 그는 틀림없이 진리 관계는 그 자체 안에 내가 말하는 토대가 설명할 수 있는 그 이상의 무엇인가를 갖고 있다고 믿고 있다. 상황이라는 모체는 진리를 검증하는 데는 유용할지 몰라도, 진리 관계가 초경험적이고 '비약적'이기 때문에, 진리 관계 자체를 세우지는 못한다고 그는 생각한다.

어떤 대상과 어떤 생각을 골라서, 그 생각이 그 대상에, 당신이 좋아하는 대로 영원히, 절대적으로 적용된다고 가정해 보자. 또 그 대상을 그 생각이 그것에 대해 생각하는 대로 된다고 여기도록 하자. 어떤 사물이 다른 '사물처럼' 되는 것도 가능한 일이니까. 지금 나는 프랫 교수에게 이 '처럼'이 암시하는 유사성 자체가 어디에 존재하는지 말해달라고 공식적으로 요구하고 있다. 나에게는, 그것이 순수한 미스터리로 남아 있을 것이 아니라, 어떤 것의 원인으로 돌려질 수도 있고 묘사될 수도 있는 그 무엇인가의 안에 존재해야 하는 것처럼 보이기 때문이다. 여기서 나는 이렇게 약속한다. 만약 그가 그 '처럼'에 대한 정의를 내가 이 논문에서 경험적 토대라고 불렀던 것에 관한 설명을 바탕으로 성공적으로 언급할 수 없는 그런 것으로 내린다면, 나는 나의 어리석음을 기꺼이 고백하고 진리라는 주제에 대해서는 앞으로 한 줄도 더 쓰지 않기로 동의할 것이다.

Ⅱ

프랫 교수는 어느 책에서 다시 그 비판으로 돌아갔다. 그 책은 명료성과 부드러운 성격 때문에 나머지 반실용주의 문헌 전부를 대체할 만하다. 나는 그 책이 그렇게 할 수 있기를 바란다. 이유는 저자가 나의 핵심적인 주장들을 모두 인정하고 있기 때문이다. 그는 단순히 나의 설명을 '수정' 실용주의라고 부르면서 자신이 '근본적인' 종류의 실용주의라고 부르는 실러와 듀이의 실용주의와 나의 이론을 구분하고 있다. 나 자신이 듀이와 실러를 이해하고 있는 바에 따르면, 우리 세 사람의 견해는 서로 다른 유형의 진술을 택하고 있음에도 불구하고 완전히 일치하고 있다. 그러나 나는 친구들을 방어하는 일이 아니어도 삶에서 충분히 많은 어려움을 겪고 있기 때문에, 나 자신이 완전히 틀렸다고 판단하고 있으면서도 어쩔 수 없이 그들을 일시적으로 프랫 교수의 해석에 그냥 맡긴다. 나 자신에 관한 대답은 아주 짧을 수 있다. 이유는 나 자신이 오직 본질적인 요소들만을 고려하는 쪽을 선호하기 때문이다. 프랫 교수의 책은 그 문제를 내가 이 논문 Ⅰ부에서 반박한 논문 그 이상으로 확장하지 않고 있다.

그는 'as' 원칙을, 그것이 마치 내가 다른 실용주의자들과 함께 부정했던 그 무엇인 것처럼 되풀이하고 있지만, 나는 단지 그것의 중요성을 그렇게 강조하는 사람들에게 단순히 말로 언급하는 그 이상의 것을, 예를 들면 그것에 대해 해설을 해 주고, 엄청난 중요성이 어디에 있는지를 말해 달라고 부탁했을 뿐이다. 나 자신은 어떤 생각이 진실한 생각이 되기 위해서는 그 대상이 생각이 선언하는 '대로' 되어야 한다는 점에 진심으로 동의하지만, 나는 그것을 그 생각의 검증 가능성을 의미하는 것으로 해석한다.

지금 프랫 박사가 내가 주장하는, 검증 기능을 하는 이 '작용들' 중 어떤 것도 부정하지 않으면서 단지 그 작용들이 진리 관계의 토대 역할을 할 수 없다는 점만을 강조하고 있기 때문에, 우리가 사실의 측면에서 의견을 달리하고 있는 것은 전혀 없는 것 같으며, 우리 사이의 이슈는 오직 작용 가능성 또는 검증 가능성이라는 개념이 '진실성'(trueness)의 개념에 어느 정도 핵심적인 부분인가 하는 문제뿐인 것 같다. '진실성'은 프랫 박사가 진실한 생각 속의 '닮은 점'에 붙인 이름이다. 나는 만약에 생각에 일어나는 구체적인 작용의 가능성에 관한 언급이 전혀 없다면 닮은 점이나 진실성의 개념에 전혀 아무런 의미가 남지 않는다고 주장한다.

가능한 작용이 절대로 있을 수 없는 예를 하나 보자. 내가 'skrkl'이라는 음어(音語)[47]로 표현할 수 있는 어떤 생각을 갖고 있으며, 동시에 그 생각이 진실하다고 주장한다고 가정하자. 지금 누가 그것이 허위라고 말할 수 있는가? 헤아릴 길 없이 깊은 우주의 속 어딘가에, 'skrkl'과 일치하고 프랫 박사가 말하는 그런 진실성을 가진 어떤 대상이 있을 가능성이 절대로 없다고 말할 수 없는 상황에서 말이다. 그런 한편, 누가 그것이 진실하다고 말할 수 있으며, 누가 그 대상 위에 손을 얹고 다른 어떤 것도 아닌 바로 그것이 내가 의미하는 것이라는 점을 보여줄 수 있는가? 그러나 다시, 나의 단어에

---

47   뜻과 상관없이 음 또는 문자를 결합시킨 단어를 말한다.

대해 다른 현실과 완전히 무관하다고 말하는 사람에게 누가 반대하고 나서며 그 단어를, 인식적 기능은 전혀 없는, 나의 마음 속의 단순한 하나의 사실로 다룰 수 있는가?

틀림없이 이 3가지 대안 중 하나는 나의 단어의 속성으로 여겨져야 한다. 그 단어가 무관하지(혹은 본래 인식력이 없지) 않기 위해서, 그것이 언급할 수 있는 것으로 어떤 종류의 대상이 제시되어야 한다. 만약에 제시된 대상이, 'skrkl'이 그것에 적용되는지 여부와 상관없이, 프랫 교수의 견해에 따라서 중간의 중개적인 조건에 전혀 의존하지 않는다면 어떻게 되는가? 그렇다 하더라도, 진실 또는 허위는 즉시적으로, 절대적으로, 확실히 거기에 있다.

한편, 나는 거기에 완전한 무관련보다는 진실과 허위 중 어느 것이 있는지를 확인하기 위해 어떤 종류의 우주적인 상황을 요구한다. 그런 다음에 나는 먼저 'skrkl'과 그 대상 사이에, 우주의 모든 현실들 사이를 그 현실들을 서로 복잡하게 연결시키며 달리고 있는 무수한 경로들 사이에서 뚜렷이 구분되는 어떤 종류의 자연스런 경로가 존재하지 않는다면, 'skrkl'이 다른 것이 아닌 바로 그 대상을 언급할 가능성은 전혀 없다고 말한다.

더 나아가, 나는 'skrkl'이 그 경로를 따르려는 경향을 어느 정도 갖고 있지 않다면 거기엔 문제의 그 대상을 언급하려는 의도에 해당하는 것이 전혀 없다고 말한다.

마지막으로, 나는 만약에 그 경로가 좌절이나 격려의 가능성들을 바탕으로 어떤 종류의 최종적 만족 또는 모순을 제시하지 않는다면, 거기엔 'skrkl'과 그 대상의 일치 또는 불일치에 해당하거나, 진실성(또는 허위)이 존재하는 것으로 여겨질 유사성(또는 비유사성)에 해당하는 것이 전혀 없다고 말한다.

이것만큼 중요한 관계에는 어떤 성향이 있어야 하는 것이 아닐까? 나의 불충분한 질문에 프랫 박사는 '진실성'이라는 표현을 되풀이하는 그 이상의 무엇인가를 보여줘야 한다고 나는 생각한다. 그 경로, 그 경향, 확증하거나 반대하는 전진을 매번 충실히 경험할 필요는 없지만, 만약에 우주가 갖추고 있는 가능성들 중에 그런 것들이 포함되어 있지 않다면, 나는 나의 생각의 진실성을 정의할 논리적 자료로 무엇이 남는지 도무지 모르겠다. 그러나 만약에 우주가 그것들을 포함하고 있다면, 그것들, 아니 그것들만이 필요한 논리적 자료의 전부이다.

프랫 박사가 어떤 생각에서 구체적인 검증 가능성보다 추상적인 진실성에 훨씬 더 큰 비중을 두고 있다는 사실이 나에겐 당혹스럽게 다가온다. 나는 그가 그 같은 사실에 대해 설명할 것으로 기대하고 있다. 확실히 추상적인 진실성이 검증보다 우선되지만, 내가 강력히 주장하는 검증 가능성도 검증보다 앞선다. 그것은 사람의 '죽을 운명'(죽음의 가능성에 지나지 않는다)이 죽음보다 앞서는 것과 똑같다. 그러나 이처럼 모든 가능성이 그것과 관련있는 사실보다 추상적으로 우선한다는 점이 그렇게 집요한 언쟁의 대상이 되어야 할 필요는 없을 것 같다. 나는 프랫 박사가 이것보다 더 구체적인 무엇인가에 대해 막연히 생각하고 있을 가능성이 있다고 생각한다.

어떤 생각의 진실성은 그 생각 안에서 저 대상보다 이 대상 쪽으로 작용하는 경향을 결정하는 명확한 무엇인가를 의미해야 한다. 틀림없이, 그 생각 안에 이런 종류의 무엇인가가 있다. 그것은 인간의 안에 죽음 쪽을 향하는 경향을 설명하는 무엇인가가 있고, 빵 안에 영양분을 공급하는 경향을 설명해주는 무엇인가가 있는 것과 다를 바가 하나도 없다.

진리의 경우에 그 무엇인가가 무엇인지에 관한 이야기는 심리학이 우리에게 들려주고 있다. 생각은 그 자체에 관념적일 뿐만 아니라 운동성을 지닌 특유의 연상들을 갖고 있고, 또 생각은 그것의 장소와 성격에 의해서 이 연상들을 하나씩 불러내는 경향을 보이고, 이 연상들이 연속적으로 나타나는 것이 바로 우리가 그 생각의 '작용들'(workings)이라는 표현으로 뜻하는 것이라고 말이다. 이 작용들이 어떤 것이냐에 따라, 그 생각이 품고 있던 진실성 또는 거짓성이 드러난다. 이 경향들은 그것들보다 앞서는 조건들을 갖고 있으며, 그 조건들은 일반적으로 생물학과 심리학과 전기(傳記)가 추적할 수 있다. 자연적이고 인과적인 조건들로 이뤄진 이 완전한 사슬은 단순히 인과적이지만은 않은 새로운 관계들이 발견되거나 그런 관계들이 처음 소개될 수 있는 사태(事態)를 낳는다. 그 관계들은 말하자면 우리 인식론 학자들이 연구하는 관계들로, 적응의 관계와 대체성의 관계, 방편의 관계, 참고의 관계와 진리의 관계이다.

선행하는 인과적 조건들은 단지, 비록 그 조건들이 없는 경우에 진실한 것이든 거짓인 것이든 어떤 종류의 인식도 있을 수 없지만,

생각들의 경향들이 지켜지는 경우에 무엇이 그 생각들을 진실되거나 헛된 것으로 만드는가 하는 문제의 예비 단계에 지나지 않는다. 생각들의 경향들은 어쨌든 어떤 형태로든 존재해야 하지만, 그 경향들이 구체적으로 어떤 것으로 드러나느냐에 따라 그 결실들이 진리나 허위나 무관련이 된다.

그 경향들은 어쨌든 '비약적'이지 않다. 그것들이 그 효과를 다음에서 다음으로만 연속적으로 전달하기 때문이다. 실제적인 것이든 잠재적인 것이든, 일련의 연상의 최종 결과가 우리의 정신적 시야에 나타나고 나서야, 우리는 그것이 인식론적 의미를 지니는 경우에 그 의미가 무엇인지를 확실히 느낄 수 있다.

끝으로, 진실한 인식은 처음부터 그 자체로, 또는 '그런 것으로서' 생각의 안에 실제적으로 있지 않다. 그것은 죽을 운명이 그런 것으로서 인간의 안에 있지 않은 것이나, 육성(育成)이 그런 것으로서 빵의 안에 있지 않은 것이나 마찬가지이다. 거기에 먼저 다른 무엇인가가 있고, 그 무엇인가는 사정에 따라서 인식이나 죽음, 또는 영양 공급에 실질적으로 기여한다. 그 무엇인가는 생각이나 인간 또는 빵이라는 첫 번째 조건의 '본질'이고, 이 본질은 과정들의 인과적 사슬을 작동시키고, 이 사슬은 완성될 때 우리가 상황에 따라 가장 적합한 기능적 이름을 붙이는 그런 복합적인 사실이 된다. 또 하나의 본질, 또 하나의 인식 작용들의 사슬, 이어서 알려진 또 하나의 대상 또는 다르게 알려진 동일한 대상이 생겨날 것이다.

프랫 박사는 대상에 대한 믿음이 진정할지라도 믿어지고 있는 대상이 존재하지 않을 수도 있다는 점을 인정하는, 진리에 관한 듀이와 실러의 설명을 비판하는 것처럼 보임으로써(그가 나를 비판하는지에 대해선 자신 있게 말하지 못하겠다) 다시 나를 당황하게 만들고 있다. 프랫 박사는 이렇게 쓰고 있다. "어떤 생각의 진실성은 단지 그 생각이 작용한다는 사실을 의미하기 때문에, 당신이 어떤 생각이 진실하다고 말할 때 의미하는 바는 그 같은 사실이 전부이다." "당신이 어떤 생각이 진실하다고 말할 때"라고 하는데, 그것은 비판가인 당신에게 진실하다는 뜻인가 아니면 당신이 묘사하고 있는 그 믿는 사람(believer)에게 진실하다는 뜻인가? 이 비판가가 이 문제를 놓고 겪는 어려움은 그가 '진실하다'라는 단어를 무심하게 받아들이는 데서 비롯되는 것 같다. 반면에 실용주의자는 그 단어를 언제나 '작용들을 경험하는 사람에게 진실하다'는 뜻으로 쓴다. 이어서 이 비판가는 "그러나 그 대상은 진정으로 진실한가 아니면 그렇지 않은가?"라고 묻는 것처럼 보인다. 마치 실용주의자가 자신의 인식론 위로 순수한 존재론을 그물처럼 던지며 어떤 현실들이 의심할 여지없이 존재하는지를 말해야 한다는 듯이 말이다. 여기서는 "다 같은 하나의 세상일 뿐이야!"라는 대답이 적절할 것 같다.

프랫 박사의 또 다른 곤경에도 주목해야 한다. 그것은 대상의 '초월성'과 관련 있는 곤경이다. 우리의 생각들이 우리를 대상 바로 옆까지 안내하기 위해 작용했을 때, "우리와 대상의 관계는 보행적인가 아니면 비약적인가?"라고 프랫 박사는 묻는다. 프랫 박사는 이렇게 적고 있다. 만약에 당신의 두통이 나의 대상이라면, "나의 경험은 당신의 경험이 시작하는 곳에서 중단하는데, 이 같은 사실이 대단히 중요하다. 이유는 그것이 인식에 관한 실용주의의 설명에서 매우 중요한 요소를 이루는 과도적 변화와 성취의 감각을, 말하자면 원래의 생각에서부터 알려진 대상까지 지속적인 변화로 인해 생기는 성취의 감각을 가로막고 나서기 때문이다. 만약에 이런 일이 내가 당신의 두통을 알 때 일어난다면, 그 일은 대상에는 일어나지 않지만 '인식론적 간극'의 내 쪽에는 꽤 일어난다. 그 간극은 여전히 거기서 초월되기를 기다리고 있다."

물론 언젠가는, 또는 지금도 우주의 보다 큰 삶 속의 어딘가에서 다양한 인간들의 두통들이 합치하거나 '공동으로 의식될' 수도 있다. 그러나 지금 여기서 두통들은 서로를 초월하고 있으며, 느껴지지 않을 때에는 오직 개념상으로만 알려질 수 있다.

나의 생각은 당신이 정말로 두통을 겪고 있다는 것이다. 그 생각은 내가 당신의 표정에서 보는 것과 잘 맞아떨어지고, 내가 당신으로부터 듣는 것과도 잘 맞아 떨어지지만, 그 생각은 내가 그 두통 자체를 소유하도록 하지는 못한다. 나는 여전히 거리를 두고 있으며, 두통은 일반적으로 인간 경험을 절대로 초월하지 않지만 여기선 나를 '초월'하고 있다. 그러나 여기서 그 '간극'은 실용주의자의 인식론 자체가 어떤 대상과 생각이 있어야 한다고 말함으로써, 그 첫 몇 마디를 통해 해결하는 바로 그것이다. 그러나 그 생각은 즉각 간극을 뛰어넘지 않으며, 생각은 간극을 건너기 위해서 다음에서 다음까지만 충실히 또는 대략적으로 작용한다.

만약에 실용주의자의 가설적인 우주 속에서 그 생각이 간극을 메운다면, 그것은 '진실한' 생각이라고 불릴 수 있다. 만약에 그 생각이 간극을 건널 수도 있는데 실제로 건너지 않거나, 만약에 그 생각이 분명히 거기에 어떤 다리를 놓는다면, 앞을 내다보는 실용주의자의 눈에 그 생각은 프랫 교수가 '진실성'이라고 부르는 것을 갖고 있다. 그러나 실용주의자에게 그 결과 그 생각이 대상과 한덩어리로 합치하는 데 실패할 때 그 생각이 진정으로 진실하거나 진정한 진실성을 갖는지에 대해 묻는 것은, 바꿔 말해, 실용주의자가 추정하고 있고, 또 그가 생각하고 있는 사상가가 믿고 있는 것으로 여겨지는 그 두통이 진정한 두통인지 아닌지를 묻는 것은 그의 가설적인 담론의 세계에서 빠져나와서 그 세계와 완전히 다른 자연적 사실의 세계로 들어가는 것이다.

8장

진리에 대한 실용주의자의 설명과 그것을 오해하는 사람들[48]

48   1908년 1월 '필로소피컬 리뷰'(Philosophical Review)에 게재되었다.

나의 책『실용주의』에서 제시한 진리에 대한 설명이 계속 오해를 불러일으키고 있기 때문에, 나는 최종적으로 간략하게 대답하고 싶은 마음을 느낀다. 나의 생각들은 충분히 반박의 대상이 될 수 있지만, 그 생각들이 먼저 온전한 상태로 받아들여질 때까지는 어떤 반박도 받을 수 없다. 현재의 오해들에 나타나는 공상적인 성격은 실용주의가 취하고 있는 구체적인 관점이 얼마나 낯선 것인지를 잘 보여주고 있다. 어떤 인식에 익숙한 사람들은 그 안에서 너무나 편하게 움직이고 있기 때문에, 그들은 약간의 암시에도 서로를 잘 이해하고 특별히 주의를 기울이지 않아도 아무런 걱정 없이 대화할 수 있다.

결과론적인 측면에서, 나는 실용주의자들이 언제라도 작동할 준비가 되어 있는 그런 지성을 가정했다는 점을, 따라서 여러 곳에서 지나치게 모호한 언어를 사용했다는 점을 인정해야 한다. 우리는 진리에 관한 글을 쓰면서 생략을 피했어야 했다. 비판가들은 불만을 표현할 수 있는 곳이면 어김없이 불만을 터뜨리면서 우리의 토론의 자구보다 정신을 받아들이길 거부했다. 이것은 전체 관점이 그들에게 생소하게 다가오고 있다는 사실을 보여주는 것 같다. 그것은 또한 "실용주의에서 새로운 것은 진실하지 않고 진실한 것은 새롭지 않다"는 판에 박은 문구에서 이미 모습을 드러내기 시작한, 두 번째 단계의 반대가 진실되지 못하다는 점을 보여준다.

만약에 우리가 조금이라도 새로운 것을 전혀 말하지 않았다면, 우리의 의미를 이해하는 것이 절망적일 만큼 어려운 이유가 도대체 무엇인가? 그 탓이 전적으로 우리의 언어의 모호성으로 돌려질 수는 없다. 다른 주제들에서는 우리가 우리의 뜻을 이해시킬 수 있었으니 말이다.

그러나 비난에 비난으로 맞서는 것은 천박한 짓이다. 개인적으로 나는 이렇게 확신하고 있다. 내가 불만을 품고 있는 오해들 중 일부는 나의 진리관이 대중적인 강연 내용을 담은 그 책에서 반드시 진리와 연결되지 않는 다른 많은 의견들에 둘러싸여 있기 때문에 독자가 자연스럽게 혼란을 느끼게 되었을 것이라고 말이다. 이 점은 분명히 나의 잘못이다. 신중을 기하지 않은 것도 마찬가지로 나의 탓이다. 이어지는 글은 그 책에서 빠뜨린 것을 부분적으로 보완할 것이다.

* 첫 번째 오해: 실용주의는 단지 실증주의의 개정판에 불과하다

이것이 가장 흔한 오해인 것 같다. 회의론과 실증주의와 불가지론은 똑같이 모든 사람이 추가적인 설명이 없어도 '진리'라는 단어가 의미하는 바를 알고 있다고 전제하면서, 일반적인 독단적 합리주의에 동의하고 있다. 그러나 그 견해들은 진정한 진리, 즉 절대적 진리는 우리가 접근할 수 있는 것이 아니라는 점을, 우리는 상대적이거나 현상적인 진리를 차선의 대체물로 기꺼이 받아들여야 한다는 점을 암시하거나 선언한다. 이것은 회의론에 의해서 불만스런 사태로 다뤄지고 있는 반면에, 실증주의와 불가지론은 그 사태에 쾌재를 부르며 진정한 진리를 신 포도라고 일컬으면서 현상적인 진리를 우리의 모든 '실용적' 목표에 꽤 충분한 것으로 여기고 있다.

실은, 실용주의가 진리에 대해 해야 하는 말보다 이 모든 것으로부터 더 멀리 벗어나 있는 것은 없다. 실용주의의 주장은 이 모든 견해보다 앞서는 주장이다. 실용주의의 주장은 진리라는 단어의 정의에 만족하면서, 다른 이론들이 시작하는 곳에서 중지한다. 실용주의는 이렇게 묻는다. "우주에 존재하고 있는 어떤 정신이 진리를 소유하고 있는지 여부와 상관없이, 진리의 개념은 이상적으로 무엇을 의미하는가?" "진정한 판단들이 존재하는 경우에, 그 판단들은 어떤 종류일 것 같은가?" 실용주의가 이 질문들에 대해 제시하는 대답은 대단히 상대적이고 불완전한 것으로 묘사되는 진리뿐만 아니라 생각 가능한 것 중에서 가장 완전한 진리까지, 당신이 그렇게 부르길 원한다면 '절대적인' 진리까지 커버하게 되어 있다.

진리가 존재한다면 어떤 것일 것 같은가, 라는 질문은 분명히 순수하게 사변적인 탐구의 영역에 속한다. 그것은 어떤 종류의 현실에 관한 이론도 아니고, 어떤 종류의 인식이 실제로 가능한가에 관한 이론도 아니다. 그것은 구체적인 조건들로부터 모든 것을 추출하고 그 조건들 중 두 개의 조건 사이에 가능한 어떤 관계의 본질을 정의하고 있다.

종합 판단들에 관한 칸트의 질문이 그 전의 철학자들을 피했듯이, 실용주의자의 질문도 지금까지 관심을 피했을 만큼 미묘할 뿐만 아니라, 공개적으로 표현된 지금도 교조주의자들이나 회의론자들이나 똑같이 제대로 이해하지 못하고 실용주의자가 완전히 다른 무엇인가를 다루고 있다고 여길 정도로 미묘하다. 교조주의자들과 회의론자들은 이렇게 말한다(실제로 어느 비판가의 말을 인용한다). "실용주의자들은 보다 큰 문제들은 인간의 지능에 의해 해결될 수 없다고, 또 진정으로 알려고 하는 인간의 욕구는 인위적이고 망상이라고, 또 현실의 토대들에 닿지 못하는 우리의 이성은 전적으로 행위로 바뀌어야 한다고 고집하고 있다." 이것보다 더 심각한 오해는 없다.

* 두 번째 오해: 실용주의는 주로 행위에 호소한다

행위를 암시하는 '실용주의'라는 이름은 불행한 선택이었으며, 그 이름이 이 같은 오해를 불러일으켰다는 점을 인정하지 않을 수 없다. 그러나 어떤 단어를 썼더라도 그 탐구의 본질을 너무도 모르고 있는 비판가들로부터 그 원칙을 보호하지 못했을 것이다. 구체적인 예를 들면, 실러 박사가 생각들이 적절히 '작용'하는 것에 대해 말할 때, 비판가들이 생각하는 유일한 것은 생각들이 물질적 환경 속에서 즉시적으로 작동하고, 생각들이 우리로 하여금 돈을 벌게 하거나 그와 비슷한 '실용적' 이점을 누리게 하는 것이었다.

당연히, 생각들은 직접적으로나 간접적으로 작용하지만, 생각들은 또한 정신적 세계 안에서 무한정 작용하기도 한다. 우리에게 이런 초보적인 통찰조차 인정하지 않으면서, 비판가들은 우리의 관점을, 거칠고 즉시적인 세계관을 필요로 하면서도 순수한 철학을 공부할 시간이나 지력을 갖추지 못한 공학자와 의사, 재정가, 활동가에게 배타적으로 제시되고 있는 것으로 다루고 있다. 대체로 실용주의는 특별히 미국적인 운동으로, 일종의 꼬리를 잘라낸 사고 체계 같은 것으로, 이론을 혐오하고 즉시적으로 현금 환급을 원하는 거리의 보통 사람들에게 적합한 것으로 묘사되고 있다.

실용주의가 처음 제기하는 세련된 이론적 질문이 대답을 듣는 즉시, 실용적인 종류의 부차적인 추론들이 따른다는 말은 꽤 맞는 말이다. 깊이 조사하면, 진리라 불리는 기능에서 이전의 현실들이 유일한 독립 변수가 아니라는 것이 드러난다. 우리의 생각들도 그 자체가 현실들이기 때문에 어느 정도는 독립 변수들이며, 그 생각들이 다른 현실을 따르며 거기에 맞추듯이, 다른 현실도 어느 정도 생각들을 따르며 거기에 맞춘다. 우리의 생각들이 스스로를 존재에 더할 때, 그 생각들은 그 존재물을 부분적으로 다시 결정하며, 그래서 그 생각들이 고려되지 않으면, 현실은 대체로 불완전하게 정의될 수 있다. 우리의 생각들을 현실의 보완적인 요소로 제시하고 있는 이 실용주의 원칙은 사고의 독창성을 폭넓게 허용할 뿐만 아니라 인간 행위들이 일어날 창(우리의 생각들이 우리의 행동의 선동자들이나 마찬가지이기 때문이다)을 활짝 열고 있다. 그러나 그 창이 세워져 있는 그 전의 인식론적 건물을 무시하거나, 마치 실용주의가 그 창에서 시작해서 그 창에서 끝나는 것처럼 말하는 것보다 더 어리석은 짓도 없을 것이다. 그럼에도, 이것이 우리의 비판가들이 거의 예외 없이 하고 있는 일이다. 우리의 비판가들은 우리의 일차적인 걸음과 그 걸음의 동기를 무시하고, 우리의 이차적인 성취인 행동과의 관계를 일차적인 성취로 여기고 있다.

*** 세 번째 오해: 실용주의자들은 방출적인 현실들을 믿을 권리를 포기하고 있다**

비판가들에 따르면, 실용주의자들은 우리의 믿음들의 진실성을 그 믿음들의 검증 가능성에 존재하는 것으로 만들고, 그 검증 가능성을 그 믿음들이 우리에게 유익하게 작용하는 방식에 존재하는 것으로 만듦으로써 그렇게 하고 있다. 스타우트(G. F. Stout) 교수[49]는 1897년 10월에 '마인드'에 발표한, 그 부분만 없었다면 아주 훌륭했을, 실러에 관한 리뷰에서 바로 그 부분이 실러(그는 자신의 원칙

---

49 영국 철학자이자 심리학자(1860-1944).

의 결과를 진심으로 깨달을 수 있었다)로 하여금 다른 사람이 분명히 두통을 앓고 있는 상황에서도 그 사람의 두통을 진실로 믿을 수 없다는 식의 부조리한 결론을 내리도록 했음에 틀림없다고 생각하고 있다. 스타우트 교수는 단지 그런 가정이 자신에게 안겨주는 작업 가치를 위해서 그렇게 '가정할' 수 있을 뿐이다. 그 가정이 그의 일부 행동들을 안내하면서 이로운 결과를 낳게 할 수 있지만, 그가 그 가정이 오직(!) 그런 의미에서만 진실하다는 것을 완전히 이해하는 순간에, 다른 사람이 진정으로 두통을 앓고 있다는 것은 그에게 진실한 것이기를 중단한다(또는 중단되어야 한다). 그러면 그 가정을 대단히 소중하게 만드는 모든 것이 증발해 버리고 만다. 동료 인간에 대한 그의 관심은 "은폐된 형태의 어떤 이기심이 되고, 그의 세계는 점점 차갑고, 지루하고, 냉혹해지는 것"이다.

그런 반대는 실용주의자의 담론의 세계를 뒤죽박죽 혼란스럽게 만든다. 그 세계 안에서, 실용주의자는 두통이나 다른 감정을 품고 있는 누군가를 발견하고 그 감정을 가정하고 있는 또 다른 누군가를 발견한다. 그 가정이 어떤 조건에서 '진실한지'를 물으면서, 실용주의자는 그런 가정을 하는 사람에게는 어쨌든 그 가정의 진실성은 그것을 믿는 것이 그 사람의 내면에서 일으키는 만족의 정도와 비례한다고 대답한다. 여기서 만족스러운 것은 무엇인가? 틀림없이, 가정된 대상을, 즉 진정으로 존재하고 있는 다른 사람의 감정을 믿는 것이다. 그러나 스타우트 교수의 말을 빌리면, 불신이 "그에게 세상이 차갑고 지루하고 냉혹하게 보이도록 만드는데", (특히 가정하는 사람이 철두철미한 실용주의자라면) 그 감정을 믿지 않는 것이 어떻게 그에게 만족스러울 수 있겠는가? 만약에 세상의 냉혹함이 이미 다른 토대들에서 일어나지 않았다면, 실용주의자의 원칙들을 근거로 할 때, 그런 조건에서 믿지 않는 것은 꽤 불가능해 보일 것이다.

그리고 실용주의자의 담론의 세계에서 가정되는 주체에 진실인 두통에 대한 믿음은 또한 자신의 인식론적 목적을 위해서 그 전체 세계를 가정한 실용주의자에게도 그대로 적용되는데, 그 믿음이 그 세계에서 절대적으로 진실하지 않은 이유는 무엇인가? 믿어지고 있는 두통은 거기서 하나의 현실이며, 현존하는 어떤 정신도 그것을 불신하지 않는다. 비판가의 정신도 불신하지 않고 비판의 대상이 되고 있는 사람의 정신도 불신하지 않는다. 우리의 반대자들은 우리의 이 진정한 세계에서 보다 훌륭한 종류의 진리를 우리에게 보여줄 수 있는가?

다음에 제시하는 보다 폭넓은 오해의 한 가지 세부 사항에 불과한 이 세 번째 오해에 대한 설명은 이것으로 끝내도록 하자.

* 네 번째 오해: 실용주의자는 자신의 인식론에서 절대로 현실주의자가 될 수 없다

이것은 우리의 믿음들의 진실성은 일반적으로 그 믿음들이 주는 만족에 있다는 실용주의자의 진술에서 당연히 나오게 되어 있는 오해이다. 당연히 만족은 본질적으로 주관적인 조건이며, 그래서 진리는 만족감을 마음대로 만들어 낼 수 있는 주체에 전적으로 속한다는 결론이 나오게 되어 있다. 따라서 진실한 믿음들은 경험의 다른 부분들에 대한 모든 책임과 단절된, 완고한 애착이 된다.

실용주의자의 담론 세계를 이루고 있는 다른 모든 요소들을 무시하고 한 가지 요소만을 고려하면서 실용주의자의 의견을 그런 식으로 희화화하는 것은 참아주기 어렵다. 그 담론 세계를 구성하고 있는 조건들은 거기서 정의된 인식 기능을 비현실적으로 해석하는 것을 강력히 금지하고 있다. 실용주의를 추구하는 인식론 학자는 그 담론의 세계에서 어떤 현실과 생각들을 품고 있는 어떤 정신을 상정하고 있다. 실용주의자는 지금 이렇게 묻고 있다. 무엇이 그 생각들을 그 현실에 적용되도록 만드는가? 일반적인 인식론은 생각들이 '일치'하거나 '동의'해야 한다는 식의 모호한 진술로 만족한다. 그러나 실용주의자는 보다 구체적인 것을 요구하면서, 그런 '동의'가 세부적으로 무엇을 의미하는지에 대해 묻는다.

실용주의자는 먼저 생각들이 다른 것이 아닌 그 현실 쪽을 가리키거나 그곳으로 안내해야 한다는 것을, 이어 그런 식으로 가리키거나 안내하는 것이 결과물로 만족을 낳아야 한다는 사실을 발견한다. 여기까지 실용주의자는 게으른 평범한 인식론 학자에 비해 덜 추상적이지 않지만, 실용주의자는 문제의 본질을 더 깊이 파고들면서 더 구체적으로 변해간다.

주지주의자와 실용주의자의 논쟁은 모두 실용주의자의 구체성을 둘러싸고 벌어지고 있다. 주지주의가 모호하고 추상적인 설명일 수록 더욱 심오하다는 주장을 펴고 있으니 말이다. 구체적으로 가리키고 안내하는 것은 실용주의자에 의해서 현실과 정신이 속한 동일한 세계의 다른 부분들의 작용으로 인식되고 있다. 여기서 말하는 부분들은 경험을 이루는 중간 단계의 검증하는 조각들이며, 이 조각들의 한쪽 끝은 정신과, 다른 한쪽 끝은 현실과 연결되어 있다. '만족'은 추상적인 만족이 절대로 아니고 불특정한 존재에 의해서도 느껴지지만, 그 만족은 존재하고 있는 구체적인 인간들이 실제로 자신의 믿음들에서 발견하는 그런 만족들로 구성되어 있다.

인간들이 체질적으로 적절한 사실을 추구하게 되어 있기 때문에, 우리는 다른 사람들의 정신을, 독립적인 물리적인 현실들을, 과거의 사건들을, 영원한 논리적 관계들을 믿는 것이 만족스럽다는 사실을 발견한다. 우리는 희망이 만족스럽다는 것을 확인한다. 우리는 종종 의심을 품지 않는 것이 만족스럽다는 사실을 확인한다. 무엇보다, 우리는 일관성이 만족스럽다는 것을 발견한다. 현재의 생각과 우리의 정신 장치의 나머지 전체 사이의 일관성 말이다. 정신 장치의 나머지 전체는 우리의 감각들의 영역은 물론이고, 비슷함과 차이에 관한 우리의 직관들의 영역과 이전에 습득한 진리들의 축적을 포함하고 있다.

실용주의자도 한 사람의 인간이며, 그는 일반적으로 자신의 인식론적 토론의 바탕에 놓고 있는 '현실'에 대한 자신의 믿음보다 더 진정한 믿음이 있다는 것을 상상하지 않는다. 그렇기 때문에 실용주의자는 우리의 만족을 우리에게만 적용되는 안내자로 여기지 않고 그 현실까지 이끄는 진정한 안내자로 기꺼이 다루고 있다. 이 대목에서, 우리의 주관적인 감정인 이 만족이 '객관적인' 진리를 낳지 못하는 이유를 명백히 보여주는 것이 실용주의에 반대하는 사람들의 의무처럼 보인다. 만족들이 수반하는 믿음들은 가정된 현실을 '상정'하고, 그 현실과 '일치'하고 '동의'하며, 그 믿음들을 검증하는 역할을 하는 사고와 행동의 열차들을 통해서 명확한 방법으로 그 현실과 '합치한다'. 그렇기 때문에 이 단어들을 구체적으로 사용하지 않고 그저 추상적으로 사용할 것을 주장하는 것은 실용주의자를 싸움터에서 몰아내는 길이 절대로 아니다. 보다 구체적인 실용주의자의 설명은 사실상 그의 비판가들의 설명을 포함하고 있다.

만약에 우리의 비판가들이 우리가 제안하는 종류보다 더 객관적인 근거를 가진 어떤 진리에 대해 명확한 생각을 품고 있다면, 지금 그들이 그 생각을 보다 또렷하게 보여주지 않는 이유가 무엇인가? 그들의 입장을 보면, 헤겔이 제시한 어떤 인간이 떠오른다. '과일'을 원하면서도 체리와 배와 포도가 추상적으로 과일이 아니라는 이유로 그것들을 거부하는 인간 말이다. 우리는 반대자들에게 속이 가득 찬 단지를 제시하고 있는데, 그들은 속이 텅 빈 용량을 달라고 아우성치는 형국이다.

그러나 여기서 어떤 비판가가 다음과 같이 반박하는 소리가 들리는 것 같다.

"만약에 만족들이 진리를 만드는 데 필요한 전부라면, 오류들이 그렇게나 자주 만족스러운 그 악명 높은 사실은 어떻게 되는가? 그리고 어떤 진실한 믿음들이 끔찍한 불만을 야기하는, 똑같이 악명 높은 사실은 또 어떻게 되는가? 믿음이 안겨주는 만족이 아니라, 믿음과 현실의 관계가 그 현실을 진실하게 만드는 모든 것이라는 점이 분명하지 않은가? 그런 현실이 전혀 없었는데 만족들이 아직 남아 있다고 가정해 보라. 그렇다면 만족이 꽤 엉터리로 작용하고 있다는 뜻이 아닌가? 그런데 만족들이 특별히 진리의 건설가로 다뤄질 수 있는가? 우리에게 그 특별한 진리 만족을 주는 것은 어떤 믿음과 현실의 고유한 관계이며, 이 만족에 비하면 다른 만족들은 모두 공허하기 짝이 없는 속임수이다. 따라서 진정으로 아는 것에 따른 만족이 실용주의자가 고려해야 하는 유일한 만족이다. 반(反)실용주의자는 그 만족을 하나의 심리적 감정으로 실용주의자에게 기꺼이 양보하지만, 그것을 진리를 구성하는 요소로서가 아니라 진리의 한 부수물로 양보할 뿐이다. 진리를 이루는 것은 감정이 아니라 현실을 정확히 인식하는, 순수하게 논리적이거나 객관적인 기능이며, 실용주의자가 이 기능을 보다 낮은 가치들로 환원하지 않는 것은 명백한 사실이다.”

　나에게는 이 같은 반(反)실용주의가 혼동의 덩어리처럼 보인다. 먼저, 실용주의자가 ‘필수적’이라고 말할 때, 반실용주의는 이 표현을 ‘충분하다’는 표현과 혼동한다. 그 실용주의자는 만족들이 진리의 건설에 필수적이라고 말하지만, 나는 현실에 닿는 일이 부수적으로 일어나지 않는다면 만족으로는 불충분하다고 어디서나 말했다. 만약에 가정된 현실이 실용주의자의 담론의 세계로부터 철회된다면, 실용주의자는 남아 있는 믿음들이 아무리 만족스러울지라도 그 믿음들에 당장 허위라는 이름을 붙일 것이다. 실용주의자에게도 그의 비판가에게나 마찬가지로, 만약에 진실할 수 있는 것이 전혀 없다면 거기엔 절대로 진리가 있을 수 없다. 만약에 묘사된 물질이 생각들에게 인식에 따른 광택을 주지 않는다면, 그 생각들은 너무나 평평한 심리적 표면에 지나지 않을 것이다. 이것이 한 사람의 실용주의자로서 내가 처음부터 '현실'을 그렇게 조심스럽게 상정했던 이유이고, 또 내가 논의 전반에 걸쳐서 인식론적 현실주의자로 남아 있는 이유이다.

반실용주의자는 실용주의자들이 진리가 공식적으로 무엇을 의미하는지에 대해 설명함과 동시에 반실용주의자가 진리를 실질적으로 소유하고 있다고 확신할 수 있는 때를 규정하려고 노력하면서 진리에 대한 어떤 보증서를 제시하려고 애쓰고 있다는 식으로 상상함으로써 추가로 혼동을 일으키고 있다. 우리가 진리를 대단히 '독립적인' 어떤 현실에 전적으로 좌우되는 것으로, 말하자면 현실이 오면 진리가 오고 현실이 가면 진리가 간다는 식으로 설명한 것이 이 같은 순진한 기대를 실망시키고 있으며, 그래서 반실용주의자는 우리의 설명에 대해 불만스럽게 여긴다. 나는 이 혼동 아래에 두 가지 개념, 즉 진리와 현실을 충분히 구분하지 않는 보다 깊은 혼동이 자리 잡고 있는 것이 아닌가 하고 의심한다.

현실들은 진실하지 않으며, 현실들은 그냥 있을 뿐이며, 믿음들은 현실들에 적용된다. 그러나 나는 반실용주의자의 정신 속에서 진리와 현실 개념이 간혹 그 특성을 맞바꾸고 있을 것이라고 의심한다. 현실 자체가 마치 '진실한' 것처럼 다뤄지고, 거꾸로 진리가 마치 현실인 것처럼 다뤄지고 있지 않나 하는 걱정이 드는 것이다. 그렇게 되면 우리에게 현실에 대해 말하는 사람은 누구나 우리에게 진리에 대해 말하게 되어 있으며, 하나의 진실한 생각은 어떤 의미에서는 그 생각이 인식력에 의해 갖추게 된 현실이어야 하거나 적어도 외부의 도움 없이 현실을 낳아야 하는 것으로 여겨지게 된다.

절대적이고 관념론적인 이런 요구에 실용주의는 단지 그렇게 하지 못한다는 말로 반대를 표할 뿐이다. 만약 진리가 존재하려면, 현실들과 그 현실들에 대한 믿음들이 진리를 만들기 위해 협력해야 한다고 실용주의는 말하지만, 진리라는 것이 있는지, 또는 사람이 어떻게 자신의 믿음이 진실성을 갖고 있다고 확신할 수 있는지에 대해 실용주의는 절대로 명확히 아는 척하지 않는다.

어떤 한 믿음을 다른 길들로 불만스런 것으로 만들 수도 있는 그 특별한 진리 만족을, 실용주의는 이전의 진리들의 축적, 즉 추정된 진리들과의 일관성이라는 감정으로 쉽게 설명한다. 과거의 경험 전체는 누구에게나 추정된 진리들을 남기게 되어 있다.

실용주의자의 적들은 이 대목에서 이런 질문을 던질 것이다. 그러나 모든 실용주의자들이 다 자신들의 믿음들이 옳다고 확신하는 것은 아니지 않는가? 이 질문이 나를 다섯 번째 오해로 안내한다.

* 다섯 번째 오해: 실용주의자들이 말하는 내용은 그들의 말과 일치하지 않는다

어느 반대자는 편지에서 이 같은 반대를 다음과 같이 적었다. "당신이 청중에게 '실용주의는 진리에 관한 진리'"라고 말할 때, 첫 번째의 진리는 두 번째의 진리와 다르다. 두 번째 진리에 대해서 당신과 청중은 이견을 보이지 않는다. 이유는 당신이 그것이 청중의 개인적 활용에 만족스럽게 작용하는지 여부에 따라 그것을 인정할 것인지를 결정할 자유를 청중에게 주지 않기 때문이다. 그럼에도 두 번째 진리를 설명하고 포함해야 하는 첫 번째 진리는 이 자유를 단언하고 있다. 따라서 당신의 발언의 의도는 그 내용과 모순을 일으키는 것 같다."

일반적인 회의(懷疑)는 언제나 이와 똑같은 전형적인 반박을 불러 일으켰다. 합리주의자들은 회의론자들에게 이런 식으로 말한다. "당신은 회의적인 입장을 표할 때마다 독단적으로 말해야 한다. 그렇기 때문에 당신의 삶은 당신의 주장과 늘 모순을 일으킨다." 이 대목에서, 이 진부한 주장이 세상의 회의를 조금도 누그러뜨리지 못하고 있는 그 무능함이 일부 합리주의자들로 하여금 이런 즉각적인 논리적 반박들이 생생한 정신적 태도들을 죽이는 치명적인 방법들이 아닌지 의심하도록 했을 수 있다는 짐작도 가능하다. 일반적인 회의는 결론 내리기를 거부하는, 살아 있는 정신적 태도이다. 일반적인 회의는 연속적으로 제시되는 각각의 주제 쪽으로 스스로를 세세하게 부활시키고 있는 의지의 어떤 영원한 무감각이다. 당신은 이 의지의 무감각을 논리로 죽이지 못한다. 그것은 당신이 논리로 완고함이나 실용적 농담을 죽이지 못하는 것과 똑같다. 이것이 일반적 회의가 그렇게 귀찮게 다가오는 이유이다.

일관된 회의주의자는 자신의 회의를 절대로 형식적인 제안으로 담아내지 않는다. 그 사람은 단순히 회의를 하나의 습관으로 선택하고 있다. 그는 '예스'라고 대답하며 우리에게 아주 쉽게 합류할 수 있을 때에 약을 올리듯이 망설이는 모습을 보이지만, 그는 비논리적이거나 어리석지 않다. 정반대로, 그는 종종 지적 탁월로 우리에게 강렬한 인상을 남긴다. 이것이 합리주의자들이 직면해야 하는 진정한 회의이며, 합리주의자들의 논리는 그 회의를 좀처럼 건드리지 못한다.

논리로는 더 이상 실용주의자의 행동을 죽이지 못한다. 실용주의자의 발언 행위가 모순되기는커녕 자신이 말하고 있는 문제를 정확히 보여주고 있기 때문이다. 실용주의자가 말로 표현하는 문제는 무엇인가? 부분적으로, 그 문제는 이것이다. 진리는 구체적으로 고려하는 경우에 우리의 믿음들의 한 특성이며, 우리의 믿음들은 만족에 따르는 태도들이라는 것이다. 주위로 만족들이 무리를 짓고 있는 생각들은 주로 어떤 믿음에게 거기로 와서 그 위에 올라 서라고 도전하거나 부추기는 가설들이다. 실용주의자가 진리에 대해 품고 있는 생각은 바로 그런 도전이다.

실용주의자는 진리를 받아들이는 것이 대단히 만족스럽다는 사실을 발견하고 거기에 따라 자신의 입장을 취한다. 그러나 인간들은 군집적이기 때문에 자신의 믿음들을 퍼뜨리고, 모방을 일깨우고, 타인들을 전염시키길 원한다. 당신은 왜 똑같은 믿음을 놓고 만족스럽다고 판단하지 않는 거야? 실용주의자는 이렇게 생각하면서 지체 없이 당신을 전향시키려 노력한다. 그러면 당신과 그는 비슷하게 믿을 것이다. 당신은 어느 진리에서 주체의 끝 부분을 지킬 것이고, 만약에 이때 현실이 동시에 거기에 있음으로써 대상의 끝 부분을 지킨다면, 그 진리는 객관적이고 뒤집을 수 없는 진리가 될 것이다. 이 모든 것에 어떤 자기모순이 있는지, 나는 알지 못한다. 나에게는 실용주의자의 행동이 정반대로 자신의 보편적인 원칙을 아주 훌륭하게 설명하고 있는 것처럼 보인다. 온갖 부류의 인식론 학자들 중에서 실용주의자가 아마 흠잡을 데 없을 정도의 일관성을 보이는 유일한 학자일 것이다.

＊ 여섯 번째 오해: 실용주의는 진리의 본질에 대해 설명하지 않고 진리에 이르는 길에 대해서만 설명한다

사실 실용주의는 두 가지 모두에 대해 말하고 있다. 진리에 어떻게 도달하는지에 대해 말하면서 부수적으로 진리가 무엇인지에 대해 말하고 있는 것이다. 도달하는 곳이 진리가 아니고 달리 무엇이겠는가? 만약에 내가 당신에게 기차역에 가는 길을 알려준다면, 나는 당신을 명백한 '무엇'으로, 그 건물의 존재와 본질로 안내하지 않는가? 추상적인 단어 '어떻게'가 역시 추상적인 단어인 '무엇'과 똑같은 의미를 지니지 않는 것은 꽤 진실이지만, 구체적인 사실들의 세계에서 당신은 '어떻게'와 '무엇'을 떼어 놓지 못한다. 내가 어떤 생각이 진실이라고 믿는 것이 만족스럽다는 것을 발견하는 이유들, 말하자면 내가 그 믿음에 도달한 방법은 그 생각이 현실 속에서 진실인 바로 그 이유들 속에 포함될 것이다. 만약 그렇지 않다면, 나는 반실용주의자에게 그것이 불가능한 이유에 대해 명쾌하게 설명하라고 요구한다.

나에게는 반실용주의자의 문제가 주로 구체적인 진술이 어떻게 추상적인 진술만큼 많은 것을 의미하거나 소중할 수 있는지를 이해하지 못하는, 그 자신의 고착된 무능력에서 비롯되는 것처럼 보인다. 앞에서 나는 우리와 우리의 비판가들 사이의 주요 논쟁은 구체성과 추상성의 논쟁이라고 말한 바 있다. 이곳이 바로 그 문제를 더 깊이 논할 대목이다.

현재의 문제에서, 어떤 생각과 어떤 현실 사이를 중개하는, 그 생각에 이어 일어나는 경험의 고리들은 그 생각과 현실 사이에 있을 수 있는 진리의 구체적인 관계를 형성하고 있으며, 정말로 실용주의자에게는 그 고리들이 바로 그 관계이다. 그 경험의 고리들이 우리가 현실 쪽으로 '향하거나' 현실에 '맞추거나' 현실과 '일치하거나' '동의하고' 있는 생각에 대해 말할 때 의미하는 것 전부라고 실용주의자는 말한다. 그 경험의 고리들 또는 그와 비슷한 다른 중개적인 검증의 기차들이 매우 중요하다는 뜻이다. 중개하는 그런 사건들이 그 생각을 '진실한' 것으로 만든다.

만약에 생각이 존재한다면, 그 생각 자체도 하나의 구체적인 사건이다. 그래서 실용주의는 단수형의 진리는 단지 복수형의 진리들을 나타내는 하나의 집합적인 이름에 불과하다고 주장한다. 진리들이 언제나 명확한 사건들의 시리즈로 이뤄져 있으니 말이다. 실용주의는 또 주지주의가 그런 사건들의 시리즈의 진실성 또는 고유의 진실성이라고 부르는 그것은 그 시리즈가 실제로 발휘하는 진실성, 즉 그 생각들이 가정된 현실 쪽으로 우리가 만족스러워 하는 방식으로 안내한다는 사실을 나타내는 추상적인 이름에 지나지 않는다고 주장한다.

실용주의자는 절대로 추상 관념에 반대하지 않는다. 실용주의자는 많은 경우에 추상 관념의 상대적 결핍 때문에 추상 관념이 실용주의자가 접하는 사실들의 과도한 충만의 유익한 대체물이 될 수 있다는 사실을 확인하면서 '생략을 위해서' 누구 못지않게 추상 관념에 의존한다. 그러나 실용주의자는 추상 관념에 보다 높은 등급의 현실을 부여하지는 않는다. 실용주의자에게 어느 진리의 충만한 현실성은 언제나 어떤 검증의 과정이며, 그 과정에 대상들과 진정으로 연결되는 생각들의 추상적인 특성이 적절히 구현된다.

한편, 특성들에 대해 그것들의 작용과 별도로 추상적으로 논하고, 그 특성들이 수많은 예에서 똑같다는 것을 발견하고, 그 특성들을 '시간 밖으로' 끌어내서 그 특성들과 비슷한 다른 추상 관념들의 관계에 대해 논할 수 있는 것은 무한히 유용하다. 따라서 우리는 '사물 이전'의 관념적인 생각들의 세계들을, 가상의 세계들을 형성하지만, 이 세계들 중 어느 것도 사물 안이 아니고는 어디서도 실제적으로 존재하지 못한다.

그 세계들에서 어느 누구도 획득으로 경험하지 않는 무수한 관계들이 획득된다. 예를 들면, 음악적 관계들의 영원한 세계에서, '안센 폰 타로'(Aennchen von Tharau)[50]의 곡조는 인간의 귀들이 듣기 오래 전부터 아름다운 멜로디였다. 과연 미래의 음악은 지금 잠자고 있으면서 앞으로 일깨워지기를 기다리고 있다. 혹은 기하학적 관계들의 세계를 본다면, π의 1000분의 1은 아무도 계산하려 하지 않을지라도 거기서 잠자고 있다. 혹은 '맞춤'의 세계를 예로 든다면, 무수히 많은 코트들이 몸과 '맞고' 무수한 구두들이 발과 '맞다'. 실제로 보면 코트들이나 구두들이 딱 들어맞지 않는데도 말이다. 또 무수한 돌들은 벽의 틈들에 '맞는데', 어느 누구도 그 틈들을 실질적으로 맞추려 들지 않는다. 이와 똑같이, 무수한 의견들이 현실들과 '맞고', 무수한 진리들이 타당하다. 어떤 사상가도 그런 진리들에 대해 생각하지 않을지라도 말이다.

반실용주의자에게, 시간을 초월하는 이런 우선적인 관계들은 구체적인 관계들의 전제이며 보다 심오한 존엄과 가치를 지닌다. 검증 과정들에서 드러나는 우리의 생각들의 실제 작용들은 그 과정들 안에서 일어나는 이 무형의 진리의 '획득들'과 비교하면 아무런 쓸모가 없다.

반대로, 실용주의자에게 무형의 진리는 모두 정적이고, 무력하고,

50　17세기 프러시아 시인 지몬 다흐(Simon Dach)의 시이며, 노래로도 만들어졌다.

상대적으로 허깨비이다. 왜냐하면 실용주의자에게 충만한 진리는 기운을 북돋우고 전투를 벌이는 진리이기 때문이다. 만약에 진리들이 시간을 초월하는 근본적인 '합의들'의 저장고 안에 영원히 남아 있기만 하고 인간들의 생생한 생각들이 검증을 받기 위해 벌이는 힘겨운 분투를 통해서 전혀 구체화되지 않았다면, 진리의 잠자는 특성이 추출되거나 어떤 이름을 얻었을 것이라고 가정하는 것이 과연 가능한가? 만약에 우리의 세계에 실제로 맞춰질 몸들이나 발들이나 벽의 틈들이 전혀 없었다면, '맞춤'이라는 추상적인 특징은 틀림없이 이름을 얻지 못했을 것이다. 이렇듯 실존적 진리는 의견들의 실제 경합으로부터 부수적으로 생겨난다. 근본적인 진리, 주지주의자들의 진리, 생각해주는 사람이 하나도 없는 진리는 어떤 귀도 기울이지 않은 음악과 비슷하고, 아무도 입어보려 하지 않았는데도 맞는 코트와 비슷하다.

근본적인 진리는 검증된 진리보다 덜 진정하지 더 진정할 수 없다. 근본적인 진리에 보다 높은 등급의 영광을 돌리는 것은 일종의 비뚤어진 추상 관념 숭배에 지나지 않는 것 같다. 그것은 연필이라는 사물이 모든 그림에서 윤곽을 그리는 것이 근본적이라고 주장하면서, 그림이 전체 윤곽뿐만 아니라 다른 백 가지의 사물들을 포함하고 있다는 사실을 망각하고는 화필이나 카메라를 향해 윤곽을 빼먹는다고 꾸짖는 것이나 다를 바가 없다. 실용주의자의 진리는 주지주의자의 진리 전체뿐만 아니라 그 다른 백 가지도 포함하고 있다. 그렇다면 주지주의자의 진리는 잠재적 상태의 실용주의자의 진리에 지나지 않는다.

　인간들이 수많은 예들에서 검증이나 실제적인 진리를 검증 가능성이나 잠재적 진리로 대체하고 있는 것이 하나의 사실이며, 이 같은 사실에 실용주의자만큼 중요성을 부여하는 사람은 없다. 실용주의자는 그런 습관의 실용적인 유용성을 강조한다. 그러나 실용주의자는 그것을 이유로 잠재적 진리를, 말하자면 강력히 주장되거나 의문시되거나 반박을 불렀을 만큼 충분히 살아 있지 않은 진리를 형이상학적으로 우선하는 것으로 고려하지 않는다. 만약에 그런 식으로 고려한다면, 실제의 진리들이 종속적이고 부차적인 것이 되고 말 것이다. 주지주의자들이 그렇게 할 때, 실용주의는 그들을 향해 진정한 관계를 거꾸로 뒤집어 놓는다고 비난한다. 잠재적 진리는 오직 작용 중인 진리들을 의미하며, 실용주의자는 작용 중인 진리들이 존재의 순서에서뿐만 아니라 논리의 순서에서도 앞선다고 주장한다.

* 일곱 번째 오해: 실용주의는 이론적 관심을 무시한다

　'실용주의'라는 단어의 언어적 익숙함에서, 그리고 독자의 입장에서 보면 지나치게 관대한 우리의 표현 습관에서 어떤 변명이 발견되지 않는다면, 이 오해는 터무니없는 중상처럼 보인다. 우리가 생각들의 '실용적' 결과에 존재하는 생각들의 의미에 대해 말하거나 우리의 믿음들이 우리에게 안겨주는 '실용적' 차이에 대해 말했을 때, 그리고 우리가 어떤 믿음의 진실성은 그 믿음의 '작용' 가치에 있다고 말했을 때, 틀림없이 우리의 언어는 지나치게 경솔했다. 이유는 '실용적'이라는 단어를 쓸 때 우리가 거의 틀림없이 이론적이거나 순수한 인식에 관한 것에 반대하는 것으로 받아들여졌기 때문이다. 또 실용주의자들의 눈에 하나의 진리는 독립적인 현실이나 어떤 다른 진리, 또는 우리가 그 진리에 근거할 수 있는 행동들이나 그 행동들이 안겨주는 만족 외에 다른 어떤 것과는 전혀 아무런 관계가 없다는 결론이 일치감치 내려졌기 때문이다.

황당한 실용주의 인식론에서는 어떤 생각의 존재 자체가 그 결과만 만족스럽다면 그 생각에 완전한 진실성을 부여한다는 비난도 있었다. 이런 쓰레기 같은 비난이 우리에게 돌려지고 있는 현상은 두 가지 상황에 의해 촉진되었다.

첫째, 생각들이 좁은 뜻에서 실용적으로 유익하다는 점이다. 헛된 생각들은 간혹 그렇지만, 우리가 안내들(leadings)의 총합을 바탕으로 검증할 수 있고, 그래서 그 대상의 현실이 의심의 여지없이 확립된 것으로 여겨질 수 있는 생각들은 대부분 그렇다. 이 생각들이 생각들의 유용성보다 앞서서, 또 유용성과 별도로 진실해야 하는 것은, 바꿔 말해 생각들의 대상들이 거기에 정말로 있어야 하는 것은 그 생각들이 바로 그런 종류의 유용성을 갖게 되는 조건이다. 생각들이 우리와 연결시키는 대상들이 너무나 중요하기 때문에, 대상들의 대체물 역할을 하는 생각들도 마찬가지로 중요해진다. 생각들이 이런 식으로 실용적으로 작용하는 것이 진리가 원시인들의 눈에 유익하게 비치도록 만든 최초의 조건이었다. 그리고 진실한 믿음들의 두드러진 특징인 훌륭한 작용들 사이에, 이런 식으로 결과적으로 생겨나는 그런 종류의 유용성의 잔해들이 묻혀 있다.

오해를 불러일으키는 두 번째 상황은 실러와 듀이가 다음과 같은 사실을 강조했다는 점이다. 만약에 어떤 진리가 정신의 순간적인 곤경과 관계가 없다면, 만약에 그 진리가 '실용적인' 상태에 적절하지 않다면, 여기서 '실용적인' 상태는 꽤 특별한 곤혹을 의미하는데, 그때는 진리를 촉구하는 것이 아무런 소용이 없다는 뜻이었다. 그런 상황에서 진리는 우리의 이익을 거짓보다 조금도 더 잘 충족시키지 못한다. 그러나 우리의 곤경과 곤혹이 여기서 거의 실용적이지 않을 뿐만 아니라 이론적이지도 않을 수 있는 이유를, 나는 우리의 비판가들이 설명해주기를 바란다. 우리의 비판가들은 그저 어떤 실용주의자도 순수하게 이론적인 관심을 절대로 허용하지 못한다고 단정하고 있다.

어떤 생각의 '현금 가치'라는 표현을 쓴 탓에, 나는 어느 독자로부터 "모든 사람이 당신에 대해 오직 금전적 이익과 손실만을 생각한다고 판단할" 것이기 때문에 그 표현을 다른 것으로 바꾸는 것이 바람직하다는 제안을 받았다. 진실한 것은 "우리의 사고에서 편리한 것"이라고 말했다는 이유로, 나는 학식 있는 다른 독자로부터 이런 내용의 편지를 받았다. "편리하다는 단어는 이기심이라는 의미 외에 다른 의미를 전혀 갖지 않는다. 이기심의 추구는 다수의 국립 은행 관리들이 교도소에 갇히는 것으로 끝난다. 그런 결과를 낳는 철학은 불건전함에 틀림없다."

그러나 '실용적'이라는 단어가 습관적으로 너무 느슨하게 쓰이고 있기 때문에, 그것이 더욱 막연하게 쓰이게 될 것이라는 점을 충분히 예상할 수 있었다. 어떤 사람이 어느 환자를 두고 사실상 (practically) 완쾌되었다거나 어느 기업인이 사실상 망했다고 말할 때, 그 사람은 그 단어를 '실제로'(practically)라는 글자 그대로의 의미와 정반대의 뜻으로 쓰고 있다. 그 사람은 엄밀히 말하면 진실이 아닐지라도 자신이 하는 말은 이론적으로 진실이고, 사실상 진실이고, 진실로 믿어도 좋다는 뜻을 전하고 있다. 다시, 사람은 실용적이라는 표현으로 종종 추상적이고 일반적이고 활발하지 못한 것과 반대되는 것으로서 명백히 구체적이고 개인적이고 특별하고 효과적인 것을 의미한다. 나 자신에 대해 말하자면, 내가 진리의 실용적인 본질을 강조할 때마다 나의 정신을 차지하고 있는 것은 주로 그런 것이다.

라틴어 '프라그마타'(pragmata)는 사물들을 의미하며, 내가 일찍이 캘리포니아 주에서 한 연설에서 '실용주의'에 대해 "어떤 명제든 그것의 의미는 수동적이거나 능동적인, 우리의 미래의 실용적인 경험에서 어떤 구체적인 결과와 언제나 연결될 수 있다"는 입장을 취하는 견해라고 밝혔을 때, 나는 이런 조건적인 말을 분명히 덧붙였다. "경험이 능동적이어야 한다는 사실보다 구체적이어야 한다는 사실에 방점이 찍힌다." 여기서 '능동적'이라는 표현은 좁은 의미에서 '실용적'이라는 뜻이다.

그러나 구체적인 결과들은 완벽하게 이론적인 성격을 지닐 수 있다. 우리가 어떤 생각으로부터 추론하는, 관계가 먼 모든 사실은 우리의 정신이 실용적으로 작용하며 추구하는 구체적이고 이론적인 결과이다. 새로운 어떤 의견이 진리인 경우에 일어나는, 낡은 모든 의견의 상실은 구체적인 실용적 결과일 뿐만 아니라 구체적인 이론적 결과이기도 하다.

사람의 관심사들 중에서 자유로운 호흡에 관한 관심 다음으로 가장 중요한 것(왜냐하면 그의 육체적 관심들 대부분이 그렇듯이, 그것은 절대로 동요하거나 누그러지지 않기 때문이다)은 일관성, 말하자면 어떤 사람이 지금 생각하고 있는 것이 그 사람이 다른 경우들에 생각하는 것들과 조화를 이룬다는 감정에 대한 관심이다. 우리는 이 한 가지 목적을 위해서 진리와 진리를 끊임없이 비교하고 있다. 믿음의 현재 후보가 1번 원칙과 모순을 일으키는가? 그 후보는 2번 사실과 양립할 수 있는가? 여기서 구체적인 작용들은 분석과 추론과 비교 등 순수하게 논리적인 작용들이며, 비록 일반적인 용어들이 자유롭게 사용될 수 있을지라도, 그 후보 생각의 만족스런 실용적 작용은 연속적으로 일어나는 각각의 이론적 결과가 낳는 의식 안에 존재한다. 그러므로 실용주의는 순수하게 이론적인 관심을 전혀 갖고 있지 않다고 거듭 말하는 것은 바보짓에 불과하다. 실용주의가 강력히 주장하는 것은 실질적인 진실성은 검증을 의미하고, 이 검증은 언제나 구체적이라는 것이 전부이다. 전적으로 이론적인 문제들에서도 모호성과 일반성은 아무것도 검증하지 못한다고 실용주의는 주장한다.

* 여덟 번째 오해: 실용주의는 유아론(唯我論)에 완전히 입을 닫고 있다

나는 앞에서 세 번째와 네 번째 오해에 대해 논하면서 이 오해에 대해서도 이미 어느 정도 말했지만, 설명을 조금 더 보태는 것이 도움이 될 것 같다. 이 반대는 이런 식의 말로 반대의 뜻을 감추는 경향을 보인다. "당신은 진리를 고유의 인식적 가치를 제외한 모든 가치에 존재하는 것으로 만들고 있다. 당신은 언제나 인식자를 진정한 대상으로부터 여러 단계(또는 최소한 한 단계) 떨어진 곳에 남겨둔다. 당신이 하는 최선은 그 인식자의 생각들이 그 인식자를 진정한 대상 쪽으로 데려가도록 하는 것이다. 이유는 그의 진정한 대상이 영원히 그의 밖에 남아 있기 때문이다."

여기서 효모의 발효 작용 같은 역할을 하는 것은 어떤 생각이 현실을 알기 위해서는 그 현실을 불가해한 방식으로 알거나 그 현실이 되어야 한다는, 뿌리 깊은 주지주의자의 신념이라고 나는 생각한다. 실용주의에 이런 종류의 합치는 근본적이지 않다. 대체로 우리의 인식들은 단지 균형을 이루지 못한 채 진정한 말단들을 향해 움직이고 있는 정신의 과정들에 지나지 않으며, 논의의 대상이 된 정신 상태들에 의해 믿어지고 있는 말단들의 현실은 단지 보다 폭넓은 인식자에 의해서만 보증될 수 있다. 그러나 만약에 그 믿음들이 의심을 받아야 하는 이유가 우주에 전혀 존재하지 않는다면, 그것들은 어떤 것이든 어쨌든 진실할 수 있다는 의미에서만 진실하다. 말하자면, 그 믿음들은 실용적으로 또 구체적으로 진실하다는 뜻이다. 그 믿음들은 동일 철학의 모호하고 잡종적인 의미에서 진실할 필요가 없으며, 또 그 믿음들이 검증 가능하고 실용적인 방법이 아닌 다른 길로 진실할 필요도 없다. 현실이 자체의 존재를 갖는 것은 현실의 역할이며, 무수한 검증의 경로들에 의해서 현실과 '접촉'하는 것은 사고의 역할이다.

실용주의의 '인본주의적' 발달이 여기서 어떤 어려움을 야기하지 않는지 걱정된다. 우리는 진리의 나머지 전체를 통해서만 어떤 한 진리에 도달하고, 우리의 모든 진리가 접촉해야 하는 것으로 영원히 가정되고 있는 현실은 우리가 지금 시험하고 있는 그런 진리의 형태로만 우리에게 제시될 것이다. 그러나 실러 박사가 우리의 모든 진리들, 심지어 가장 근본적인 진리들까지도 종족의 유전에 영향을 받는다는 점을 보여주었다. 따라서 현실은 그 자체로 일종의 한계로만 나타날 것이다. 현실은 어떤 대상을 위한 단순한 '장소'로 축소될 수 있으며, 알려진 것들은 우리가 그 장소를 채우는, 우리의 정신의 물질로만 여겨질 수 있다.

이런 식으로 인본주의적으로 작동하는 실용주의는 유아론과 양립 가능하다는 점을 고백해야 한다. 실용주의는 칸트 철학의 불가지론적인 부분과 현대의 불가지론, 관념론과 대체로 부드럽게 어울린다. 그러나 이런 식으로 작동하는 경우에 실용주의는 현실의 문제에 관한 형이상학적 이론이며, 인식 기능의 본질에 대한 실용주의의 적절한 분석의 범위를 훨씬 넘어선다. 인식 기능에 관한 실용주의적 분석은 현실에 관한 보다 덜 인본주의적인 설명과도 조화롭게 결합할 수 있다.

실용주의의 여러 장점 중 하나는 그것이 아주 순수하게 인식론적이라는 점이다. 실용주의는 현실들을 가정해야 하지만, 현실들의 구성에 대해서는 어떤 예단도 하지 않으며, 다양한 형이상학들이 실용주의를 그 토대로 이용할 수 있다. 실용주의는 분명히 유아론과 특별한 유사점을 전혀 갖고 있지 않다.

내가 쓴 것을 돌아보니, 상당 부분이 나에게도 괴상하다는 인상을 준다. 명백한 것을 일부러 공손한 척 제시하다 보니 독자들이 나의 거만한 태도를 비웃을 것 같기도 하다. 그러나 실용주의의 구체성 같은 근본적인 구체성은 그렇게 명백하지 않을 수 있다. 실용주의의 순수한 독창성, 그러니까 실용주의의 순수한 핵심은 구체적으로 보는 관점을 이용한다는 점이다. 실용주의는 구체성으로 시작하여 구체성으로 거듭 되돌아가다가 구체성으로 끝난다. 진리의 두 가지 '실용적인 측면', 즉 상황과의 관련성과 그에 따른 유용성을 강조하는 실러 박사는 우리를 위해서 오직 구체성이라는 컵을 가득 채우고 있다. 그 컵을 잡고 제대로 이해하기만 하면, 당신은 절대로 실용주의를 오해할 수 없다. 그렇게 했더라면 세상을 구체적으로 상상하는 능력이 널리 퍼졌을 것이고, 따라서 우리의 독자들은 우리를 보다 잘 이해할 수 있었을 것이다. 또 우리의 독자들이 우리가 쓴 글의 행간을 읽으면서, 우리의 표현에 온갖 부적절한 용어가 들어 있음에도 불구하고, 우리의 사고를 조금 더 정확하게 추측할 수 있었을 것이다. 그러나 불행하게도 그런 일은 운명의 계획에 없었으며, 그래서 우리는 짤막한 독일 노래를 떠올리는 수밖에 달리 방법이 없다. "그건 아주 멋질 수 있었네만, 그럴 운명을 타고나지 못했어."

9장

진리라는 단어의 의미[51]

51 1907년 12월 코넬 대학에서 열린 미국철학협회 모임에서 밝힌 견해이다.

진리에 대한 나의 설명은 사실적이며, 상식적인 인식론적 이원론을 따르고 있다. 내가 당신에게 "사물이 존재한다."고 말한다고 가정하자. 그러면 그 말은 진리인가 진리가 아닌가? 당신은 어떻게 대답할 수 있는가? 나의 진술이 그 의미를 추가적으로 발달시키기 전까지, 그 진술은 진실이거나 거짓이거나 현실과 무관한 것으로 결정될 수 없다. 그러나 만약에 지금 당신이 "무슨 사물인데?"라고 묻고 내가 "책상."이라고 대답한다면, 그리고 만약에 당신이 "어디 있는데?"라고 묻고 내가 어떤 장소를 가리킨다면, 이어서 당신이 "실제로 존재하는가 아니면 상상 속에서만 존재하는가?"라고 묻고 내가 "실제로 존재해."라고 대답한다면, 만약에 여기서 더 나아가면서 내가 "저 책상을 의미하고 있어."라고 말한 다음에 당신이 보고 있는 어떤 책상을 잡고 흔든다면, 당신은 나의 진술을 기꺼이 진실한 것으로 볼 것이다. 그러나 당신과 나는 여기서 서로 대체 가능하며, 우리는 입장을 서로 바꿀 수 있다. 당신이 나의 책상을 보증하듯이, 나는 당신의 책상을 보증할 수 있다.

일상적인 사회적 경험에서 끌어낸, 우리 중 누구로부터도 독립적인 어떤 현실이라는 개념이 진리에 관한 실용주의의 정의의 바탕에 자리 잡고 있다. 어떤 진술이든 진정한 것으로 여겨지기 위해서는 그런 현실과 일치해야 한다. 실용주의는 '일치하는 것'을 실제적이거나 잠재적인 어떤 '작용' 방식들을 의미하는 것으로 정의한다. 따라서 "책상이 존재한다."는 나의 진술이 당신이 진정한 것으로 인식하고 있는 책상에 적용되기 위해서, 그 진술은 내가 당신의 책상을 흔들고, 그 책상을 암시하는 단어들로 직접 당신의 정신에 설명하고, 당신이 보고 있는 책상처럼 생긴 그림을 그리도록 안내할 수 있어야 한다. 오직 이런 식으로 접근이 가능할 때에만, 그 진술이 현실과 일치한다고 말하는 것이 의미를 지니고, 따라서 그 진술은 당신이 나의 말을 확증하는 소리를 듣는 데 따르는 만족감을 나에게 안겨준다. 그러므로 확정적인 무엇인가와의 관련성과, 일치라는 이름으로 불릴 만한, 그 무엇인가에 대한 어떤 종류의 적용은 나의 진술을 '진실한' 것으로 규정하는 데 필요한 요소들이다.

당신은 작용들이라는 개념을 사용하지 않고는 관련성이나 적용에 이르지 못한다. 사물이 있는지(that the ting is), 그것이 무엇인지(what it is), 그것이 어느 것인지(which it is)('무엇'으로 가능한 모든 사물들 중에서)는 오직 실용적인 방법에 의해서만 결정될 수 있는 사항들이다. 'which'는 향할 어떤 가능성 또는 특별한 대상을 선택할 가능성을 의미하고, 'what'은 우리가 그 대상을 표현할 본질적인 어떤 양상을 선택한다는 것을 의미한다(그리고 이것은 언제나 듀이가 우리 자신의 '상황'이라고 부르는 것과 관계있다). 그리고 'that'은 믿음의 태도에 대한 우리의 가정을, 현실을 인식하는 태도를 의미한다. 틀림없이, 어떤 진술에 적용된 단어로서 '진실하다'가 무엇을 의미하는지를 이해하기 위해서는 그런 작용들에 대한 언급이 필수적이다. 만약에 우리가 그 작용들을 제외한다면, 인식 관계의 주체와 대상은 같은 우주 안에서 떠다닌다는 말은 맞지만, 그때 주체와 대상은 상호 접촉이나 중개 없이 서로 모르는 상태에서 막연히 돌아다니게 된다.

그럼에도 불구하고, 우리의 비판가들은 그 작용들을 본질적이지 않은 것으로 여기고 있다. 기능적인 가능성은 어떤 것이든 우리의 믿음들을 진실한 것으로 '만들지' 못한다고 비판가들은 말한다. 우리의 비판가들은 태어나면서부터 진실하고, 명백히 진실하고, 샹보르 백작(Count of Chambord)이 '앙리 5세'로 태어났듯이, '진실한' 존재로 태어났다. 반대로, 실용주의는 따라서 진술들과 믿음들이 오직 관례에 따라서만 무기력하게, 정적으로 진실하다고 주장한다. 진술들과 믿음들이 사실상 진실한 것으로 통하지만, 당신은 그것들의 기능적 가능성들을 언급하지 않고 그냥 그것들을 진실하다고 부르는 것으로는 당신이 의미하는 바를 정의하지 못한다. 이 기능적 가능성들은 '진리'라는 이름이 적용되고 있는 어떤 믿음과 현실의 관계에 논리적 내용물을 가득 부여한다. 기능적 가능성들이 없으면, 그 관계는 단순히 공존하거나 그냥 함께 있는 그런 관계에 그칠 것이다.

앞의 진술은 나의 책 『실용주의』에 담긴 진리에 관한 강의의 핵심적인 내용을 다시 전하고 있다. 실러의 '휴머니즘'과 듀이의 '논리적 이론 연구'와 나 자신의 '근본적 경험주의'는 모두 진리를 이런 식으로 실제적이거나 상상 가능한 '작용'으로 보는 인식을 포함하고 있다. 그러나 세 사람의 견해는 진리를 단지 훨씬 더 광범위한 이론들 속의 한 가지 세부사항으로 다루고 있으며, 그 이론들은 전체적으로 '현실'이 그 종국적 본성과 구조 속에서 어떤 모습을 보일 것인지를 결정하는 것을 최종 목표로 잡고 있다.

10장

율리우스 카이사르의 존재[52]

---

52 '저널 오브 필로소피'에 '진리 대(對) 진실성'(Truth versus Truthfulness)이라는 제목으로 발표되었다.

진리에 관한 나의 설명은 순수하게 논리적이며 오직 진리의 정의(定義)에 대해서만 말하고 있다. 어떤 진술에 적용된 '진실한'이라는 단어의 의미에 대해, 나는 그 진술의 작용들이라는 개념을 불러내지 않고는 누구도 말하지 못한다고 주장한다.

우리의 생각들을 고정시키기 위해, 오직 두 가지 사물로만 이뤄진 세계를 가정해 보자. 그 두 가지는 이미 죽어 흙으로 돌아간 고대 로마 시대의 카이사르와 "카이사르는 진정으로 존재했다."고 말하는 나이다. 대부분의 사람들은 순진하게도 진리가 그 말로 인해 밖으로 표현되었다고 여기고, 나의 진술이 일종의 원격 작용 같은 것에 의해서 그 다른 사실을 직접적으로 붙잡았다고 말한다.

그러나 나의 말들이 그 카이사르를 그렇게 확실히 나타냈는가?

혹은 그의 개인적 특성들을 대단히 확실하게 암시했는가? 형용사 '진실한'이 이상적으로 의미하는 것을 완전히 채우기 위해서, 나의 사고는 그것만의 구체적인 대상과, 완전히 확정적이고 명확한 어떤 '일대일의 관계'를 맺어야 한다. 극도로 단순한 상상 속의 이 세계에서, 그 관련성은 보장되지 않는다. 만약에 카이사르가 둘이라면, 우리는 당연히 어느 카이사르를 의미하는지 몰라야 한다. 따라서 이 담론의 세계에서는 진리의 조건들이 불완전해 보이며, 그래서 담론의 세계가 확장되어야 한다.

초월주의자들은 어떤 절대적인 정신을 끌어들임으로써 담론의 세계를 확장한다. 이 절대적인 정신은 모든 사실들을 다 알고 있기 때문에 그 사실들을 마음대로 서로 연결시킬 수 있다. 만약에 그 정신이 나의 진술에 대해 그 카이사르를 언급하고 있다고, 또 내가 마음에 품고 있는 속성들이 그 카이사르의 특성을 뜻한다고 생각한다면, 그 의도만으로도 그 진술을 진실한 것으로 만든다.

이와 달리, 나는 두 가지 원래의 사실들 사이에 유한한 중간 매개들을 허용하는 식으로 담론의 세계를 확장한다. 카이사르는 과거에 효력을 발휘했고, 나의 진술은 지금 효력을 발휘하고 있다. 만약에 이 효력들이 어떤 식으로든 서로 섞인다면, 하나의 순수한 원격 작용으로서 너무나 모호하고 알아볼 수 없는 상태로 떠도는 것처럼 보였던 제한적인 인식적 관계에 필요한 구체적인 어떤 매개체와 토대가 마련될 것이다.

예를 들어, 진짜 카이사르가 어떤 원고를 썼는데, 내가 그것을 바탕으로 제작된 출판물을 보고 "내가 뜻하는 카이사르가 이 책의 저자야."라고 말한다. 이때 나의 사고의 작용들은 그 사고의 외연적 의미와 함축적 의미 둘 다를 보다 충실하게 결정하고 있다. 나의 사고는 지금 스스로를 진짜 카이사르와 무관하지도 않고, 카이사르에 대해 암시하는 측면에서도 허위가 없는 것으로 규정하고 있다. 절대적인 정신은 내가 우주적 차원의 중간 매개들을 통해 카이사르 쪽으로 이런 식으로 작용하며 나아가고 있는 것을 보면서 이렇게 말할 게 틀림없다. "그런 작용들은 단지 나 자신이 진실한 진술을 통해 의미하는 것을 세세하게 구체화하는 것에 불과하다. 나는 원래의 두 가지 사실 사이의 인식적 관계가 바로 그런 종류의 중간 매개들의 구체적인 사슬이 존재하거나 존재할 수 있다는 것을 의미한다고 선언한다."

그러나 그 사슬은 지금 우리가 그 진실성의 논리적 조건들을 규정하고 있는 진술보다 앞서는 사실들과 그 진술 뒤에 오는 사실들을 포함하고 있으며, 이 같은 상황은 진리와 사실이라는 용어들을 동의어로 천박하게 사용하는 관행과 맞물려 작용하면서 나의 설명이 오해를 받도록 만들었다. 정말 혼란스럽게도, 이런 질문까지 제기되고 있다. "거의 2,000년이나 된 진리인 카이사르의 존재가 그 진실성을 어떻게 지금 일어나고 있는 것에 의존할 수 있는가? 카이사르의 존재에 대한 나의 인정이 어떻게 그 인정 자체의 효과에 의해 진실한 것이 될 수 있는가? 그 효과는 정말로 나의 믿음을 뒷받침할 수 있지만, 그 믿음은 카이사르가 진짜로 존재했다는 사실에 의해 이미 진실한 것이 되었지 않았는가?"

그렇다면야 어쩔 수 없지. 카이사르라는 인물이 없었더라면, 당연히 그에 관한 실증적 진리도 있을 수 없을 테니까. 그러나 그런 때엔 명백히, 그리고 완전히 진실한 것으로 확립된 것으로서 '진실한 것'과, 확실히 무관하거나 허위가 아니라는 의미에서 오직 '실용적으로'만 진실한 것으로서 '진실한 것'을 구분하도록 하라. 또한 카이사르가 실제로 존재했다는 사실이 현재의 진술을 진실한 것으로 만들 수 있을 뿐만 아니라 그릇되거나 무관한 것으로 만들 수도 있다는 것을, 그리고 어떤 경우라도 그 사실은 절대로 바뀌지 않아야 한다는 것을 기억하라.

그 사실이 주어졌기 때문에, 진리와 허위 또는 무관련 중 어느 것이 주어질 것인지는 진술 자체에서 나오고 있는 무엇인가에 좌우될 것이다. 실용주의가 강력히 주장하는 바는 그 진술의 기능적 작용이라는 개념을 고려하지 않을 경우에 당신은 그 무엇인가를 적절히 정의하지 못한다는 것이다. 진리가 현실과의 일치를 의미하기 때문에, 일치하는 방법은 그 관계의 주관적 조건만이 풀 수 있는 하나의 실용적인 문제이다.

11장

절대자와 분투적 삶[53]

53   1906년에 '저널 오브 필로소피'에 실렸다.

브라운(W. A. Brown) 교수는 8월 15일자 '저널 오브 필로소피'에서 절대자에 대한 믿음이 정신에게 휴일을 제공할 수 있다는 점을 인정한 나의 실용주의에 찬성하고 있다. 그러나 브라운 교수는 그 양보의 폭이 좁다는 점을 놓고 나를 비판하면서 놀랄 만한 예들을 통해서 똑같은 믿음이 분투적인 삶을 완화시키는 데 엄청난 힘을 발휘한다는 점을 보여주고 있다.

　브라운 교수의 탁월한 논문을 비판할 뜻은 전혀 없지만, 내가 강조하고자 했던 절대자의 유일한 선물이 '도덕적 휴일'인 이유에 대해 설명하고 싶다. 강연에서 나는 세상이 지금도 다듬어지는 과정에 있다는 믿음과, 세상의 '영구판'이 기성품처럼 완전한 상태로 만들어져 있다는 믿음을 대비시키는 데 주로 관심을 두었다. 전자, 즉

'다원론적' 믿음은 나의 실용주의가 선호한 믿음이었다.

두 가지 믿음은 똑같이 우리의 분투적인 경향들을 입증하고 있다. 다원론은 실제로 분투적인 경향들을 요구한다. 이유는 다원론이 세상의 구원을 세상의 여러 부분들의 활발한 작동에 좌우되도록 만들고 있기 때문이다. 당연히 우리도 그 부분들에 포함된다. 일원론도 분투적인 경향을 허용한다. 이유는 분투적인 경향이 아무리 격하다 하더라도, 우리가 그런 경향에 빠지는 것을, 그 경향이 결국은 절대자의 완벽한 삶의 표현일 것이라는 생각으로 언제나 미리 정당화할 수 있기 때문이다. 당신의 유한한 지각들로부터 영원한 완전체라는 개념으로 달아남으로써, 당신은 어떤 경향이든 신성하게 만들 수 있다. 절대자는 아무것도 지시하지 않지만, 사후(事後)에 무엇이든 인정할 것이다. 이유는 어떤 식으로든 존재하기만 하면 모든 것이 우주의 완벽에 없어서는 안 되는 구성원으로 여겨지기 때문이다.

따라서 정적(靜寂)주의(quietism)[54]와 광기는 똑같이 절대자로부터 존재해도 좋다는 허락을 받는다. 우리 중에서 태생적으로 무기력한 사람들은 묵묵히 수동성을 보일 것이고, 활력 넘치는 사람들은 점점 더 무모해질 것이다. 역사는 정적주의자나 광신자나 똑같이 절대론적인 계획으로부터 영감을 너무나 쉽게 끌어낸다는 사실을 보여주고 있다. 절대론적인 계획은 병든 영혼에나 분투적인 영혼에나 똑같이 잘 어울린다.

---

54 인간의 의지를 최대한 억제하고 전적으로 신의 힘에 의존하려는 사상을 말한다.

다원론에 대해서는 그런 식으로 말하지 못한다. 다원론의 세계는 늘 일부가 길을 잃을 수 있기 때문에 언제나 취약하며, 다원론의 세계는 위안을 끌어낼 '영구판' 같은 것을 전혀 갖고 있지 않기 때문에 그 세계의 당파적 지지자들은 언제나 어느 정도의 불안을 느끼기 마련이다. 만약에 다원론자로서 우리가 스스로에게 도덕적 휴일을 허용한다 하더라도, 그 휴일은 단지 잠정적인 소강상태에 지나지 않으며, 목적은 내일의 전투를 위해 우리를 재충전하는 것이다. 실용적인 관점에서 보면, 이것은 다원론의 어떤 영원한 열등에 해당한다.

다원론은 치료 불가능할 만큼 병든 영혼들을 위한 구원의 메시지를 전혀 갖고 있지 않다. 절대론은 여러 메시지들 속에 그 메시지를 포함시키고 있으며, 당연히 절대론은 그런 메시지를 갖는 유일한 체계이다. 바로 그 점이 절대론의 중요한 우월에 해당하며, 절대론이 갖는 종교적 힘의 원천이다. 그것이 내가 절대론을 제대로 다루려고 노력하면서 도덕적 휴일을 부여하는 절대론의 경향을 높이 평가한 이유이다. 절대론이 그런 식으로 주장하는 것이 독특하긴 하지만, 절대론과 분투적 경향의 관계는 다원론적 체계와 분투적 경향의 관계보다 덜 밀접하다.

나의 책의 마지막 강의에서, 나는 다원론의 이 같은 열등을 솔직히 인정했다. 다원론은 절대론이 보여주는 광범위한 무관심을 결여하고 있다. 다원론은 절대론이 위로할 수 있는 많은 병든 영혼을 낙담시키게 되어 있다. 그러므로 절대론자들에게는 이 이점을 경시하는 것이 터무니없는 전략처럼 보인다. 병든 영혼들의 필요가 틀림없이 가장 긴급하며, 절대자를 믿는 사람들은 그런 영혼들의 요구를 대단히 만족스럽게 충족시키는 것을 자신들의 철학의 강점으로 받아들이고 있음에 틀림없다.

내가 옹호하는 실용주의 또는 다원론은 어떤 근본적인 인내에, 확신이나 보장 없이 살려는 어떤 의지에 기대야 한다. 확실성이 아닌 가능성을 바탕으로 기꺼이 살아가려는 정신들에게, 어떤 식으로든 구원을 확신하는 정적주의 종교는 지방 썩는 냄새를 풍기며, 바로 그 점 때문에 그런 정신의 소유자는 교회 안에서도 그런 종교를 탐탁찮게 여기게 된다. 여기서 어느 쪽이 옳은지, 누가 말할 수 있을까? 종교 안에서 감정은 곧잘 전제적으로 변하지만, 철학은 눈에 보이는 모든 진리들의 전체 몸통과 경향과 가장 잘 어울리는 감정을 선호해야 한다. 나는 그것이 보다 분투적인 유형의 감정이라고 생각하지만, 나는 그 감정이 정적주의자가 느끼는 그런 황홀감을 허용하지 못하는 그 무능이 다원론적인 철학의 심각한 결함이라는 점을 인정해야 한다.

12장
———✕———

실용주의에 관한 에베르 교수의 견해에 대하여[55]

55 1908년 12월 3일자 '저널 오브 필로소피'에 게재되었다.

마르셀 에베르(Marcel Hébert) 교수는 유난히 학식 높은 자유주의 사상가(그가 가톨릭 성직에 몸담았다가 환속한 것으로 알고 있다)이며, 특이하게 직접적이고 명쾌하게 글을 쓰는 저자이다. 그의 책 『신』(Le Divin)은 지난 몇 년 동안 종교 철학이라는 일반적인 주제를 다룬 책들 중에서 가장 훌륭한 책에 속한다. 이 얇은 책에서 그는 아마 실용주의를 부당하게 다루지 않기 위해 다른 많은 실용주의 비판가들보다 월등히 많은 노력을 기울였다. 그럼에도 실용주의의 목적에 대한 치명적인 오해가 그의 해설과 비판을 훼손시키고 있다. 그의 소책자가 나에게 자극제가 되어 주고 있다. 말하자면, 진리에 관한 실용주의의 설명이 진정으로 의미하는 바가 무엇인지를 독자에게 다시 설명할 필요성을 느끼게 한다는 뜻이다.

에베르 교수는 실용주의를 대부분의 사람들이 받아들이는 것과 똑같이 받아들이고 있다. 말하자면, 우리의 사고의 길에서 주관적으로 편리한 것으로 증명되는 것이면 무엇이든, 그것이 우리의 사고의 밖에 있는 사물들의 객관적인 상태와 일치하는지 여부와 상관없이, '진실한'이라는 단어의 절대적이고 제한되지 않은 의미에서 '진실하다'고 여기는 것을 실용주의로 알고 있다는 뜻이다. 그런 것이 실용주의라고 단정하면서, 에베르 교수는 실용주의에 장황하게 반대하고 있다.

그런 식으로 편리한 것으로 증명되는 사고는 정말로 그 사상가 본인에게는 다른 온갖 가치를 지닐 수 있어도, 인식적 가치나 표상적 가치나 지식의 실제적 가치를 지니지는 못한다고 그는 말한다. 그리고 그 사고가 상당한 정도의 일반적인 효용 가치를 지닐 때, 그 가치는 모든 경우에 그 전의 가치에서 기인한다고 그는 말한다. 이유는 그 사고가 우리의 삶에 중요한 영향을 미치는 독립적인 대상들을 정확히 나타내고 있기 때문이라고 한다. 오직 그런 식으로 사물들을 진실로 나타냄으로써만 우리는 유익한 열매들을 거둬들인다. 그러나 그 열매들은 진리에서 나오며, 열매들이 진리를 구성하지는 않는다. 그래서 에베르 교수는 실용주의가 진리에 관한 모든 것에 대해 이야기하면서 정작 진리가 근본적으로 무엇인지에 대해서는 이야기하지 않는다고 비난한다.

세상은 사람들이 현실들에 대해 진실한 생각을 품을 때, 거기서 효용이 풍성하게 나타나도록 틀이 짜여 있다는 점을 그는 인정한다. 우리의 비판자들 중 어느 누구도 이 효용의 다양성을 에베르 교수만큼 구체적으로 보여주지 않았다고 나는 생각한다. 그러나 그는 그런 효용이 이차적인 것일 뿐인데도 실용주의자들이 고집스럽게 그것을 일차적인 것으로 다루고 있다는 말을 되풀이하고 있다. 또 그는 우리 실용주의자들이 효용의 존재를 가능하게 하는 객관적인 인식을 무시하고 배제하고 파괴하고 있다고 거듭 말하고 있다. 그는 우리의 생각들의 실용적 가치와 인식적 가치가 완벽하게 조화를 이룰 수 있다고 말한다. 그리고 그는 대개 그 가치들이 조화를 이룬다는 점을 인정한다. 그러나 그 가치들은 그 점 때문에 논리적으로 서로 동일한 것은 아니다. 그는 주관적인 관심과 욕망과 충동이 우리의 지적 삶에서 '탁월한' 역할을 능동적으로 맡을 수 있다는 점을 인정한다. 인식은 오직 그런 것들의 자극에 의해서만 일깨워지고, 그것들의 암시와 목표를 따른다. 그럼에도 인식이 일깨워질 때, 그 인식은 진정으로 객관적인 인식이며, 단순히 만족한 상태에서 일어나는 충동적인 경향들을 가리키는 또 하나의 이름은 아니다.

코로(Jean-Baptiste-Camille Corot)의 작품으로 알려진 어떤 그림이 위작 시비에 휘말릴 때, 그림의 소유자는 불안해진다. 그러면 그 소유자는 그림의 기원을 다시 확인하고, 마음을 놓게 된다. 그러나 그의 불편한 마음이 그 그림을 그린 화가가 코로라는 주장을 허위로 만들지 못한다. 마찬가지로 그의 안심도 그 주장을 진실한 것으로 만들지 못한다. 에베르 교수에 따르면 우리의 감정이 진리와 거짓을 만든다고 주장하는 실용주의가 우리로 하여금 우리의 정신은 순수하게 인식적인 기능을 전혀 발휘하지 않는다고 결론을 내리도록 강요할 것이다.

우리의 견해를 이런 식으로 주관주의적으로 해석한 것은, 선한 것이 우리의 행동의 길에서 편리한 것처럼, 긴 안목에서 보면 진정한 것이 우리의 사고의 길에서 편리한 것이라고 쓴 나의 글 때문인 것 같다(그때 나는 인식을 주관적인 측면에서만 다루고 있다는 점에 대해 설명할 필요가 있다는 사실을 깨닫지 못했다). 그 전에 내가 진리는 '현실과의 일치'를 의미한다고 썼고 또 어떤 의견의 편의의 주요 부분은 그 의견이 인정받은 진리의 나머지와 일치하는 것이라고 주장했기 때문에, 나는 나의 의미를 주관주의적으로만 읽을 것이라는 점에 대해 전혀 걱정하지 않았다. 나의 정신 자체가 객관적 관련성이라는 개념으로 가득차 있었기 때문에, 나는 나의 글을 읽는 사람들이 객관적 관련성을 무시할 것이라고는 꿈에도 생각하지 않았다. 그리고 결코 예상하지 않았던 비난은 내가 생각들과 그 것들의 만족에 대해 말하면서 외부의 현실들을 부정하고 있다는 것이었다. 지금 나의 유일한 궁금증은 비판가들이 자신들의 눈에 너무나 어리석어 보이는 나 같은 사람을 놓고 어떻게 공개적으로 반박할 가치가 있다고 판단하게 되었는가 하는 점이다.

나에게 대상은 현실의 한 부분이다. 생각이 현실의 또 다른 부분인 것과 마찬가지이다. 생각의 진실성은 그 생각과 현실의 한 관계이다. 생각의 날짜와 장소가 그 생각과 현실의 다른 관계들이듯이.

이 3가지 관계는 모두 중간에 개재하는 부분들로 구성되어 있으며, 그 부분들은 구체적인 모든 예에서 규정되고 분류될 수 있으며 날짜와 장소에 따라 달라지듯이 모든 진리의 예에서 다 다르다.

　듀이 교수의 논문에 대해서는 그가 직접 말하기를 바란다. 실러 박사와 내가 강조하는 바와 같이, 실용주의자의 주장은 따라서 '진리'라 불리는 관계가 구체적으로 정의 가능하다는 것이다. 진리가 실제로 무엇으로 구성되어 있는지에 대해 단호하게 말하려는 노력 중에서, 실용주의가 유일하게 논리정연하다. 우리의 견해에 반대하는 사람들은 실용주의에 반대하면서도 그 대안으로 아무것도 제시하지 않고 있다. 그들에게는 어떤 생각이 진실할 때 그 생각은 진실한 것이고, '진실한'이라는 단어가 정의 불가능하기 때문에, 그 문제는 거기서 끝난다. 반실용주의자들이 생각하는 바에 따르면, 진실한 생각과 그 대상의 관계가 유일하기 때문에, 그 관계는 그 외의 다른 조건들로는 표현될 수 없으며, 그것을 인식하고 이해하기 위해서는 누구든 그 관계에 이름만 붙이면 된다. 더욱이 그 관계는 불변하고 보편적이며, 그 관계는 생각들과 현실들, 그리고 생각들과 현실들 사이의 관계들이 아무리 다양하더라도, 모든 진리의 예에서 동일하다.

　반대로, 우리 실용주의 관점은 진리 관계는 명확히 경험 가능한 관계이며, 따라서 그 관계는 이름을 붙일 수 있을 뿐만 아니라 묘사도 가능하다는 것이다. 또 진리 관계는 본질적으로 유일하지 않고 불변하지도 않으며 보편적이지도 않다는 것이 실용주의의 관점이다. 주어진 어떤 예에서 생각을 진실한 것으로 만드는, 생각과 그 대상의 관계는 현실의 중개적인 세부사항들에서 구현된다. 바로 이현실의 중개적인 세부사항들은 대상 쪽으로 향하고 있으며, 예마다 모두 다르고, 모든 예에서 구체적으로 추적 가능하다. 하나의 의견이 형성하는 작용들의 사슬은 경우에 따라 그 의견의 진실성이나 허위나 무관련성이 된다.

어떤 사람이 품는 생각은 모두 그 사람에게 육체적 행동이나 다른 생각의 형태로 어떤 결과를 일으킨다. 이 결과를 통해서 그 사람과 주변 현실들의 관계가 수정된다. 그 사람은 그 현실들 중 일부에더 가까이 다가서고 다른 것들로부터 더 멀어지며, 그러면 그는 지금 그 생각이 만족스럽게 작용했거나 만족스럽게 작용하지 않았다는 감정을 품게 된다. 그 생각이 그가 의도를 성취시킬 무엇인가를 접촉하도록 했거나 그렇게 하지 않은 것이다.

이 무엇인가는 주로 그 사람의 대상이다. 우리가 논할 수 있는 유일한 현실들이 그런 '믿어지는 대상들'(objects-believed-in)이기 때문에, 실용주의자가 '현실'이라는 표현을 쓸 때, 그것은 무엇보다도 그 사람 본인에게 하나의 현실로서 가치가 있는 것을, 그가 그 순간에 그런 것으로 믿는 것을 의미한다. 가끔 그 현실은 지각 가능한 어떤 구체적인 있음(presence)이다.

예를 들면, 맥주를 살 수 있는 공간 쪽으로 문이 열려 있다는 생각일 수 있다. 만약에 문을 여는 행위가 맥주를 실제로 눈으로 보고 맛을 볼 수 있는 행위로 이어진다면, 그 사람은 그 생각을 놓고 진실하다고 말한다. 또는 그 사람의 생각이 어떤 추상적인 관계, 이를테면 삼각형의 두 변과 빗변의 관계에 관한 생각일 수 있다. 물론 그런 관계도 맥주 한 잔만큼이나 분명한 하나의 현실이다. 만약에 그런 관계에 관한 사고가 그로 하여금 보조적인 선들을 긋고 그 선들이 만드는 도형들을 서로 비교하도록 한다면, 그는 등식을 하나씩 차례로 풀다가 마침내 그 관계를 머릿속으로 맥주 맛만큼이나 구체적이고 직접적인 것으로 보게 된다. 만약에 그가 그런 식으로 접근한다면, 그는 그 생각도 진리라고 부른다. 각각의 경우에 그의 생각은 그가 어떤 현실과 밀접히 접촉하도록 이끌었으며, 그 순간에 그 현실은 바로 그 생각을 검증하는 것으로 느껴졌다. 각각의 현실은 그것만의 생각을 독점적으로 검증하고 정당성을 입증하고 있으며, 각각의 경우에 검증은 그 생각이 낳을 수 있었던, 정신적으로나 육체적으로 만족스러운 결과에 존재한다.

이 '작용들'은 예마다 다 다르며, 그것들은 절대로 경험을 초월하지 않으며, 정신적이거나 지각 가능한 구체적인 것들로 이뤄져 있으며, 각 예마다 구체적인 묘사를 허용한다. 만약에 당신이 누군가의 마음속에 있는, '출발점'으로서의 어떤 생각과 '종점'으로서의 어떤 특별한 현실 사이에 그런 구체적인 작용들이 일어난다는 것을 의미하지 않는다면, 실용주의자들은 당신이 그 생각을 놓고 진실하다고 말할 때 당신이 의미하는 바를 알지 못한다.

그 작용들의 방향은 그 생각과 그 현실의 관련성을 의미하며, 그 작용들의 만족스러움은 그 생각이 그 현실에 적합하다는 것을 의미하며, 이 두 가지가 함께 그 생각을 품은 사람에게 생각의 '진실성'으로 다가온다. 구체적이고 진정한 경험의 그런 중개적인 부분들이 없다면, 실용주의자들은 진리라 불리는 적응성 있는 관계가 구축되는 데 쓰일 재료를 전혀 아무것도 보지 못한다.

반실용주의자의 견해는 그 작용들은 그 생각에 예전부터 진실성이 내재해 있다는 것을 뒷받침하는 증거에 지나지 않으며, 당신이 그 작용들의 가능성 자체를 없애버려도 여전히 그 생각의 진실성은 그대로 확고히 남는다는 것이다. 그러나 분명히 이것은 우리의 진리관에 맞서는 이론이 아니다. 그것은 논리정연한 모든 이론을 부정하는 것이다. 그것은 어떤 생각에 대해 무조건 진리라고 부를 권리를 주장하는 것에 지나지 않는다. 이것이 내가 앞에서 반실용주의자들은 진정한 대안을 제시하지 않는다고 말했을 때, 그리고 우리의 설명이 현존하는 이론들 중에서 유일하게 실증적인 이론이라고 말했을 때 뜻한 바이다. 정말로, 어떤 생각의 진실성이 우리를 정신적으로나 육체적으로 어떤 현실에 적응시키는 힘 외에 어떤 의미를 갖겠는가?

그렇다면 우리의 비판가들이 하나같이 우리를 향해 주관주의라고, 현실의 존재를 부정한다고 비난하는 이유는 무엇인가? 나의 생각에 그 비판은 우리의 분석에 불가피하게 주로 주관적인 언어가 쓰이고 있다는 사실에서 비롯된 것 같다. 현실들이 아무리 독립적이고 방출적이라 하더라도, 우리는 진리를 설명하면서 그 현실들에 대해 단지 아주 많은 '믿어지는 대상'들로 논할 수 있다.

그러나 경험의 과정이 우리 인간들로 하여금 믿는 경우에 더 큰 만족을 주는 새로운 대상들을 채택하고 옛날의 대상들을 지속적으로 버리도록 이끌기 때문에, 절대적 현실이라는 개념이 불가피하게 하나의 한계 개념으로 생겨나게 되었다. 이 한계 개념은 절대로 대체될 수 없는 대상이라는 개념과 동일하며, 이 대상에 대한 믿음은 최종적이다. 따라서 인식적으로 우리는 일종의 3의 법칙 하에서 살고 있다. 말하자면, 우리의 개인적 개념들은 그것들이 우리를 이끄는 감각 대상들을 나타내고, 이 감각 대상들은 그 개인과 별개인 공적인 현실이듯이, 이 감각 현실들은 초감각적인 질서의 현실들, 이를테면 모든 인간 사상가들과 상관없이 별도로 존재하는 전자(電子)들이나 정신 물질, 신 등을 나타낼 수 있다.

그런 종국적 현실들이라는 개념은 실용주의자들이나 반실용주의자들이나 똑같이 피하지 못하는 우리의 인식적 경험의 한 파생물이며, 그런 개념에 대한 지식은 절대적인 진리일 것이다. 종국적인 현실들은 모든 사람의 사고에서 불가피하게 규제적인 어떤 가정을 형성한다. 그런 현실들에 대한 우리의 생각은 우리의 믿음들 중에서 암시도 가장 빈번하게 받고 만족도도 가장 높으며, 좀처럼 의문의 대상이 되지 않는다. 차이점은 바로 우리의 비판가들이 이 믿음을 유일한 패러다임으로 이용하고 있으며, 인간의 현실들에 대해 논하는 사람들을 모두 현실 '자체'라는 개념을 변칙적인 것으로 생각하는 것처럼 다루고 있다는 점이다.

한편, '현실자체'(reality-in-itself)는 우리의 비판가들이 논하는 것을 보면 단지 하나의 인간적인 대상일 뿐이다. 그것에 대해 그들도 우리가 가정하는 것과 똑같이 가정하고 있으며, 만약에 우리가 주관주의자라면 그들도 결코 우리보다 덜 주관적이지 않다. 현실들 자체는 실용주의자든 반실용주의자든 상관없이 누구에게나 믿어짐으로써만 거기에 있을 수 있다. 그 현실들은 단지 진실해 보이는 그것들의 개념 때문에 믿어지고 있으며, 그 현실들의 개념은 오직 그것들이 만족스럽게 작용하기 때문에 진실해 보인다. 더욱이, 그 특별한 사상가의 목적에 만족스럽게 작용할 때 그 개념은 더 진실해 보인다.

어떤 것에나 두루 진정하게 적용되는 생각은 절대로 있을 수 없다. 누구의 생각이 절대자의 진정한 생각인가? 혹은 에베르 교수의 예를 택한다면, 당신이 소유하고 있는 어떤 그림에 대한 진정한 생각은 무엇인가? 그것은 현재 당신의 관심을 가장 만족스럽게 충족시키고 있는 생각이다. 그 관심은 그림의 장소나 시대, 분위기, 주제, 크기, 작가, 가격이나 가치 등에 있을 수 있다. 만약에 그 작품이 코로에 의해 그려졌다는 사실에 의문이 제기된다면, 그 순간에 당신의 내면에 일어난 관심을 만족시키는 것은 코로의 작품을 소유하고 있다는 당신의 주장을 증명하는 일이 될 것이지만, 만약에 당신이 정상적인 인간 정신의 소유자라면, 단순히 그 그림을 코로의 작품이라고 부르는 것으로는 그 당시에 당신의 정신에 일어나고 있는 다양한 요구들을 충족시키지 못할 것이다. 그 요구들이 충족되기 위해서는, 당신이 그 그림에 대해 아는 것들이 실제의 코로가 역할을 맡았던 현실 체계의 나머지에 대해 알고 있는 것들과 부드럽게 연결되어야 한다. 에베르 교수는 실용주의자들을 향해 소유에 따른 만족 자체만으로 그 믿음을 진정한 것으로 만들기에 충분하다고 생각한다고, 또 실용주의자들에 관한 한, 실제의 코로가 존재할 필요조차 없다고 생각한다고 비난하고 있다.

왜 우리 실용주의자들이 그런 식으로 보다 일반적이고 지적인 만족으로부터 차단되어야 하는지, 그 이유를 나는 모른다. 그러나 그 만족들이 지적인 것이든 아니면 소유에 따른 것이든, 그것들은 진리 관계의 주관적인 면에 속한다. 우리의 비판가들은 우리의 믿음들을 발견했다. 우리의 믿음들은 현실에 있다. 만약에 거기에 현실이 전혀 없다면, 그 믿음들은 거짓이다. 그러나 만약에 현실들이 거기 있다면, 그것들이 먼저 믿어지지 않고 어떻게 알려질 수 있겠는가? 혹은 우리가 먼저 만족스럽게 작용하는 현실들에 대한 생각을 품는 방법이 아닌 다른 방법으로 어떻게 그 현실들이 믿어질 수 있겠는가? 실용주의자들은 그런 것을 상상하는 것이 불가능하다는 사실을 깨닫는다. 실용주의자들은 또 현실에 대해 '구체적 증거 없이 독단적으로' 펼치는 반실용주의자들의 주장을 구체적인 검증에 근거한 실용주의자들의 확신보다 더 신뢰할 만한 것으로 만드는 것이 무엇인지를 상상하는 것도 마찬가지로 불가능하다는 사실을 확인한다. 이런 식으로 접근하면 아마 에베르 교수도 거기에 동의할 것이다. 그래서 나는 적절한 인식의 문제에서 우리가 에베르 교수보다 열등한 점을 보지 못한다.

일부 독자들은 나의 경우에 우리의 생각 그 너머의 현실들을 믿을 수 있을지 몰라도 실러 박사는 어쨌든 그렇지 않다고 말할 것이다. 이것은 심각한 오해이다. 실러의 견해와 나의 견해가 똑같기 때문이다. 단지 우리의 설명이 서로 다른 방향을 취하고 있을 뿐이다. 실러는 그 사슬의 주체 쪽 끝에서, 보다 구체적이고 즉각적으로 주어진 현상으로서, 믿음들을 가진 개인에서 시작한다. 실러는 이렇게 묻는다. "개인이 자신의 믿음이 진실하다고 주장하지만, 그 사람은 진실하다는 표현으로 무엇을 의미하며, 그는 어떻게 그 같은 주장을 증명하는가?" 이런 질문들을 던지면서, 실러와 나는 심리학적 탐구에 착수한다. 진실하다는 것은 그 개인에게 만족스럽게 작용한다는 것을 의미하는 것 같으며, 작용과 만족은 경우마다 다 다르기 때문에 보편적인 묘사를 절대로 허용하지 않는다.

작용하고 있는 것은 그것이 작용하고 있는 그 개인에게 진실하며 하나의 현실을 나타낸다. 만약에 그 사람이 절대적으로 보증할 수 있는 사람이라면, 그 현실은 '진정으로' 거기에 있으며, 만약에 그 사람이 판단을 제대로 하지 못하는 사람이라면, 그 현실은 거기에 없거나 그가 생각하는 식으로 있지 않을 것이다. 우리의 생각이 만족스럽게 작동할 때, 우리 모두가 믿지만, 우리는 아직 우리 중에서 누가 절대로 틀리지 않는 사람인지를 모른다. 그래서 진리의 문제와 오류의 문제는 동일하며 똑같은 상황에서 생겨난다.

실러는 오류를 곧잘 저지르는 개인을 고수하면서 개인을 위한 현실만을 다루고 있는 탓에 많은 독자들에게 '현실자체'를 모조리 무시하고 있는 것처럼 비친다. 그러나 그것은 실러가 진리에 이르게 될 때 진리의 내용물이 어떤 것일지에 대해 말하지 않고 진리에 어떻게 이르는지에 대해서만 말하고 있기 때문에 나타나는 현상이다. 모든 믿음들 중에서 가장 진실한 것은 초(超)주관적인 현실들에 대한 믿음일 수 있다. 확실히 그 믿음이 가장 진실한 것처럼 보인다. 어떤 경쟁적인 믿음도 그것만큼 만족감이 크지 않으니 말이다. 그런 믿음이 아마 실러 박사 본인의 믿음일 수 있지만, 그가 순간의 목적을 위해서 그것을 고백할 필요는 없다. 그러니 그가 그 믿음을 미리 자신의 논의의 토대로 가정할 의무는 더더욱 지지 않는다.

그러나 비판가들의 방식에 놀란 나는 다른 전략을 택하고 있다. 나는 생각과 현실의 사슬 중에서 대상 쪽 끝에서 시작해서 실러와 반대 방향으로 그 사슬을 따르고 있다. 인류의 일반적인 진리 과정들의 결과를 예상하면서, 나는 객관적인 현실이라는 추상적인 개념으로 시작한다. 나는 객관적인 현실을 가정하고, 나는 그 현실을 보증하고 있는 나 자신의 책임으로, 그 현실에 관한 다른 누군가의 생각을 그 사람뿐만 아니라 나에게도 진실한 것으로 만드는 것은 무엇인가, 라고 묻는다. 그러나 나는 실러가 제시하는 것과 다른 대답을 전혀 발견하지 못한다. 만약에 그 다른 사람의 생각이 그 사람으로 하여금 그 현실이 거기에 있다는 것을 믿도록 할 뿐만 아니라, 그 생각이 현실 자체가 일으키는 사고들과 행동들과 비슷한, 적응력 있는 사고들과 행동들을 자극하도록 함으로써, 그 생각을 현실의 일시적인 대체물로 사용하도록 한다면, 그 생각은 유일하게 뜻이 분명하다는 의미에서 진실하고, 그 생각의 특별한 결과를 통해서 진실하고, 그 사람뿐만 아니라 나에게도 진실하다.

나의 설명은 논리학적 정의에 더 가깝고, 실러의 설명은 심리학적 묘사에 더 가깝다. 두 사람은 전적으로 동일한 경험의 문제를 다루고 있으며, 단지 그 문제를 정반대 방향으로 상세히 논하고 있을 뿐이다.

아마 이 설명은 에베르를 만족시킬 것이다. 그의 소책자는 주관주의에 대한 잘못된 비난을 제외한다면 실용주의자의 인식론에 대한 설명을 꽤 유익한 방향으로 제시하고 있다.

13장
———✕———
추상주의와 상대주의

유연성과 방대함과 단속성(斷續性) 같은 추상적인 개념들이 우리가 선택할 필요가 있다고 판단한, 우리의 구체적인 경험들의 두드러진 양상들이다. 이 양상들이 유익한 것은 우리가 똑같은 양상들을 제시할 다른 사물들을 떠올리게 되기 때문이며, 만약에 그 양상들이 그 다른 사물들에서 결과를 낳는다면, 우리는 그것과 똑같은 결과가 나타날 것이라고 기대하면서 우리의 첫 번째 사물들로 돌아갈 수 있다.

결과를 예상할 수 있도록 도움을 받는 것은 언제나 이로운 일이며, 추상적인 개념들이 우리에게 주는 도움이 그런 것이기 때문에, 그 개념들의 효용은 단지 그것들을 통해서 구체적인 특별한 것들로 다시 돌아갈 수 있을 때에만 성취되는 것이 틀림없다. 그때 우리는 그 결과를 마음속에 간직하고 있으며, 그로 인해 원래의 대상들에 대한 우리의 인식이 풍성하게 향상된다.

우리의 지각적 특수한 것들을 다룰 추상적인 개념들을 갖고 있지 않다면, 우리는 한쪽 발로 뛰는 사람과 비슷하다. 특수한 것들을 다루는 일에 개념들을 이용하면서, 우리는 두발 동물이 된다. 우리는 우리의 개념을 앞으로 던지고, 거기서 나오는 결과 위에 어떤 발판을 마련하고, 우리의 선(線)을 거기에 걸고, 우리의 지각 표상을 거기까지 끌어당긴다. 그러면서 우리는 달리거나 스치거나 뛰며 삶의 표면을 이동한다. 이때 속도는 사건이 우리 머리 위로 비 뿌리듯 특수한 것들을 뿌릴 때 그것들 속을 걸어서 헤쳐 나갈 때보다 엄청나게 더 빠르다. 동물들은 그 특수한 사건들 속을 헤쳐 나가야 하지만, 인간들은 머리를 높이 쳐들고 보다 높은 곳의 개념의 공기를 자유롭게 마실 수 있다.

모든 철학자들이 개념적인 형식의 의식에게 품었던 엄청난 존경은 쉽게 이해된다. 플라톤의 시대 이후로 줄곧, 개념적인 형식의 의식이 근본적 진리에 이르는 유일한 길로 여겨져 왔다. 개념들은 보편적이고, 변화를 모르고, 순수하며, 개념들의 관계는 영원하다. 개념들은 정신적인 반면에, 개념들 덕분에 우리가 다룰 수 있게 된 구체적인 특수한 것들은 그 살집 때문에 부패한다. 그렇다면 개념들은 원래의 쓰임새와 별도로 그 자체로 소중하며, 그것들은 우리의 삶에 새로운 품위를 부여한다.

개념들의 원래의 기능이 찬양 속에 삼켜져 실종되어 버리지 않는 이상, 개념들에 대해 이런 식으로 느끼는 데는 잘못된 구석이 하나도 없다. 그 기능은 당연히 우리의 순간적인 경험에 마음속으로 상상한 결과를 더함으로써 그 경험을 정신적으로 확장하는 것이다. 그러나 불행하게도 그 기능은 철학자들이 추론할 때 너무나 자주 망각될 뿐만 아니라, 종종 정반대 방향으로 전환되면서 경험을 인식하기 위해 특별히 추출된 특성 하나만을 제외하고 경험의 모든 특성들을 (은연중에나 노골적으로) 부정함으로써 오히려 원래의 경험을 축소하는 수단이 되고 있다.

이것은 나의 불만을 표현하는 대단히 추상적인 방법이며, 따라서 내가 뜻하는 바를 예들을 통해 보여줌으로써 거기서 모호함을 지울 필요가 있다. 나에게 각별히 소중한 일부 믿음들이 비판가들에게 이런 식으로 악의적으로 추상적인 방식으로 이해되고 있다. 그런 한 예가 소위 '믿으려는 의지'이며, 다른 한 예는 어떤 미래들의 비결정론[56]이며, 세 번째 예는 진리가 그것을 품고 있는 사람의 관점에 따라 다를 수 있다는 견해이다. 비판가들이 추상 기능을 사악하게 악용함에 따라 이 원칙들에 반대하는 엉터리 주장을 펴게 되었으며, 그런 주장이 종종 그들의 독자들로 하여금 마찬가지로 엉터리 결론을 내리도록 이끌고 있다고 나는 믿는다. 가능하다면, 나는 그런 비판가들의 엉터리 주장에 반론을 제기함으로써 상황을 바로잡으려 노력해야 한다.

---

56 인간의 의지는 인과성의 구속을 받지 않는다는 견해.

개념들을 다음과 같이 이용하는 방법에 나는 '사악한 추상주의'라는 이름을 붙이고 싶다. 구체적인 어떤 상황을, 그 상황의 두드러지거나 중요한 특징을 한 가지 선택하여 그 상황을 그 특징 밑으로 분류함으로써 이해한다. 그런 다음에, 그 상황을 이해하는 새로운 방법이 초래하는 긍정적인 모든 결과들을 그 상황의 이전 성격들에 더하지 않고, 엉뚱하게도 그 개념을 결핍된 상태 그대로 이용한다. 원래 풍성했던 현상을 추상적으로 취해진 그 이름의 빈약한 암시들로 축소시키고, 그 현상을 그 개념에 '불과한' 하나의 예로 다루고, 그 개념이 끌어내어진 다른 모든 성격들을 마치 말살된 것처럼 여기는 것이다.

이런 식으로 돌아가는 추상작용은 사고에서 향상의 수단이 아니라 억제의 수단이 된다. 그런 추상작용은 사물들을 훼손시키고, 문제들을 새로 만들어내고, 불가능한 것들을 발견해낸다. 형이상학자들과 논리학자들이 역설과 변증법적 수수께끼를 놓고 겪는 어려움의 반 이상은 비교적 단순한 이 원인으로 돌려질 수 있다고 나는 확신한다. 추상적인 성격들과 보통 명사들을 이런 식으로 악의적으로 결핍된 상태 그대로 이용하는 것이 합리적인 정신이 저지른 중대한 원죄들 중 하나이다.

곧장 구체적인 예들 쪽으로 나아가면서, 최근에 노련한 풀러턴(George Stuart Fullerton) 교수의 그럴 듯한 설득에 의해 파괴된 '자유 의지'에 대한 믿음을 대충 훑어보도록 하자. 어떤 보통 사람이 자신의 의지가 자유롭다고 말할 때, 그는 무슨 뜻으로 그렇게 말하는가? 그는 자신의 삶의 안에, 두 개의 미래가 자신의 현재와 과거에 똑같이 뿌리를 박고 있어서 똑같이 가능해 보이는 그런 분기점 같은 상황들이 있다는 것을 의미한다. 현실로 실현된다면, 두 가지 미래 중 어느 것이든 그 미래는 그의 예전 동기들과 성격들과 상황들에서 나오며 그의 개인적 삶의 맥박을 단절 없이 지속시킬 것이다. 그러나 가끔 두 개의 미래가 동시에 육체적 본성과 양립할 수 없으며, 그러면 순진한 관찰자에게는 마치 그가 지금 둘 중에서 선택한 것처럼 보이고, 그러면 어느 미래가 될 것인가 하는 문제가 세상의 바탕에서 결정되지 않고 흘러가는 시간 속에서 매 순간 새롭게 결정되는 것처럼 보인다. 매 순간 속에서 사실이 생생하게 성장하고 있는 것처럼 보이고, 가능성이 한 가지 행동 쪽으로 기울면서 다른 모든 것을 배제하는 것처럼 보인다.

사물들을 표면상의 가치로 받아들이는 사람은 여기서 정말로 속아 넘어갈 것이다. 그 사람은 미리 예정되어 있는 것에 관한 자신의 개인적 무지를 일어날 일에 대한 진정한 불확정으로 자주 착각할 수 있다. 그럼에도, 그 사람이 그 상황을 그린 그림은 아무리 비실재적일지라도 과거와 미래 사이의 단절을 전혀 보여주지 않는다. 기차의 방향을 결정하는 철도의 분기기(分岐器)가 어느 방향으로 놓여 있든, 기차도 똑같은 기차이고, 기차의 승객들도 똑같은 승객들이고, 기차의 추진력도 똑같은 추진력이다. 자유의지론자를 위해, 온갖 종류의 미래를 떠올리게 할 만큼 충분한 과거가 언제나 있으며, 심지어 그런 다양한 미래가 가능해 보이는 이유들까지 거기서 발견된다. 또 기차가 분기기에 의해서 부드럽게 방향을 바꾸듯이, 어떤 미래든 그 과거에서 부드럽게 나올 것이다. 한마디로 말해, 세상은 자유 의지를 믿는 사람들에게도 엄격한 결정론자들에게나 마찬가지로 자체적으로 지속적인 것으로 보인다. 단지 결정론자들은 진정으로 어느 쪽으로도 치우치지 않는 균형 지점으로서, 또는 거기서만, 오직 거기서만 기존의 운동의 양을 변화시키지 않고 운동의 방향을 돌리는 샛길을 포함하고 있는 지점으로서의 분기점들을 믿지 않을 뿐이다.

어느 쪽으로도 기울지 않은 그런 지점들이 있다면, 엄격한 결정론자들은 미래와 과거가 절대적으로 분리될 것이라고 생각한다. 이유는 추상적으로 받아들이는 경우에 '어느 쪽으로도 치우치지 않은'이라는 표현이 단절만을 암시하기 때문이다. 어느 쪽으로도 치우치지 않은 것은 바로 그 같은 사실 때문에 다른 것과 관련이 없으며 분리되어 있다. 엄격한 결정론자들은 우리에게 이렇게 말한다. "그 용어를 엄격하게 받아들여라. 그러면 만약에 과거와 미래 사이의 넓은 고속도로에서 어떤 분기점이든 발견된다면, 샛길이나 분기기의 양쪽에서 어떤 종류의 연결도, 어떤 종류의 지속적인 추진력도, 어떤 동일한 승객도, 어떤 공통의 목표나 동인도 발견될 수 없다. 그 장소는 통과할 수 없는 단절이다."

풀러턴 교수는 다음과 같이 적고 있다. 이탤릭체로 짙게 쓴 부분은 내가 적은 내용이다.

"나의 행동이 자유로운 한, 내가 지금까지 영위해 온 존재와 현재

나라는 존재, 내가 언제나 했거나 하려고 노력했던 것들, 내가 현재 간절히 바라거나 하기로 결심한 것들, 이런 것들은 **나의 행동의 미래와 아무런 관계가 없다. 그런 면에서 보면 그것들은 전혀 존재하지 않은 것이나 마찬가지이다.** … 그런 가능성은 끔찍한 일이며, 틀림없이 대단히 열렬한 자유의지론자도 그 가능성을 놓고 솔직하게 생각한다면, 내가 자유롭더라도 그렇게 많이 자유롭지 않기를 바라는 마음을, 또 내가 삶과 행동에서 어느 정도의 일관성을 발견하기를 합리적으로 바라는 마음을 이해할 것이다. … 앞을 보지 못하는 걸인에게 내가 1달러를 주었다고 가정하자. 만약에 그 행위가 진정으로 자유 의지의 행위라면, 내가 그 돈을 주었다고 말하는 것이 적절할까? 내가 따뜻한 가슴의 소유자라서 돈을 준 것인가? … 이 모든 것이 자유 의지의 행위들과 무슨 관계가 있는가? 만약에 그 행위들이 자유롭다면, 그것들은 어떤 종류든 선행하는 상황에, 걸인의 비참에, 통행인의 가슴의 동정심에 영향을 받지 말아야 한다. 그 행동들은 원인이 없어야 하고, 결정되는 것이 아니어야 한다. 그 행동들은 맑은 하늘의 허공에서 그냥 뚝 떨어져야 한다. 그 행동들에 대한 설명이 가능한 한, 그것들은 자유롭지 않기 때문이다."

여기서 나는 전반적인 자유 의지 문제의 잘잘못을 둘러싼 논쟁에 휘말리지 말아야 한다. 이유는 내가 그 원칙을 공격하는 일부 사람들의 태도로 인해 일어나는 사악한 추상 기법에 대해서만 설명하고 있기 때문이다. 분기점의 순간들은, 자유의지론자 본인에게 느껴지듯이, 방향 전환과 지속이 동시에 일어나는 순간들이다.

그러나 우리가 방향 전환이 가진 '이쪽 또는 저쪽'이라는 성격 앞에서 주저하기 때문에, 결정론자는 그 경험의 너무도 풍부한 지속성들로부터 단절이라는 작은 요소를 끌어낸 다음에 그 요소만 남기고 연속적인 모든 성격들을 지워 버린다. 결정론자에게 그때부터 선택은 순수하고 단순한 단절을, 어떤 측면에서도 미리 결정되지 않은 무엇인가를 의미하고, 선택들의 연속인 삶은 엄청난 카오스임에 틀림없으며, 그 카오스 속에서 우리는 어떤 두 순간에도 똑같은 인간으로 다뤄질 수 없다. 만약에 네로가 자기 어머니의 살해를 명령하는 순간에 '자유로웠다면', 어떤 사람도 다른 순간에 네로를 나쁜 인간이라고 부를 권리를 누리지 못할 것이라고 맥태거트는 강조한다. 이유는 네로가 그 순간에 완전히 다른 네로였을 것이기 때문이라고 한다.

논쟁적인 저자는 단순히 자신의 희생자를 파괴하기만 해서는 안 된다. 희생자가 잘못을 느끼도록 하기 위해 어느 정도 노력을 기울여야 한다. 아마 희생자를 전향시킬 정도는 아니더라도 희생자가 양심의 가책을 느끼며 자신의 방어에 쏟는 에너지를 줄이도록 할 수는 있어야 할 것이다.

인간들의 믿음들을 그런 식으로 졸렬하게 묘사한 글들은 단지 문제가 일어나고 있는 상황들을 제대로 보지 못하는 저자들의 무능력에 대한 멸시만을 불러일으킬 뿐이다. 분리한 한 가지 요소의 부정적인 성격을 그 요소와 공존하는 모든 긍정적인 특성들을 무효화시키는 것으로 다루는 것은 구경꾼들의 박수를 끌어낼 수는 있을지 몰라도 자유의지론자가 실제로 그 문제를 보는 방식에 변화를 초래할 수 있는 방법은 절대로 아니다.

이젠 오늘날 추상작용이 활용되고 있는 사악한 방법을 보여주는 또 다른 예로서, '믿으려는 의지'에 대한 비판으로 눈길을 돌리도록 하자. 진실성을 뒷받침할 만한 객관적인 증거가 아직 없는 사물들을 믿을 권리는 그 사물들의 구체성에서 어떤 인간적인 상황들을 파악하는 사람들에 의해 옹호되고 있다. 그런 상황에 정신은 앞에 너무나 많은 대안들을 두고 있다. 대안들이 너무나 많기 때문에, 각 대안을 뒷받침하는 완전한 증거는 아직 없다. 그럼에도 그 대안들이 너무나 중요하기 때문에, 단순히 증거를 기다리고, 그렇게 기다리는 동안에 의심하는 것은 종종 실질적으로 부정적인 측면을 누르는 것이나 마찬가지이다. 삶이란 것은 어쨌든 가치 있는 것인가? 무한히 이어지는 이 모든 부침에 어떤 일반적인 의미가 있는가? 이 모든 고통에 의해서 영원히 획득되고 있는 것이 과연 있는가? 절대적인 존재에게는 세속을 초월하는 경험이, '4차원'에 해당하는 무엇인가가, 만약에 우리가 닿는다면 이 세상의 내적 혼란 일부를 해결해서 사물들이 처음 등장할 때보다 더 합리적으로 보이게 만들 무엇인가가 있는가? 우리의 정신들이 그 일부를 이루고 있고 영감과 도움이 나올 수 있는 그런 초인적인 의식이 있는가? 이런 문제들에 대해 우리 중 일부는 찬성이나 반대를 표현할 권리를 누린다고 주장하는 한편, 다른 사람들은 방법론적으로 용인될 수 없는 것들이라고 고집하면서 우리에게 무지를 고백하고 모든 사람에게 믿기를 거부할 의무가 있다고 선언하며 죽을 것을 요구하고 있다.

나는 이 비판가들의 일부가 보이는 개인적 모순에 대해서는 한마디도 하지 않는다. 그들의 인쇄물을 보면, 그들이 믿으려는 의지를 관용적인 표현이나 권장되고 있는 것으로 비난하고 있음에도 불구하고 믿으려는 의지를 보여주는 예들이 아주 많다. 다시 맥태거트 씨를 예로 든다면, 그는 "현실은 합리적이고 옳으며, 시간과의 관계 속에서 완벽하게 훌륭해지게 되어 있다"고 확신하고 있다. 그가 이 믿음을 논리의 한 결과라고 부르고 있지만, 그는 독자들이 그 믿음의 진정한 기원이 재능 있는 그 저자의 정신에 있다는 사실에 눈을 감도록 속이지 못했다.

인간은 모두 너무나 똑같은 패턴에 맞춰 만들어졌기 때문에 어느 누구도 신앙의 행위로부터 성공적으로 달아나지 못한다. 우리는 어떤 우주관이 우리에게 지니게 될 의미를 선명하게 본다. 우리는 그 사고에 흥분하거나 몸서리치고, 우리의 감정은 논리적인 본성 전체를 두루 내달리며 본성의 작용들을 고무한다. 그것이 그렇게 될 수는 없어, 라고 우리는 느낀다. 그것은 이것이어야 해. 그것은 마땅히 되어야 하는 대로 되어야 하며, 그것은 이것이어야 해. 이어서 우리는 너무나 간절히 되어야 했던 이것을 객관적으로 그럴듯하게 보이도록 하기 위해 좋거나 나쁜 온갖 근거를 찾는다. 우리는 그것에 반대하는 주장들이 불충분하다는 점을 보여준다. 그러면 그것이 진리일 수도 있을 테니까. 우리는 그것을 삼단논법적인 증거의 허약한 기능에 호소력을 지니는 것이 아니라 우리의 전체 본성의 성실에 호소력을 지니는 것으로 나타낸다. 우리는 음악에 의해 우리의 세계가 확장된 것을 기억함으로써, 또 일몰의 약속들과 봄날 숲의 충동에 대해 생각함으로써, 그것을 강화한다. 그리고 전체 경험을 다 거친 개인이 마침내 "나는 믿어!"라고 말할 때, 그 전체 경험의 핵심은 그의 비전의 치열한 구체성이며, 그의 앞에 있는 가설의 개성이고, 그의 최종 상태에서 나오는 다양한 구체적인 동기들과 지각들의 복합체이다.

그러나 사물들의 어떤 상태는 진실임에 틀림없다는, 풍성하고 미묘한 이 통찰을 추상주의자가 어떻게 다루는지 보도록 하자. 추상주의자는 그 믿는 사람을 향해 다음과 같은 삼단 논법으로 추론한다고 비난한다.

> 모든 선한 욕망은 충족되어야 한다.
> 이 명제를 믿으려는 욕망은 선한 욕망이다.
> 그러므로 이 명제는 믿어져야 한다.

추상주의자는 믿는 사람의 구체적인 정신 상태를 이 같은 추상작용으로 대체하고, 그 추상작용의 노골적인 모순을 그에게 덮어씌우고, 그를 옹호하는 사람은 누구나 세상에서 가장 멍청한 바보라는 점을 쉽게 증명하고 있다. 마치 진정으로 믿는 어떤 사람이 이런 터무니없는 방식으로 생각한 적이 있다는 듯이, 아니면 마치 구체적으로 결론 내리는 방법의 정당성을 옹호한 사람이 추상적이고 일반적인 전제들을 이용한 적이 있었다는 듯이, "모든 욕망은 충족되어야 한다니!" 그럼에도 불구하고, 맥태거트는 앞에서 인용한 책의 47~57절에서 그 삼단 논법을 진지하게 반박하고 있다. 그는 사전(辭典)에 '욕망'과 '선'(善) 같은 추상 개념들과 '현실' 사이에 고정된 연결이 전혀 없다는 점을 보여주고 있다. 또 그는 구체적인 한 예에서 믿는 사람이 거기에 있다고 느끼고 지각하는 모든 연결들을 무시하고 있다. 그는 이렇게 덧붙이고 있다.

"어떤 사물의 현실이 불확실할 때, 그 주장은 우리로 하여금 어떤 사물에 대한 우리의 승인이 그 사물의 현실을 결정할 수 있다고 가정하도록 고무한다. 그리고 이 사악한 연결이 확립되기만 하면, 그에 따른 보복이 우리에게 닥친다. 이유는 그 사물의 현실이 별도로 확실할 때, 우리가 그 사물의 현실이 그 사물에 대한 우리의 승인을 결정한다는 점을 인정해야 하기 때문이다. 나는 이보다 더 타락한 입장을 상상하기가 어렵다는 사실을 발견한다."

여기서 헤겔을 신봉하는 영국인 맥태거트에게 헤겔이 진정한 것과 합리적인 것을 동일시한 부분을 반어적으로 인용하고 싶은 마음을 강하게 느낀다. 이 헤겔 신봉자는 자신의 장(章)을 과장된 말로 끝내고 있다.

"기도하지 않는 사람들에게, 어떤 결의가 남아 있다. 그들의 힘이 허락하는 한, 죽음의 고통도 삶의 고통도 그들이 스스로 거짓으로 여기고 있는 것에서 안락을 추구하도록 몰아붙이거나 스스로 진정하다고 여기고 있는 것에서 안락[불편?]을 멀리하도록 내몰지 않을 것이라는 결의 말이다."

매우 독창적인 정신의 소유자인 저자가 어떻게 자신이 쏜 화살이 모두 적의 머리보다 한참 높은 곳을 날고 있다는 사실을 보지 못할 수 있을까? 맥태거트 씨 자신이 우주가 절대적인 사상의 변증법적 에너지에 의해 굴러간다고 믿을 때, 그런 종류의 세상을 가지려는 그의 집요한 욕망은 그에게 절대로 일반적인 욕망의 우연한 예로 느껴지지 않고 통찰력을 안겨주는 매우 특이한 열정으로 느껴지며, 그런 열정에 그가 넘어가지 않는 것은 어리석은 짓일 것이다. 그는 그 열정의, 하나의 '욕망'이라는 추상적인 특징을 따르는 것이 아니라 그 열정의 구체적인 특이성을 따르고 있다. 그의 상황은 자신에게는 결혼하는 것이 최선의 길이라고 결심하고 무대를 떠나는 여배우나, 환속한 성직자나, 공적 생활을 포기하는 정치인의 상황만큼이나 특별하다. 어떤 분별 있는 사람이 그런 사람들의 구체적인 결정을 놓고 "모든 여배우는 결혼해야 한다"거나 "모든 성직자는 평신도여야 한다"거나 "모든 정치인은 자리에서 물러나야 한다"는 식의 추상적인 전제로까지 거슬러 올라가며 반박하려 하겠는가? 그럼에도 그런 유형의 반박이, 비록 전향의 목적에는 전혀 아무런 효과가 없을지라도, 맥태거트에 의해 그의 책 몇 페이지에 걸쳐 제시되고 있다. 그는 너무나 많은 우리의 진정한 이유들을 하나의 작은 점(點)으로 대체하고 있다. 그는 인간들의 진정한 가능성 대신에 어떤 인간도 믿고 싶은 마음을 느끼지 않을, 뼈다귀만 앙상한 추상작용을 제시하고 있다.

내가 제시하는 다음 예에서 추상작용은 덜 단순하지만, 공격 무기로서 꽤 약하다. 경험주의자들은 진리가 일반적으로 개별 인간들의 믿음들에서 정제되어 나온다고 생각하고, 소위 실용주의자들은 진리가 나올 때 그것이 어디에 존재하는지를 규정하려고 노력함으로써 '경험주의자들보다 한 걸음 더 나아가고 있다'. 진리는 믿음들이 그 사람으로 하여금 대상들과 만족스런 관계를 맺도록 하는 작용에 존재한다고 나는 다른 곳에서 말한 바 있다. 그 작용은 당연히 인간들의 실제 경험 속에서 그들의 환경의 물질적인 것들 사이뿐만 아니라 그들의 생각들과 감정들, 지각들, 믿음들, 행위들 사이에서도 일어나는 구체적인 작용이다. 그리고 대상들과의 관계들은 실제적일 뿐만 아니라 가능한 관계들로도 이해되어야 한다.

나의 책『실용주의』중 진리에 관한 장에서, 나는 이 견해를 옹호하는 데 에너지를 많이 쏟았다. 이 견해에 반대하는 적들이 그것을 오해한 내용을 보면 정말 이상하다. 어떤 생각의 진실성은 무엇을 의미하는가, 라는 문제에 구체성을 도입하려는 우리의 시도를 상대로 펼친 맹공격 중에서 가장 놀랄 만한 공격은 어쨌든 진리가 인간의 의견에서 생겨나도록 하는 것은 '인간이 만물의 척도'라는 프로타고라스의 가르침을, 그러니까 플라톤이 2,000년 전에 불후의 대화록『테아이테토스』(Theaeatetus)에서 아주 편안한 마음으로 무덤에 묻은 것으로 전해지는 그 가르침을 재현한 것에 불과하다는 식의 공격이다. 많은 영역에서 이런 공격이 제기되었다. 진리를 구체화하는 데 대한 이 같은 반대를 가장 노련하게 표현하고 있는 두 사람인 리케르트(Heinrich Rickert) 교수와 뮌스터베르크(Hugo Münsterberg) 교수는 독일어로 글을 쓰고 있으며, 그들이 뿌리 뽑으려 노력하는 이단에 붙인 명칭은 '상대주의'이다.

리케르트와 뮌스터베르크 교수가 '상대주의'를 상대로 벌인 반대 운동의 첫 번째 단계는 널리 알려져 있다. 두 사람은 상대주의자들에 대해, 스스로 택한 원칙들 때문에 합리주의 철학자들이 즐기는 특권을 누리지 못할 뿐만 아니라, 자신들의 원칙들이 비개인적이고 절대적인 진리라고 믿고 있으며, 심지어 그런 진리, 그러니까 모든 인간들이 동의하고 어떤 인간도 바꾸고 싶어 하지 않는 그런 이상적인 의견의 추상적인 개념을 실용주의적 의미로 짜맞추고 있다고 비난하고 있다. 그런데 우리 실용주의자들은 전형적인 상대주의자들이다.

이 교수들의 두 가지 비판은 과녁을 크게 벗어났다. 실용주의자로서 나는 진리에 관한 나의 설명을 합리주의자가 자신의 설명을 믿는 것만큼 강하게 믿고 있다. 그리고 내가 진리를 믿는 이유는 바로 학식 많은 나의 적들이 실용주의자들은 절대로 고안할 수 없다고 주장하는 진리에 대한 생각을 나 자신이 확고히 품고 있기 때문이다. 말하자면, 나는 사람들이 나의 설명을 놓고 토론을 많이 벌이고 테스트를 많이 할수록 그 설명이 적절하다는 데 더 많이 동의하고 거기에 변화를 주고 싶다는 욕망을 덜 품게 될 것이라고 기대하고 있다. 물론 내가 이런 확신을 품는 것이 시기상조일 수 있으며, 종국적이고 절대적인 진리가 되는 영광은 훗날 나의 의견을 수정한 다른 견해에게 돌아갈 수 있다. 그러면 나의 의견은 최종적으로 만족스런 그 공식에서 벗어난 만큼만 진실하지 않은 것으로 평가를 받을 것이다.

우리 실용주의자들이 하고 있듯이, 우리가 (기대하지는 않을지라도) 곧잘 수정의 대상이 될 수 있다는 점을 인정하는 것은 우리 쪽에서 어떤 이상적인 기준을 이용하고 있다는 점을 암시한다. 합리주의자들도 개인으로서 가끔 자신의 현재 의견이 어느 정도 수정될 수 있다는 점을 막연히 인정할 만큼은 회의적이다. 그렇기 때문에 절대적인 어떤 기준이라는 단순한 개념이 합리주의자들에게는 강력히 옹호되어야 하고 실용주의자들에게는 부정되어야 할 만큼 중요해 보인다는 사실이 쉽게 설명되지 않는다. 만약에 합리주의자들이 기준이라는 개념을 옹호함과 동시에 그 기준을 그들의 격한 비난의 근거로 삼을 수 있다면, 그 기준은 그들에게 정말 중요할 것이다. 그러나 리케르트 같은 절대론자들은 그 개념의 무효성을 자유롭게 인정한다. 진리는 우리가 믿어야만 하는 것이라고 그들은 말한다. 어떤 인간도 지금까지 그것을 믿지 않았고 앞으로도 믿지 않을지라도, 또 우리의 의견들을 서로 비춰가며 검증하거나 사실들을 바탕으로 검증하는 일상의 경험적 과정을 통하지 않고는 우리가 진리에 이를 수 있는 길이 전혀 없다 할지라도 말이다.

그렇다면 논쟁 중 이 부분은 실질적으로 헛되다. 이 땅 위를 실제로 걸어본 상대론자라면 누구나 절대적 진리라는 개념에 대한 자신의 사고에서 규제적인 성격을 부정하지 못한다. 상대론자들이 문제삼고 있는 것은 바로 누구든 주어진 어느 시점에 그 진리가 어떤 모습인지를 확실히 파악한 척 꾸미는 부분이다. 보다 훌륭한 절대론자들이 '절대적 진리가 있다'는 명제가 우리가 확신할 수 있는 유일한 절대적 진리라는 것을 인정하면서 이 점에 동의하고 있기 때문에, 추가적인 논쟁은 실질적으로 중요하지 않다. 그래서 우리는 여기서 그들의 다음 비난으로 넘어간다.

사악한 추상작용이 가장 분명하게 드러나는 곳이 바로 이 비난에서다. 반실용주의자는 절대적 진리를 가정하면서도 절대적 진리가 뜻하는 바에 대해 설명하기를 거부하고 있다. 반실용주의자에게 절대적 진리라는 단어들은 설명을 요구하지 않는 용어이다. 반대로, 실용주의자는 그 단어들의 의미를 정확히 정의한다. 절대적 진리는 모든 의견들이 경험의 긴 과정을 거친 끝에 수렴될 것으로 기대하는 일련의 이상적인 공식들을 의미한다고 실용주의자는 말한다.

절대적 진리에 대한 이런 정의에서, 실용주의자는 의견들이 그런 수렴 쪽으로, 종국적인 의견의 일치 쪽으로 나아가려는 경향을 갖고 있다는 점을 가정할 뿐만 아니라, 그 의견들이 닿을 것으로 기대되는 진실한 결론들을 근거로 한 예상을 통해서 자신의 정의의 다른 요소들을 차용하면서 그런 요소들까지 가정하고 있다. 실용주의자는 의견들의 존재를 가정하고, 그 의견들을 체로 치듯 가려낼 경험을 가정하고, 경험의 일관성을 가정한다. 실용주의자는 그것들이 말 그대로 엄격한 의미에서 말하는 가정들이 아니라 단순히 미래까지 확장된 과거로부터 유추로 끌어낸 것이라고 말함으로써 그런 가정들을 스스로 정당화한다. 또 실용주의자는 인간의 의견이 이미 그 가정들과 관련해서 균형 상태를 꽤 안정적으로 보이고 있다고, 또 만약에 그 의견의 미래 전개가 가정들을 변화시키지 않는다면, 그 정의 자체는 정의에 포함된 모든 조건들과 함께 인간의 의견이 정의하는 바로 그 절대적 진리의 일부가 될 것이라고 주장한다. 요약하면, 그 가설은 에둘러 성공적으로 작용하면서 스스로를 뒷받침한다는 점을 증명할 것이고, 그러면 그 원은 완성될 것이다.

그러나 반실용주의자는 여기서 즉시 '의견'이라는 단어를 공격하고, 의견을 삶의 세계에서 제거하고, 의견과 공존하는 나머지 가정들을 부정하기 위해 의견을 단지 사전의 명사로만 이용하고 있다. 사전은 의견에 대해 '누군가가 생각하거나 믿는 것'이라고 풀이하고 있다. 이 정의는 모든 사람이 의견을 자유롭게 품도록 만들고 다른 사람의 생각이나 진리가 어떤지에 대해서는 신경쓰지 않도록 만든다. 따라서 우리는 의견을 근본적으로 서로 관련 없는 것으로 인식해야 하고, 그래서 십억 명의 사람이 똑같은 의견을 품고 오직 한 사람만 다른 의견을 품고 있더라도 우리는 십억 명이 아니라 단 한 사람이 그릇될 수 있는 확률을 높일 수 있는 부차적인 상황들을 절대로 인정해서는 안 된다고 추상주의자들은 주장한다. 진리는 사람들의 숫자를 따르지 않으며, 또 진리가 다수결의 또 다른 이름도 아니라고 그들은 말한다. 그들에게 진리는 경험보다 앞서는 어떤 관계, 즉 우리의 의견들과 실용주의자의 설명이 무시하는 독립적인 그 무엇 사이의 관계이며, 그 관계는 개인들의 의견들이 그것을 영원히 부정함에도 불구하고 그 의견들을 거짓인 것으로 판단하기 위해 여전히 남아 있을 것이다. 반실용주의자는 이 독립적인 무엇인가에 대한 언급 없이 의견들에 대해 말하는 것은 햄릿이 등장하는 장면을 제거하고 '햄릿'을 공연하는 것이나 다름없다는 식으로 우리를 확신시킨다.

그러나 실용주의자가 의견들에 대해 말할 때, 그가 여기서 그려지고 있는 것처럼 고립되고 동기가 전혀 작용하지 않는 그런 추상작용을 의미하는가? 물론 그렇지 않다. 실용주의자는 인간들의 살아 있는 의견들을 의미한다. 그 의견들은 정말로 스스로 형성된다. 그렇기 때문에 의견들은 그것들의 원인들과 그것들이 따르며 행사하는 영향들로 둘러싸여 있다. 당연히 그 의견들은 사회적 소통이 이뤄지는 전체 환경 속에 있으며, 그것들은 이 환경의 일부를 이루고 있고 또 그 환경에서 생겨난다.

게다가 실용주의자의 정의(定義)가 가정하는 '경험'은 반실용주의자가 실용주의자를 향해 무시하고 있다고 비난하는 그 독립적인 무언가이다. 인간들은 그 경험이 어떤 독립적인 현실과 관련있는 경험이고, 모든 의견은 진실한 것이 되기 위해서 그런 독립적인 현실의 존재를 인정해야 한다는 데 의견의 일치를 이룰 만큼 이미 성숙했다. 우리 인간들은 경험의 압박에 저항하는 것은 결국 쓸데없는 짓이라는 점에, 어떤 사람이 경험을 많이 할수록 진리와 관련해서 더 유리한 위치에 설 수 있다는 점에, 따라서 일부 사람들은 경험을 많이 한 덕분에 다른 사람들보다 더 권위 있는 사람이 된다는 점에, 일부 사람들은 태생적으로 더 현명하고 자신이 하는 경험을 더 잘 해석할 수 있다는 점에, 기록들을 서로 비교하고 토론하고 보다 훌륭한 사람들의 의견을 따르는 것이 그런 지혜의 일부라는 점에, 마지막으로, 그런 비교와 의견에 대한 평가를 보다 체계적으로 보다 철저히 추구하는 경우에 살아남는 의견들이 더 진실할 수 있다는 점에 동의하고 있다.

실용주의자가 의견들에 대해 이야기할 때, 그가 마음에 품고 있는 것은 이런 식으로 구체적으로 서로 연결된 상태에서 생생하게 상호 작용하는 의견들이다. 그리고 반실용주의자가 '의견'이라는 단어가 전혀 환경을 갖지 않는 것처럼 추상적으로도 받아들여질 수 있다는 이유로 실용주의자를 쓰러뜨리려 노력할 때, 그는 단순히 건전한 토론이 성장할 토양을 무시하고 있을 뿐이다. 반실용주의자의 무기는 허공을 가로지를 뿐 전혀 아무런 타격을 입히지 못한다. '상대주의'에 대한 독일인의 공격을 이루고 있는, 믿음의 풍자 만화들과 의견의 해골들은 전쟁에서 누구에게도 상처를 입히지 못한다. '의견'이라는 단어를 추상적으로 쓰지 않도록 하고, 의견을 진정한 환경 속에서 지켜나가도록 하라. 그러면 실용주의의 기개는 흐트러짐 없이 온전히 남을 것이다.

진리의 개념이 일반적으로 어떤 것으로 받아들여지든, '자기주장을 굽히지 않는' 인간들이 존재하는 것은 불행한 일이지만 인정해야만 하는 사실이다. 그러나 이 같은 사실이 진리가 의견의 생명력으로부터 스스로를 충실하게 형성하는 일을 막아야 한다는 점은 아직 어떤 비판가에 의해서도 입증되지 않았다. 진리가 어떤 의견들로 이뤄지는 것은 당연하며, 모든 의견이 다 진정할 필요는 없을지라도, 진리는 정말로 의견으로만 이뤄져 있다. 실용주의자는 미래의 의견 일치가 옳다는 점에 대해 독단적으로 주장할 필요가 전혀 없다. 단지 실용주의자는 미래의 의견 일치가 아마 지금 어떤 사람의 의견보다 더 많은 진리를 포함하게 될 것이라고 가정하기만 하면 된다.

14장

두 명의 영국인 비평가[57]

---

57 '올버니 리뷰'(Albany Review) 1908년 1월 호에 게재되었다.

버트런드 러셀(Bertrand Russell)이 '대서양 저편의 진리' (Transatlantic Truth)라는 제목으로 발표한 논문은 그의 펜에 기대할 수 있는 명료함과 논리적 치밀성과 재치를 두루 갖추고 있지만, 실용주의자들의 입장을 이해하는 데 적절한 관점을 완전히 벗어난 모습을 보이고 있다. 예를 들어, 실용주의자들이 진실한 명제는 믿을 경우에 좋은 결과를 낳는 명제라고 말할 때, 그는 우리가 어떤 명제가 진실하다고 믿는 사람은 누구나 먼저 그 명제의 결과가 좋다는 것을 분명히 이해했다는 것을, 또 그 사람의 믿음은 주로 그 같은 사실에 대한 믿음이어야 한다는 것을 뜻한다고 추측하고 있다. 후자는 명백한 모순이다. 이유는 그 같은 사실이 첫 번째 명제와 꽤 다른, 새로운 명제의 제시이고, 대체로 검증이 매우 힘든 사실이기 때문이다. 러셀이 정확히 말하고 있듯이, 사실에 관한 명백한 질문, 예를 들면 "교황들은 언제나 무오류였는가?"라는 질문에 대답하는 것이 교황들이 무오류라고 생각하는 것의 효과가 대체로 좋은지에 관한 질문에 대답하는 것보다 "훨씬 더 쉽다".

실용주의자들은 러셀이 짐작하는 것과 달리 무엇이든 절대로 어리석게 단정 짓지 않는다. 좋은 결과들은 실용주의자들이 단순히 진리의 존재에 대해 습관적으로 확신할 때 그 근거로 삼는 표시나 신호나 기준으로 제안하고 있는 것이 아니다. 물론, 좋은 결과가 그런 신호의 역할을 하는 예가 이따금 있긴 하지만 말이다. 오히려 좋은 결과들은 모든 진리 주장 안에 숨어 있는 동기로 제시되고 있다. 믿는 사람이 그 동기를 의식하고 있든, 아니면 맹목적으로 그 동기를 따르고 있든 불문하고 말이다. 좋은 결과는 우리의 믿음들의 존재 이유로 제안되고 있지, 우리의 믿음들의 논리적 암시나 전제로 제시되고 있는 것은 아니며, 그 믿음들의 객관적인 표명이나 내용으로 제안되고 있는 것은 더더욱 아니다. 좋은 결과들은 우리가 믿음들을 진실하거나 거짓이라고 부르도록 만드는 그 차이에 유일하게 이해 가능한 실질적인 의미를 부여한다.

실용주의자를 제외하고는 어떤 진리 주장자도 자신의 정신 안에서 결과들이 맡는 역할을 알 필요가 없으며, 그 진리 주장자 본인은 그 역할을 오직 추상적으로, 또 일반적으로만 알고 있으며, 어느 순간에든 자신의 믿음들과 관련해서 그 역할을 꽤 망각하고 있을 것이다.

러셀은 이어서, '진리'라는 단어에 대한 실용주의자의 정의에 따르면 A가 존재한다는 믿음은 A가 실제로 존재하지 않을 때에도 '진실할' 수 있다는 식으로 자신의 독자들에게 말하는 그런 저자들의 집단에 합류한다. 이것은 우리의 비판가들이 지겨울 정도로 되풀이하고 있는 중상이다. 우리의 비판가들은 인간의 삶에서 '진리'로 불리는 것에 관한 구체적인 설명에서 그 단어는 오직 특정한 믿는 사람과 관련해서만 쓰일 수 있다는 사실을 망각하고 있다.

　한 예로, 나는 셰익스피어가 그의 이름을 달고 있는 희곡들을 썼다는 것이 사실이라고 믿고 있으며 그런 나의 의견을 어느 비평가에게 표현할 수 있다. 만약 그 비평가가 실용주의자이자 베이컨 (Francis Bacon) 철학의 신봉자라면, 그는 실용주의자의 입장에서 나의 의견의 작용들이 나에게 그 의견을 완벽하게 진실한 것으로 만든다는 사실을 분명히 보는 한편으로, 베이컨 철학의 신봉자의 입장에서 셰익스피어가 문제의 희곡들을 절대로 쓰지 않았다고 여전히 믿고 있다[58]. 그러나 실용주의에 반대하는 비판가들은 대부분 '진리'라는 단어를 절대적인 무엇인가로 받아들이고 있으며, 자신의 진리들을 절대적인 것으로 받아들일 준비가 되어 있는 그들의 독자들을 쉽게 자극한다.

　만약에 우리 실용주의자들이 A가 존재한다는 믿음이 만족스럽게 작용하는 사람들은 언제나 그 믿음을 진리라고 부를 것이라는 점

58　19세기 중반부터 셰익스피어의 작품들의 전부 또는 일부의 진짜 저자가 프랜시스 베이컨이라는 주장이 제기되고 있다.

을 보여주고 있는데, 반실용주의 비판가들의 글을 읽는 독자가 A가 존재하지 않는다고 믿는다면, 그 독자는 우리의 주장에 대해 순진하다며 쉽게 비웃을 것이다. 러셀 씨는 우리의 진술에 대해 "사실을 제거하려는 시도"라고 생각하면서 당연히 그것을 "실패"로 여기고 있다. 그는 "낡은 진리의 개념이 다시 나타나고 있다"고 덧붙이고 있다. 당연히 그가 말하는 낡은 개념은 어떤 믿음이 진실일 때 그 믿음의 대상이 존재한다는 것이다.

당연히, 진리는 건전한 실용주의 원칙들 위에 존재하게 되어 있다. 개념들은 결과들을 의미한다. 나의 의견을 '진실하다'는 개념에 근거해 다듬을 때 나에게 세상이 어떤 방식으로 달라지는가? 첫째, 그 의견과 일치할 대상이 세상에서 발견될 수 있어야 한다(혹은 그런 대상을 말해주는 확실한 신호들이 발견되어야 한다). 둘째, 그런 의견은 내가 알고 있는 다른 어떤 것들과도 모순되지 않아야 한다. 그러나 내가 무엇인가가 존재한다고 진실로 말할 때 그것이 반드시 존재해야 한다는 실용주의의 명백한 요건에도 불구하고, 러셀이 반복하고 있는 중상이 널리 받아들여지고 있다.

러셀 씨는 본인이 너무나 재치 있고 건전한 논리적 추론가이기 때문에 단순히 그 중상을 독단적으로 되풀이할 수만은 없다. 수학적이지 않거나 논리적이지 않은 것은 아무것도 아니기 때문에, 그는 관행에 따라서 그 비난을 입증해야 했으며 우리를 향해 오류를 저지르기보다는 논리적 모순을 보인다고 비난하고 있다. 나는 그 과정에 그의 정신의 굴곡을 성실하게 따라보려고 노력했지만, 아무리 해도 나는 그 과정에서 내가 사악한 추상작용이라고 부른 것의 또 다른 예만을 볼 수 있을 뿐이다. 수학과 순수 논리학의 추상적인 세계가 러셀 씨에게 너무나 익숙하기 때문에, 그는 구체적인 사실의 기능들을 묘사하는 실용주의자들이 당연히 정해진 수학 용어들과 함수들을 의미해야 한다고 생각하고 있다. a, b, c, x, y, 사인, 로그 같은 수학 용어는 스스로 힘을 발휘하며, 이런 종류의 용어들은 동일시되기만 하면 오류 없이 서로 무한히 대체될 수 있다.

러셀 씨와 곧 거론할 호트리(Ralph Hawtrey)[59] 씨는 우리의 입에서도 '의미'와 '진리', '믿음', '대상', '정의'(定義) 같은 용어들이 추가로 물을 수 있는 다양한 관계라는 맥락이 전혀 없는 가운데 자립할 수 있다고 생각하는 것 같다. 어떤 단어가 의미하는 것은 그 단어의 정의에 의해 표현되지, 그렇지 않은가? 그 정의는 정확하고 적절하지, 그렇지 않은가? 그러면 그 정의는 그 단어로 대체될 수 있지. 정의와 단어가 동일하니까. 그렇지 않은가? 그렇다면 똑같은 정의를 가진 두 개의 단어는 서로 대체될 수 있어, 그렇지 않은가? 같은 단어의 두 가지 정의도 마찬가지야, 그렇지 않은가? 이런 식이라면, 당신이 누군가가 자기모순과 부조리를 보이고 있다는 점을 입증하지 못한다면, 그것이 오히려 더 이상한 일일 것이다.

진리를 작용으로 보는 나의 설명에 이런 식의 고리타분한 접근

59　영국의 경제학자(1879-1975))로 존 메이너드 케인스(John Maynard Keynes)의 친구였으며 케임브리지 대학의 지적 모임인 케임브리지 사도들의 회원이었다.

방식을 구체적으로 적용한다면 다음과 같이 될 것이다. 나는 '작용'
이 우리의 생각들의 '진실성'이 의미하는 것이라고 말하고, '작용'
을 하나의 정의(定義)라고 부른다. 그러나 의미들과 그 의미들이 나
타내는 사물들, 정의들과 그 정의들이 규정하는 사물들이 동등하
고 서로 교환 가능하기 때문에, 그리고 어떤 용어가 쓰일 때 그것의
정의와 관계없는 것은 어떤 것도 의미하지 않기 때문에, 어떤 생각
을 진실하다고 부르고 '진실하다'라는 단어를 그 생각이 작용한다
는 뜻으로 쓰는 사람은 누구나 그 외의 다른 것을 의미할 수 없으며,
그 생각이 작용한다는 것 외에는 어떤 것도 믿지 못하며, 특히 그 생
각의 대상이나 진술에 대해 어떤 것도 암시하지 못하고 허용하지도
못한다는 말이 논리적으로 가능해진다.

　　러셀 씨는 이렇게 쓰고 있다. "실용주의자들에 따르면, '다른 사
람들이 존재한다는 것은 진실이다'라고 말하는 것은 곧 '다른 사람
들이 존재한다고 믿는 것은 유익하다'는 것을 의미한다. 그러나 만
약에 그렇다면, 이 두 개의 문장은 단순히 동일한 명제를 달리 표현
하고 있는 단어들에 지나지 않는다. 그러므로 앞 문장을 믿을 때, 나
는 두 번째 문장까지 믿게 된다." [말이 난 김에 하는 말인데, 논리는
러셀 씨에게 두 가지를 동시에 믿을 것을 요구하는 것 같다. 그러나
러셀 씨는 이런 논리적 결과를 무시하며 '다른 사람들이 존재한다'
는 문장과 '다른 **사람들이 존재하지 않을 때조차도** 다른 사람들이
존재한다고 믿는 것이 유익하다'는 문장이 실용주의자의 입에서 동
일해야 하고, 따라서 대체 가능한 명제들이 되어야 한다고 생각하

고 있다.]

　그러나 여기서 나는 묻는다. 진정한 용어들은 그것들의 정의에 표현되지 않은 비본질적인 요소들을 가질 수 없는가? 그리고 어떤 진정한 가치가 일련의 정의(定義)들을 대수적으로 처리한 결과로 최종적으로 대체될 때, 이 모든 비본질적인 특성들이 뒤로 사라져 버리지 않는가?

　믿음들은 저마다 진실성뿐만 아니라 객관적인 '내용'이나 '진술'을 갖고 있으며, 진실성은 나름의 작용들뿐만 아니라 암시들도 갖고 있다. 만약에 누군가가 다른 사람들이 존재한다고 믿는다면, 그 사람들이 실제로 존재해야 하는 것은 그 사람의 믿음의 한 내용이자 그 믿음의 진실성에 대한 암시이다.

　러셀 씨의 논리는 내용과 암시, 연상 같은 비본질적인 특성들을 '정의상' 모두 배제하는 것처럼 보이며, 우리 실용주의자들을 모든 믿음들을 일종의 실용주의 자체에 대한 믿음 같은 것으로 바꿔놓는 존재로 그리고 있다. 하필이면 왜 그런 믿음인가! 만약 내가 어떤 연설을 두고 웅변적이라고 하면서 '웅변적'이라는 단어에 대해 그 연설이 청중에게 특정한 방식으로 작용하는 힘을 의미하는 것이라고 설명한다면, 또는 내가 어떤 책을 놓고 독창적이라고 하면서 '독창적'이라는 표현을 다른 책들과 다르다는 것을 의미한다는 식으로 정의한다면, 러셀의 논리는, 만약 내가 그의 논리를 따른다면, 나로 하여금 그 연설은 웅변에 관한 것이고 그 책은 다른 책들에 관한 것이라는 데 동의하도록 만들 것 같다. 내가 어떤 믿음에 대해 진실하다고 말하면서 그 믿음의 진실성에 대해 그 믿음의 작용들을 의미한다고 정의할 때, 분명히 나는 그 믿음이 작용들에 관한 어떤 믿음이라는 것을 의미하지 않는다. 그것은 그 대상에 대한 어떤 믿음이며, 작용들에 대해 말하는 나는 내가 설명하고 있다고 공언하는 그 구체적인 사고의 주인공인 그 믿는 사람의 것과는 다른 담론의 세계를 갖고 있는 다른 주체이다.

'다른 사람들이 존재한다'는 사회적 명제와 '다른 사람들이 존재한다고 믿는 것이 편리하다'는 실용주의 명제는 서로 다른 담론 세계에서 나온다. 사람은 첫 번째 명제를 믿도록 논리적으로 강요받지 않고도 두 번째 명제를 믿을 수 있거나, 두 번째 명제에 대해 들어보지 않은 상태에서도 첫 번째 명제를 믿을 수 있거나, 두 가지 명제를 다 믿을 수 있다. 첫 번째 명제는 어떤 믿음의 대상을 표현하고 있고, 두 번째 명제는 그 믿음이 스스로를 지켜나가는 힘의 한 조건에 대해 말하고 있다. 거기엔 두 가지 명제에 포함된 '다른 사람들'이라는 용어 외에 어떤 종류의 동일성도 존재하지 않는다. 그런 두 가지 명제들을 상호 대체할 수 있는 것으로 다루거나 우리 실용주의자들이 그렇게 할 것이라고 주장하는 것은 현실을 다루기를 포기하는 것이나 마찬가지이다.

추상주의자의 논리를 펴는 것처럼 보이는 랠프 호트리 씨는 러셀 씨와 비슷한 논거를 제시하면서 우리를 향해 모순의 실용주의자들이라고 비난하고 있다.

우리에 대한 호의의 표시로, 그리고 논쟁을 위해서, 호트리 씨는

'진실한'이라는 단어가 어떤 믿음이 편리하다는 사실만을 의미한 다는 점을 인정하면서 그 단어를 포기하고 있다. 그러면서 그는 믿 음에 관한 어떤 사실이 아니라 믿음의 대상에 관한 어떤 사실을 뜻 하기 위해 '정확성'(correctness)이라는 단어를 (프랫 씨가 '진실 성'(trueness)이라는 단어를 사용하듯이) 사용한다. 그는 이렇게 쓰 고 있다. "그러므로 내가 카이사르는 죽었다고 말하는 것이 정확하 다고 말할 때, 나는 '카이사르는 죽었다'는 것을 의미한다. 이런 것 이 정확성의 정의로 여겨져야 한다."

이어서 호트리 씨는 정의들의 충돌을 통해 나를 제거하려 든다. 그는 실용주의자에게 '진실한' 것은 '정확한' 것이 될 수 없다고 말 한다. "이유는 그 정의들이 논리적으로 교환 가능하지 않거나, 그 정의들을 서로 교환하는 경우에 우리가 동어 반복에 빠지기 때문이 다. '카이사르는 죽었다'는 말이 곧 '카이사르는 죽었다고 믿는 것 이 편리하다'라는 뜻이니 말이다. 그러나 무엇을 믿는 것이 편리한 가? 당연히, '카이사르가 죽었다는 것'이다." '카이사르는 죽었다' 라는 표현에 대한 한 가지 소중한 정의라고나 할까.

호트리 씨의 결론은 어떤 믿음의 진실성에 대한 실용주의의 정의 는 그것을 믿는 사람이 자신의 믿음의 진술을 믿을 것이라는 점을 절대로 암시하지 않거나, 그 믿는 사람에 대해 말하고 있는 실용주 의자가 그 진술을 믿을 것이라는 점을 전혀 암시하지 않는다는 것 인 듯하다. 두 가지 예는 서로 꽤 다르다. 믿는 사람에게 카이사르는 당연히 진정으로 존재해야 하고, 실용주의자 비평가에게는 카이사르가 진정으로 존재할 필요가 없다. 이유는 내가 방금 말한 바와 같이 실용주의의 진술은 전적으로 다른 담론의 세계에 속하기 때문이다. 어떤 사람이 정의(定義)를 정의로 대체하면서 논쟁을 벌인다면, 그 사람은 동일한 세계 안에 머물 필요가 있다.

이 논쟁에서 우리가 '진리'라는 단어를 가끔은 의견의 한 특성에 적용하고 또 가끔은 의견들이 단언하는 사실들에 적용하면서 주관적인 영역에서 객관적인 영역으로 옮길 때, 담론의 세계들에 중대한 이동이 일어난다. 러셀 씨 본인과 G. E. 무어[60] 씨를 포함한 다수의 저자들은 이런 혼돈을 촉진시키기 위해 발명된 것이 틀림없는 '명제'라는 불운한 단어를 선호한다. 그들이 진리에 대해 '명제들'의 한 특성으로 말하고 있으니 말이다. 그러나 명제들을 나타내는 경우에 단어 'that'을 사용하지 않기가 거의 불가능하다. 'that Caesar is dead'(카이사르는 죽었다는 것)와 'that virtue is its own reward'(미덕은 그 자체가 보상이라는 것)는 명제들이다.

지금 나는 명제들을 저마다 그 안에 진실성 또는 거짓을 담고 있는 절대적인 실체로 다루거나 'that-Caesar-is-dead'와 같은 복합어를 하나의 단일 용어로 다듬고 그것을 '진리'라고 부르는 것이 어떤 논리적 목적에 유용하지 않을 수 있다는 말을 하고 있는 것이 아니다. 그러나 'that'은 여기서 우리 실용주의자들에게 어려움을 안기기를 원하는 사람들에게 너무나 편리한 모호성을 발휘한다. 그

---

60 영국 철학자(1873-1958)로 현대 분석 철학의 토대를 닦은 인물 중 한 사람으로 여겨진다.

단어는 가끔은 카이사르가 더 이상 살아 있지 않다는 사실을 의미하고 또 가끔은 카이사르가 더 이상 살아 있지 않다는 믿음을 의미한다. 그래서 내가 그 믿음이 진실하다고 말할 때, 나는 진리가 그 사실을 의미한다는 소리를 듣는다. 또 내가 그 사실을 주장할 때, 나는 나의 정의가 단지 그 믿음의 어떤 특성에 관한 것이기 때문에 그 사실을 배제하고 있다는 소리를 듣는다. 그래서 결국엔 내가 논할 수 있는 진리가 나에게는 하나도 남지 않게 된다.

이런 참을 수 없는 모호성을 해결하는 유일한 방법은 내가 볼 때 용어들을 일관되게 고수하는 것이다. 내가 줄기차게 붙들고 있는 용어들인 '현실'이나 '생각', '믿음', 그리고 '생각 또는 믿음의 진실성' 등은 온갖 반대로부터 자유로운 것 같다.

용어들을 그것들의 자연스런 환경에서 끌어낸 뒤에 그 용어들을 정의(定義)들과 동일시하며 정의들을 대수적으로 다루는 사람은 누구나 세계들을 서로 뒤섞을 위험을 안을 뿐만 아니라 평범한 사람도 쉽게 탐지할 수 있는 오류를 저지를 위험까지 무릅쓰게 된다. '카이사르가 존재한다'는 진술과 '편의'에 관한 어떤 진술을 놓고, 전자의 진술이 '진실하고' 후자의 진술이 '진실한 진술들'에 관한 것이기 때문에, 두 진술이 서로 동일하다는 점을 '정의상' 증명하는 것은 버스와 보트가 똑같이 이동 수단이라는 것을 근거로 버스가 보트라는 것을 증명하는 것이나 다름없다. 말은 가운데 발가락들의 발굽으로 걷는 짐승으로 정의될 수 있다. 우리는 말을 볼 때마다 그런 짐승을 본다. 그것은 우리가 어떤 '진리'를 믿을 때마다 편리한 무엇인가를 믿는 것과 똑같다. 러셀 씨와 호트리 씨가 만약에 그들의 반실용주의 논리를 따랐다면, 그들은 이 대목에서 실용주의자들이 진리가 그런 짐승이라는 것을, 비교 해부학자가 아니고는 정말로 보기 힘든 어떤 사실이라는 것을 확인하고 있다고 말해야 할 것이다.

그런 식으로 아주 많은 추상적 사고를 피하는 사람은 스스로 논리에 능한 사람이 아니라는 점을 인정해야 할 것이다. 러셀 씨가 '진리'라는 단어가 의미하는 바를 단호하게 전하려 노력할 때마다, 최악의 종류의 추상적 사고가 그의 뒤를 따라다니고 있다. '마인드'(Mind) 13호에 발표한, 마이농(Alexius Meinong)[61]에 관한 논문들 중 세 번째에서, 그는 실제적인 인식의 모든 예에서 하나의 명제와 그 명제의 내용, 하나의 대상이 발견되는, 서로 연결된 현실들이라는 전체 맥락으로부터 그 3가지 조건만을 추출하여 논의를 그 조건들로 국한시킴으로써 그런 묘기를 시도하고 있다. 그는 그런 식으로 진공 상태 같은 곳에 집어넣어 조악한 논리적 실체로 다듬은 그 조건들을 온갖 치환과 결합을 거치게 한 다음에 고문대 위에 올려놓고 아무것도 남지 않을 때까지 고문한다. 이런 온갖 논리적 묘기를 부린 끝에, 그는 자신이 정확한 관점이라고 믿는, 다음과 같은 불길한 결론을 제시한다. "진리와 거짓에 전혀 아무런 문제가 없으며, 빨간 장미가 있고 흰 장미가 있듯이, 일부 명제는 진리이고 일부

---

61   오스트리아의 철학자이자 작가(1853–1920).

명제는 거짓이며, 믿음은 명제들을 대하는 어떤 태도인데 명제들은 진실일 때 지식이라 불리고 허위일 때 오류라 불린다." 러셀 씨는 이 같은 통찰에 닿기만 하면 그 문제는 그것으로 영원히 해결된 것으로 여기는 것 같다. 영원히!

러셀 씨의 분석력을 높이 평가함에도 불구하고, 나는 그런 논문을 읽은 뒤에 실용주의가 다른 기능을 전혀 갖고 있지 않더라도 그를 포함한 일부 재능 있는 사람들이 그런 능력을 현실을 그런 식으로 추상하는 데 활용하고 있다는 사실을 부끄럽게 여기도록 해 주길 바란다. 실용주의는 어쨌든 우리를 그런 논문이 보여주는 병적인 추상주의로부터 구해준다.

추신: 앞에 제시한, 반론에 대한 반론이 쓰인 뒤에, 러셀 씨가 쓴 것으로 믿어지는, 실용주의에 관한 논문 한 편이 1909년 4월호 '에든버러 리뷰'(Edinburgh Review)에 실렸다. 진리 문제를 둘러싼 논쟁에 관한 한, 비록 그가 틀림없이 공정하게 다루려고 크게 노력했을지라도, 내가 볼 때엔 근본적인 측면에서는 이전 주장보다 향상을 이룬 것이 없는 것 같다. 그래서 나는 여기서 추가로 더 논하지 않고 호기심이 동하는 독자들에게 단순히 앞에 말한 논문 중 272-280쪽을 참고할 것을 권한다.

15장

대화

지금까지 잘못된 견해들을 바로잡았지만, 나는 그럼에도 나의 독자의 마음에 아직 명쾌하게 설명되지 않은 부분이 남아 있지 않을까, 하고 상상한다. 그래서 나의 독자가 아직도 확신을 품지 못하고 있을 수 있으며, 그렇다면 적어도 그런 불편한 마음 상태를 해소시키려고 노력하는 것이 나의 의무일 것이다. 해야 할 말들을 대화 형식으로 제시한다면, 나는 아마 요점을 전하는 역할을 할 것이다. 그렇다면 반실용주의자의 말로 시작하도록 하자.

반실용주의자: 당신은 어떤 생각의 진실성은 그 생각의 작용들에 있다고 말하고 있다. 지금 사실들, 예를 들어 태곳적의 지구 역사의 사실들의 어떤 상태를 가정해 보자. 이 사실들의 상태와 관련해서 이런 질문이 던져질 수 있다. "그 사실들에 관한 진리는 어쨌든 알

려지게 될 것인가?" 그리고 (절대적인 어떤 전지자(全知者)라는 가설을 고려 대상에서 배제하면서) 우리가 그 진리는 절대로 알려질 수 없다고 단정한다고 가정하자. 이제 나는 실용주의자 형제인 당신에게 묻는다. 당신의 입장에 따르면, 어쨌든 사실들의 그런 상태에 관한 진리가 있다고 말할 수 있는가? 어찌 되었든 진리가 절대로 알려질 수 없는 예들의 경우에 진리가 있는가, 진리가 없는가?

실용주의자: 왜 그런 질문을 하는가?

반실용주의자: 그 질문이 당신을 끔찍한 딜레마에 빠뜨릴 것 같으니까.

실용주의자: 어째서 그렇게 생각하는가?

반실용주의자: 왜냐고? 만약 당신이 진리가 있다는 쪽을 택한다면, 그로 인해 당신이 실용주의 이론 전체를 포기하게 될 테니까. 실용주의 이론에 따르면, 진리는 진리 자체를 구성하기 위해서 생각들과 작용들을 필요로 하지만, 지금 내가 제시한 예에는 인식자가 전혀 없고, 따라서 생각도 존재하지 않고 작용도 존재하지 않아. 그러면 당신의 진리를 구성할 것으로 무엇이 남는가?

실용주의자: 다른 많은 나의 적들처럼, 당신도 내가 현실 자체로부터 진리를 만들어 내도록 강요하는가? 나는 그렇게 하지 못해. 진리는 현실에 대해 알려졌거나 생각되었거나 말한 그 무엇이고, 따라서 현실에 수량적으로 더해지는 그 무엇이야. 그러나 아마 당신이 의도하는 것은 이와 다른 것일 거야. 그래서 내가 당신이 말하는 딜레마의 어느 쪽 뿔을 선택한다고 말하기 전에, 나는 당신에게 다른

쪽 뿔이 어떤 것인지에 대해 먼저 말해 달라고 요구하고 있어.

반실용주의자: 다른 뿔은 이거야. 만약 당신이 가정하는 조건들에서는 생각들이나 작용들이 전혀 없기 때문에 진리가 있을 수 없다고 말한다면, 당신이 상식을 무시하게 된다는 점이야. 상식은 사실들의 모든 상태는 필연적으로 어떤 종류의 명제로 진실로 언급될 수 있어야 한다고 믿고 있지 않는가? 비록 그 명제가 실제로는 살아 있는 어떤 영혼에 의해서는 절대로 제안될 수 없을지라도 말이다.

실용주의자: 분명히 상식은 그렇게 믿고 있고, 나도 그렇게 믿고 있어. 우리 지구의 역사에는 어떤 사람도 설명하지 못했고 앞으로도 설명하지 못할 사건들이 무수히 많아. 그럼에도 그 사건들에 대해 오직 한 가지 종류의 설명만이 진리일 수 있다고 미리 추상적으로 말할 수 있어. 따라서 그런 사건에 관한 진리는 그 사건의 성격에 의해 이미 포괄적으로 미리 결정되어 있으며, 따라서 그 진리가 사실상 선재한다고 말해도 무방해. 따라서 상식은 자체의 본능적인 주장에서 옳은 거야.

반실용주의자: 그렇다면 그것이 당신이 의미하는 딜레마의 그 뿔인가? 당신은 진리가 절대로 알려질 수 없는 예들에도 어떤 진리가 있다고 말하는가?

실용주의자: 만약에 당신이 내가 나 자신의 진리 개념을 일관되게 유지하도록 가만 내버려두면서 나 자신이 이해 불가능하다고 판단하는 무엇인가를 위해 그 개념을 포기할 것을 요구하지 않는다면, 나는 정말로 그렇게 말하고 있어. 당신도 진리가 절대로 알려질 수

없는 예에서도 어떤 진리가 있다고 믿고 있어. 그렇지 않은가?

반실용주의자: 나는 정말로 그렇게 믿어.

실용주의자: 그렇다면 당신에 따르면 알려지지 않은 것에 관한 이 진리는 무엇에 존재하는지 나에게 알려주길 바라네.

반실용주의자: 존재한다고? '존재한다'는 것이 무슨 뜻이지? 진리는 그 자체 외에는 어떤 것에도 존재하지 않아. 더 정확히 말하면, 진리는 일관성도 없고 존재도 없어. 진리는 그냥 있고, 진리는 계속 그대로 있어.

실용주의자: 그렇다면, 진리는 그것이 붙들고 있는 현실과 어떤 관계를 맺고 있는가?

반실용주의자: '어떤 관계'라니, 무슨 뜻이지? 물론 진리는 현실을 붙잡고 있어. 진리는 현실을 알고 있고, 진리는 현실을 나타내고 있어.

실용주의자: 누가 현실을 알고 있다고? 무엇이 현실을 나타내고 있다고?

반실용주의자: 진리가 현실을 나타내고 있고, 진리가 현실을 알고 있어. 아니, 꼭 그렇지만은 않아. 진리를 소유하고 있는 누군가가 진리를 알고 있어. 현실에 관한 진실한 생각은 어떤 것이든 그 현실에 관한 진리를 나타내고 있어.

실용주의자: 그러나 진리를 아는 인식자와 진리를 나타내고 있는 생각에 대해서는 어떤 가정도 하지 않기로 우리가 합의했다고 생각하는데.

반실용주의자: 물론이지!

실용주의자: 그렇다면 나는 당신에게 이 진리가 무엇에 존재하는지에 대해 말해 달라고 다시 부탁하고 싶어. 한쪽에 사실들이 그 자체로 있고 다른 한쪽에 사실들에 관한 실제적 또는 잠재적인 모든 지식이 있는데, 그 사이에 있는 제3의 것에 대해 설명해 달라는 뜻이야. 이 제3의 상태에서 진리는 어떤 모양을 하고 있는가? 진리는 어떤 정신적, 물질적, '인식론적' 물질로 구축되는가? 진리는 현실의 어떤 형이상학적 영역에 거주하는가?

반실용주의자: 어떻게 그런 터무니없는 질문을! 사실들이 이렇고 저런 것은 진실하고, 사실들이 그렇지 않은 것은 거짓이라고 말하는 것으로 충분하지 않은가?

실용주의자: 사실들이 이렇고 저런 것은 진실하다고? 당신에게 무엇이 진리인가라고 묻는 일은 결코 없을 것이지만, 사실들이 이렇고 저런 것은 진실하다는 당신의 말이 그 사실들 자체의 이렇고 저런 점에 진정으로 추가되는 무엇인가를 의미하는지 묻고 싶어.

반실용주의자: 그 표현은 사실들의 단순한 존재 그 이상을 의미하는 것 같아. 그것은 일종의 사실들의 정신적 등가물이고, 사실들의 인식론적 기능이고, 지성의 용어들로 표현한 사실들의 가치라고 할 수 있어.

실용주의자: 듣자하니, 사실들의 정신적 '더블'(double) 또는 귀신이로군! 그렇다면, 이 진리가 어디서 발견되는지 묻고 싶네.

반실용주의자: 어디서? 어디서라고? '어디서'라는 말은 있을 수

없어. 진리는 그냥 있을 뿐이야. 절대적으로 있는 것이거든.

실용주의자: 어느 누구의 정신에도 있지 않다고?

반실용주의자: 그렇지. 우리는 진리의 실제 인식자를 가정하지 않기로 했잖아.

실용주의자: 실제 인식자는 절대로 가정하지 않아. 나도 동의해. 그러나 당신은 잠재적 또는 관념적인 인식자라는 개념이 당신의 정신 안에서 사실들의 진실성에 관한, 파악이 지극히 어려운 그 생각이 형성되는 것과 전혀 아무런 관계가 없다고 확신하는가?

반실용주의자: 만약에 사실들에 관한 어떤 진리가 있다면, 당연히 그 진리는 그 관념적인 인식자가 알고 있는 것이지. 그렇기 때문에 당신은 진리 개념과 관념적인 인식자의 개념을 분리시키지 못해. 그러나 관념적인 인식자가 먼저 오고 그 다음에 진리가 오는 것이 아니야. 나의 의견엔 진리가 먼저이고 관념적인 인식자가 그 다음이야.

실용주의자: 그러나 당신은 지금도 소위 이 진리의 상태와 관련해서 여전히 나를 당황스럽게 만들고 있어. 진리가 땅과 하늘 사이에, 현실과 인식 사이에 내걸려 있으면서도 현실에 근거를 두고 있고, 현실에 수량적으로 보태지고 있고, 어떤 인식자의 의견보다 앞서면서도 동시에 그 의견과 완전히 별개라니 말이네. 진리는 당신이 생각하는 것만큼 인식자로부터 독립적인가? 나에게는 끔찍할 만큼 모호해 보여. 마치 진리가 현실에 관한 실제적인 지식과 뚜렷이 구별되는 것으로서의 어떤 잠재적 지식을 가리키는 또 하나의 이름에

불과한 것처럼 보여. 어쨌든, 당신의 진리는 단순히 성공적인 어떤 인식자가 존재하는 경우에 그가 꼭 알아야 하는 것이 아닌가? 그리고 어떤 인식자도 상상될 수 없는 어떤 세계에서, 사실들에 관한 진리가 사실들 자체와 수량적으로 구분될 수 있는 그 무엇으로서 존재할 장소를 발견할 수 있는가? 나에게 그런 진리는 존재하지도 않을 뿐만 아니라 상상할 수도 없고 생각할 수도 없어.

반실용주의자: 그러나 나는 당신이 조금 전에 누구도 알지 못할지라도 과거 사건들의 진리가 있다고 말한 것으로 생각하는데.

실용주의자: 그랬지. 하지만 당신은 내가 진리라는 단어를 나의 방식대로 정의하는 것을 허용할 것을 요구했다는 사실도 기억해야 해. 나에게 과거나 현재나 미래의 어떤 사건의 진실성은 만약에 그 사건이 어떻게든 알려지게 된다면, 그 지식의 본질이 어느 정도는 미리 결정되어 있다는 사실을 일컫는 또 하나의 이름에 불과해. 어떤 사실에 관한 실제적 지식보다 앞서는 진리는 단지 그 사실의 가능한 인식자가 최종적으로 그 사실에 관해 믿어야 하는 사항을 의미할 뿐이야. 그 인식자는 자신이 그 사실과 만족스런 관계를 맺도록 할 무엇인가를, 그 사실의 적절한 정신적 대체물인 것으로 입증될 무엇인가를 믿어야 해. 이 무엇인가가 무엇이 될 것인지는 물론 부분적으로 그 사실의 본질에 의해, 그리고 그 사실의 연상들의 범위에 의해 미리 정해지는 거야.

나에게는 이것이 당신이 진리가 인식보다 앞서 존재한다고 말할 때 명백하게 의미할 수 있는 것의 전부인 것 같아. 진리는 예상된 인식이고, 단순히 가능성 형태의 인식이지.

반실용주의자: 그러나 인식이 올 때, 그것은 무엇을 아는가? 인식은 진리를 알지 않는가? 만약에 그렇다면, 진리는 사실이나 인식과 구분되어야 하는 것이 아닌가?

실용주의자: 나에게는, 인식이 아는 것은 사실 자체, 사건, 즉 현실이 될 수 있는 모든 것인 것 같아. 당신이 들판에서 3가지 명백한 실체들, 즉 현실과 인식과 진리를 보는 곳에서, 나는 두 가지만을 보고 있어. 게다가, 나는 내가 보는 두 개의 실체가 각각 무엇으로 알려지는지를 볼 수 있어. 그러나 당신의 세 번째 실체인 진리가 무엇으로 알려지는지에 대해 나 자신에게 물을 때, 나는 한쪽에서 현실과 구분되는 것을 전혀 아무것도 발견하지 못하고 다른 한쪽에서 그 진리가 알려질 수 있는 방법들을 발견할 수 있어. 혹시 당신이, 가끔은 인식의 한 종류를 의미하고 또 가끔은 알려진 어떤 현실을 의미하면서 이 두 가지에 두루 적용될 수 있는 잡종적인 이름을 소개하는 것이 편하다는 사실을 발견한 평범한 언어의 안내를 잘못 받고 있는 것은 아닌가? 그리고 철학이 그런 모호성을 영속화하고 신성시함으로써 챙길 것이 있는가? 만약에 당신이 인식의 대상을 '현실'이라고 부르고, 그 현실이 인식되는 방식을, 말하자면 구체적인 경우들에 그 현실과 다양한 관계를 맺고 있는 구체적인 인간들에 의해 인식되는 방식을 '진리'라고 부른다면, 또 만약에 당신이 이 명명법을 일관되게 고수한다면, 내가 보기에 당신은 모든 종류의 어려움을 피할 수 있을 것 같아.

반실용주의자: 당신이 나의 딜레마로부터 벗어날 수 있다고 생각한다는 뜻인가?

실용주의자: 틀림없이 나는 벗어나지. 왜냐하면 진리와 인식이 내가 주장하는 바와 같이 서로 관계있고 상호 의존적인 조건들이라면, 인식이 상상 가능한 곳마다 진리가 상상 가능하고, 인식이 가능한 곳마다 진리가 가능하고, 인식이 실제로 존재하는 곳마다 진리가 존재 가능하기 때문이야. 따라서 당신이 당신의 첫 번째 뿔을 나에게 겨눌 때, 나는 실제로 존재하는 진리에 대해 생각하며 그 뿔이 존재하지 않는다고 말하지. 그것은 존재하지 않아. 가설에 의해서는 어떤 인식자도 있을 수 없고, 생각들도 있을 수 없고, 작용들도 있을 수 없기 때문이야. 그러나 나는 가능하거나 실제적인 진리가 존재할 수 있다는 점에는 동의해. 어떤 인식자가 태어날 수도 있기 때문이지. 상상 가능한 진리는 확실히 존재해. 왜냐하면 추상적으로 받아들이는 경우에 태곳적의 사건들의 본질에 그 사건들에 인식을 적용하는 것을 상상하지 못하게 만드는 요소가 전혀 없기 때문이야. 따라서 당신이 두 번째 뿔로 나를 들이받으려 노력할 때, 나는 문제가 되고 있는 진리를 하나의 단순한 추상적 가능성으로 생각하고, 그래서 나는 그것이 존재한다고 말하며 상식의 편에 서고 있어.

이런 구별들이 나를 곤경에서 제대로 구해 주지 않는가? 그리고 당신 자신도 그런 구별을 하는 것이 당신에게 이롭다고 생각하지 않는가?

반실용주의자: 절대로 그렇지 않아! 사소한 것을 꼬치꼬치 물고

늘어지는 궤변이나 일삼다니! 진리는 진리일 뿐이야. 내가 당신이 제안하는 바와 같이 진리를 저급한 실용주의의 특수한 것들과 동일시함으로써 진리를 훼손시키는 일은 절대로 없을 거야.

실용주의자: 친애하는 나의 적이여, 나는 당신 같은 탁월한 주지주의자와 논리학자를 전향시킬 희망은 품지 않아. 그러니 살아 있는 동안에 말로 표현하지도 못하는 당신 자신의 개념을 즐기도록 하게. 아마 미래 세대는 실용적인 방법이 존재하는 조건들을 구체적이고 경험적으로 해석하는 데 당신보다 더 익숙해질 거야. 그러면 아마 그 세대는 진리에 관한 설명으로 내가 제시하는 것과 같은, 대단히 순진하고 자연스런 설명이 매우 지적인 사람들의 정신 속으로 들어가는 데 왜 그렇게 많은 어려움을 겪게 되었는지 의아하게 생각할 거야. 그 사람들은 내가 기대할 수 있는 것보다 훨씬 더 지적이었지만 교육과 전통에 의해서 그만 추상주의 사고방식에 몰두하게 되고 말았지.

찾아보기

ㄱ

가디너...20
개체화의 원리...40
관계주의...34
그로트, 존...34
그린, T. H. ...33, 146
근본적 경험주의...5, 7, 15, 16, 17, 18, 124,
    217
기계장치의 신...42
기술 심리학...27

ㄴ

나폴레옹...154
네로...255
논리적 이론 연구...85, 217
논점 상위의 허위...70
뉴턴, 아이작...51, 53, 54

ㄷ

다원론...41, 47, 133, 227, 228, 229
다흐, 지몬...203
도덕적 휴일...11, 226, 228
동일 철학...135, 139, 210
듀이, 존...6, 18, 19, 70, 75, 141, 236

ㄹ

라드...20, 150
라란드...20
러브조이...20
러셀, 버트런드...5, 270, 271, 272, 273, 274,
    275, 276, 277, 279, 281, 282
로이스, 조시아...81, 85, 134
로치, 루돌프 헤르만...92, 117, 127
로크, 존...27, 96
르 로이, 에두아르...81
리케르트, 하인리히...262, 263

ㅁ

마이농, 알렉시우스...281
마흐, 에른스트...81
망트레...20
맥태거트, 존...20, 255, 257, 259, 260
모세...99
무어, G. E....20, 279
물자체...84
뮌스터베르크, 후고...262
미요, G....81
밀, 존 스튜어트...78
밀러, 디킨슨...63, 145
믿으려는 의지...159, 250, 256, 257

ㅂ

바바라...74
『반실용주의』...20

방출...123, 125

버클리, 조지...78, 98

베르그송, 앙리 루이...81

베이크웰...20

보행적 관계...146

볼드윈, 제임스 마크...130

불, 조지...95

브라운, W. A....226

브래들리, 프랜시스 허버트...68, 70, 80, 81, 85, 134

비결정론...250

비약적 관계...146

ㅅ

사색 광증...46

상대주의...262

샹보르 백작...216

새커리, 윌리엄 메이크피스...55

셰익스피어...272

솔즈베리 후작...75

솔터...20

쉬인즈...20

스타우트, G. F....189, 190

스트롱, 찰스...145, 146

스펜서, 허버트...93

『신』...232

실러, F. C. S....10, 18, 19, 70, 75, 131, 141, 159, 174, 180, 188, 189, 207, 211, 212, 217, 236, 243, 244, 245

『실용주의』...5, 6, 7, 11, 154, 184, 217, 261

『심리학의 원리』...5, 38, 96

ㅇ

아이반호...47, 48

안센 폰 타로...203

앙리 5세...216

에베르, 마르셀...232, 233, 234, 242, 245

엘리엇, 조지...100

오경...99

오스트발트, 하인리히...81

오이켄, 루돌프 크리스토프...92

우드브리지, 프레드릭 제임스...135

유사성의 원리...41

유아론...44, 55, 210, 211, 212

『유클리드의 원론』...73

윌부아, 조세프...81

ㅈ

자유 의지...251, 253, 254

정적주의...227, 229

제번스, 윌리엄 스탠리...95

제임스-밀러 인식 이론...145

주관주의...131, 239

주지주의...8, 192, 202

지각 표상...48, 50, 51, 52, 54, 55, 56, 57, 115, 118, 121, 122, 123, 138, 161, 249

지멜, 게오르크...81

지향적 내재...61

ㅊ

『철학적 탐구』...34

추상주의...252, 282, 293

ㅋ

카루스...20

카이사르, 율리우스...99, 220, 221, 222, 223, 278, 280

칸트, 이마누엘...32, 33, 187, 211

케인스, 존 메이너드...274

켈라렌트...74

코로, 장 바티스트 카미유...234, 241, 242

코르넬리우스...78

콩디야크, 에티엔 보노 드...28

크레이턴...20

큰곰자리...102

ㅌ

『테아이테토스』...261

테일러...20

ㅍ

패러디...20

페일리, 윌리엄...51, 53, 54

푸앵카레, 쥘 앙리...81

풀러턴, 조지 스튜어트...251, 253

프라그마타...208

프로타고라스...261

프랫, J. B....168, 169, 171, 172, 173, 174, 175, 176, 177, 180, 182, 278

플라톤...33, 249, 261

피론...73

피론주의...73

피어스, 찰스 샌더스...6, 57, 69

ㅎ

하지슨, 섀드워스...26, 62

합리주의...8, 16, 186, 262

헉슬리, 올더스...160

헤겔, 게오르크 빌헬름 프리드리히...32, 33, 194, 259

헤르츠, 하인리히...81

호트리, 랠프...274, 277, 278, 281

휴머니즘...7, 10, 70, 71, 72, 73, 75, 77, 79, 80, 81, 82, 85, 101, 102, 109, 110, 130, 131, 132, 133, 134, 135, 217

흄, 데이비드...41, 62

히븐...20